民事紛争解決手続論

太田 勝造

民事紛争解決手続論
――交渉・和解・調停・裁判の理論分析――

学術選書 1
民事訴訟法

信山社

第 2 刷新装版に際して

　本書の初版は 1990 年で既に 18 年になるが，その元となった論文の初出は最も早いものが 1986 年であるから既に 22 年を経過していることになる。

　その後の 20 年ほどの間における，本書が取り扱った領域の発展には目覚ましいものがある。とりわけ生活紛争（本書第 1 章）と交渉（本書第 2 章）の領域がそうであり，前者については 1996 年改正 1998 年施行の改正民事訴訟法において少額裁判手続きが導入されるとともに 2004 年には「裁判外紛争解決手続の利用の促進に関する法律」(ADR 法) が制定され「仲裁 ADR 法学会」も同年に設立されている。後者については 2001 年 6 月の司法改革審議会意見書に基づいて 2004 年 4 月から開始された法科大学院を中心として，法学・法曹養成において交渉による紛争解決が授業科目となってきている。本書第 2 章の立法事実アプローチに関しては，原竹裕『裁判による法創造と事実審理』(弘文堂，2000 年) という金字塔が打ち立てられている（原竹裕氏の早世を衷心から残念に思うものである）。

　私のこれらの分野に関連するその後の文献としては以下のものがある。

・「アメリカ合衆国の ADR からの示唆」木川統一郎（編著）『製造物責任法の理論と実務』137 頁〜 186 頁（成文堂，1994 年）
・「裁判外紛争解決制度のシステム設計と運用：日本の制度の調査から」木川統一郎博士古稀祝賀論集刊行委員会（編）『木川統一郎博士古稀祝賀：民事裁判の充実と促進（上巻）』54 頁〜 104 頁（判例タイムズ社，1994 年）
・「製造物被害の救済システム：裁判外紛争解決，原因究明，情報蒐集・分析提供等の制度」ジュリスト 1051 号 37 頁〜 44 頁（1994 年）
・「弁護士会仲裁の一事例：ウィン・ウィン・ソリューション」第二東京弁護士会（編）『弁護士会仲裁の現状と展望』5 頁〜 23 頁（判例タイムズ社，1997 年）
・"Traffic Accident in Japan: Law and Civil Dispute Resolution," in Ewoud Hondius (ed.), *Modern Trends in Tort Law: Dutch and Japanese Law Compared*,

Kluwer Law International, 1999, pp. 79-93
- 『社会科学の理論とモデル 7：法律』（東京大学出版会，2000 年）
- 『法の経済分析：契約・企業・政策』細江守紀教授と共編著（勁草書房，2001 年）
- "Reform of Civil Procedure in Japan," 49 *The American Journal of Comparative Law* 561-583（2002）
- 『Series Law in Action Ⅲ：交渉と紛争処理』和田仁孝教授・阿部昌樹教授と共編著（日本評論社，2002 年）
- 『Series Law in Action Ⅰ：法と社会へのアプローチ』和田仁孝教授・阿部昌樹教授と共編著（日本評論社，2004 年）
- 『交渉ケースブック』野村美明教授と共編著（商事法務，2005 年）
- 「労働紛争の解決手続きへの一視点：最終提案択一型手続きの導入可能性をめぐって」福井秀夫・大竹文雄（編著）『脱格差社会と雇用法制：法と経済学で考える』（日本評論社，2006 年 12 月）69 - 95 頁
- 『ロースクール交渉学』草野芳郎判事と共編著（白桃書房，第 2 版・2007 年）
- 『チャレンジする東大法科大学院生：社会科学としての家族法・知的財産法の探求』（編著）（商事法務，2007 年）

　この 20 年ほどの間の日本社会と日本法の動きは目覚ましいものがあり，民事訴訟法や法社会学等の分野の進歩も著しいものがある。私自身の授業担当が民事訴訟法から法社会学・現代法過程論へとコンヴァートしたこともあり，学問的関心も当時の民事訴訟法をめぐる研究から，法社会学や法と経済学へと重心を移動させてきている。とはいえ本書を読みなおすと，上記のような授業担当と学問的関心の移行も，ある意味で自然で必然的な発展であったようにも思われる。　重版に際しては，手直しや文献のアップデイトを行いたかったが，それを行うことは新たに 1 冊の書物を書く以上の時間がかかることに気付き，誤植等の最小限の修正にとどめた。

　2008 年 8 月

太 田 勝 造

はじめに

　ある映画監督が次のように語っている。「……音感あれば，そういうことは簡単に解きほぐされてしまうのね。音感のない人は物事を説得しようとするんですよ。論理で。音感のある人は，言葉少なく納得しちゃうんです。映画の演出を，説得でやるか，納得でやるか，その二つになるわけですよ。……」この表現を借りれば，法律家とは，さしずめ，「音感のない演出家」に相当するということになるであろうか。つまり法律家は，「紛争が自ずと解きほぐされてしまう」ように話し合う代わりに「事件を無理やり要件事実に解体しよう」と分析し，当事者が「言葉少なく納得しちゃう」手続を構築する代わりに「法律ではこうなっているんだゾ」と説得しようとするわけである。そして，その結果，この映画監督が続けて言うように，「あれ，説得しようと思って……作ったって，誰も説得されませんよ。あんなもの。」ということになるのである。

　かなり，シニカルにカリカチュアライズしてはいるが，以上のような，法律学の有する問題に取り組むことが，現代日本の民事訴訟法学の新たな課題となっている。しかも，この問題は法の適用過程の様々なレヴェルにおいて生じている。そもそも，民事訴訟での審理は「口頭弁論」と呼ばれるが，多くの場合，とりわけ，訴訟の初期の段階においては，それは「口頭」でもなければ，そこに「弁論」が存在しもしない。当事者双方の活発な議論がやりとりされるはずが，実際には「提出してある準備書面に記載のとおり陳述します」と述べ合うのみで，現実の陳述はなされない。これはもう「演出」以前，シーンのない映画である。

　紛争当事者の論理と法律家の論理の乖離の問題もある。法律家は，適用される法律によれば「法律要件があれば，法律効果である権利が与えられる」とされているから，要件にあたる事実があるかないかが問題である，事実はありましたか，ありませんでしたか，と議論する。そして，これが「正しい」紛争解

はじめに

決であると主張する。しかし，日常生活で，この事実があるから私が正しく，あの事実がないからあなたは間違っている，などということを言い合っていて，いったい紛争が解決するだろうか。当事者が互いに納得し，共感を抱くことができるだろうか。法律家の論理は，官憲が「当局によれば面白いことになっている」と宣言した映画のようなもので，面白かったためしがない。そもそも，当事者の納得や共感が，視野の外にあるからである。

しかも，法律家の論理には，政府の公式発表と同じように，常に詭弁が潜んでいる。それゆえ，紛争解決としてどのような結論をとろうとも，「法的に」説明できないということはない。まず，どちらを勝たすかという「意欲」があり，その結論に適合するように「法の論理」を組み立てるのである。もっとも，この点に関しては，法律家に限らず我々人類全体が，原子力と人工衛星の現代においてもなお「我等が内なるネアンデルタール人」の激情を制禦するだけの理性を進化させてきていないことに対応しており，法律家だけの問題ではないかもしれない。しかし，「法を常識とし，法を論理的であると思う非常識」は，長い間，法律家をして自己の心の中に住むネアンデルタール人を認識することからさえも妨げてきたのである。

このような，若干エキセントリックなまでの問題提起を受けて，当事者の納得ということを考え直してみよう，話し合いというものの機能を再認識しよう，という運動が民事訴訟法学の中に起きている。問題は，民事訴訟の口頭弁論において，「何を」，「どのように」話し合うべきかである。

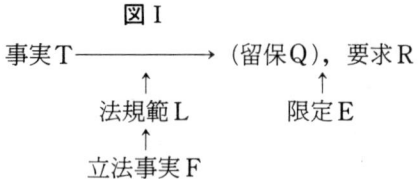

図 I

トゥールミンが図式化した議論の構造を応用し若干修正して法適用を構造化すれば，図Iのようにできよう（cf. Stephen Toulmin, *The Uses of Argument*, Cambridge U.P., 1958, p. 104.）。事実Tから要求Rへの推論は，理由付けたる法規範Lによって正当化されるのであるが，法規範自体は，立法事実Fで裏付け

られていなければならない。抗弁等の提出によって結論は覆されるので，限定Eが存在し，要求Rには留保Qが付されている。

　まず，口頭弁論（広義）においては何を議論するのか。処分権主義によれば，当事者はその意思に従った紛争解決内容を決定することができるので，要求Rや留保Qをめぐって話し合う。また弁論主義により事案の解明についても当事者の責任であり権能であるとされるので，事実Tや限定Eをめぐって話し合うことも当然に行われる。適用法規範L及びその社会事実的基礎たる立法事実Fについてはどうか。従来は「裁判官は法を知る」の公準のために，また実質的には，図IIのような正当化のメタ進行の無限ループを切断することが法の実定性のひとつの意義であったこともあって，当事者の話合いの対象としては手続的に十分な位置付けがなされていなかったといえる。もちろん，現実の訴訟で立法事実は「実質論」という形で弁論されてきたし，それなくしては十分に説得的な主張とは評価されなかったのである。

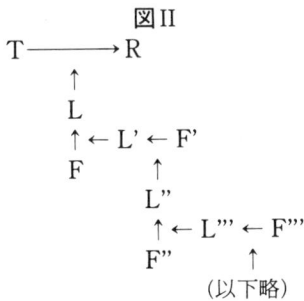

　今後は，この「立法事実」的な主張をどのように弁論に手続的に組み込むかが，「何を」弁論するかの問題の中心的課題となろう。この点について，民事訴訟手続における立法事実や実質論の位置付けを，アメリカ合衆国における議論を参考に探求したのが本書第2章である。

　次に，では，どのように話し合うのか。紛争当事者が，互いに共感を呼び起こし，共同で問題解決への話合いを進め，互いに納得して紛争を解決するためには，どのように弁論が追行されることが必要なのであろうか。

　まず最初になされるべきは，紛争当事者間の信頼関係を再建することであろ

はじめに

う。協調・協力的行動を相手の側に喚起するような提案をしたり、互いの相違点ではなく共通点を探し共感を涵養する等の必要がある。そこでは、論理的な対話よりも、むしろ論理的には意味の少ないちょっとした発言やいわゆるボディ・ランゲージ等が有効であることは、すでに動物行動学や社会心理学の教えるところである。

その上で、あるいはそれと同時に、紛争自体の解決へ向けての話合いがなされるべきであろう。どの程度対立点や争点を析出するべきか、どの程度曖昧にしておいて将来を睨んだ問題解決策を探るべきかが中心的課題である。民事訴訟法学においては、「メタ弁論」や「生活規範」の利用等のモデルが提案されているが、いまだ十分な解明に至っていないのが現状である。この問題を考察する上での基礎として、裁判内・裁判外の紛争解決制度とその手続の選択肢としてどのようなものを考えることができるかを、アメリカ合衆国やヨーロッパの経験についての筆者らによる実態調査を参考としつつ整理しようと試みたのが本書第1章である。

今後紛争解決についてのどのような手続モデルと理論を構築するにしても、次の三つの点を示すべきであろうと思われる。

第一に、そのモデルの適用によって紛争が解決する条件の明示、換言すると「解の存在条件の明示」。

第二に、そのモデルの適用で得られる紛争解決が、紛争の蒸返しや新たな紛争の発生の火種とならないための条件の明示、換言すると「解の安定条件の明示」。

第三に、そのモデルの適用で得られる紛争解決が、妥当であるための条件の明示、言い換えると「解の妥当条件の明示」。即ち、その解決内容が法規範に適合する条件、または適合しないときには法的解決よりもそのモデルによる解決の方が妥当であるための条件、の明示である。

これらの課題にアプローチするために、紛争当事者の交渉戦略や裁判所の和解交渉における役割について、ゲイムの理論や法の経済分析の手法を用いて分析を試みたのが、第3章である。

〈初出一覧〉

はじめに
　　（「対話と共感の裁判学」『木鐸』No.37（1986））

第1章　民事紛争解決のシステム：生活紛争を中心として
　　（「欧米諸国における生活紛争処理の展開：アメリカ合衆国を中心として」、「ポートランドにおける生活紛争処理」生活紛争処理研究会『英米における小規模紛争処理実態調査報告書』（有斐閣1986））

第2章　裁判による民事紛争解決：立法事実と正当化責任を中心として
　　（「法の進化と社会科学：カリフォルニア州精神病セラピストの法的責任を例として」『竜嵜喜助先生還暦記念論文集・紛争処理と正義』（有斐閣1988））

第3章　交渉・和解による民事紛争解決
　　（「交渉・和解・法学教育」『名古屋大学法政論集』126号（1989））

目　次

はじめに

第1章　民事紛争解決のシステム：
生活紛争を中心として …………………………1
〔1〕　はじめに …………………………………………………1
〔2〕　理念的選択肢 …………………………………………4
〔3〕　制度構築・運営をめぐる社会的・政治的環境（背景）
　　　　………………………………………………………20
〔4〕　制度的選択肢 …………………………………………28
〔5〕　紛争解決手続の選択肢 ………………………………45
〔6〕　紛争解決へ向けての交渉過程 ………………………65
〔7〕　具体例：メイン州ポートランドにおける生活紛争
　　　解決手続 …………………………………………81

第2章　裁判による民事紛争解決：
立法事実と正当化責任を中心として ……………109
〔1〕　はじめに ………………………………………………109
〔2〕　法のダイナミックスと合理性 ………………………111
〔3〕　訴訟での社会科学と正当化責任 ……………………139
〔4〕　タラソフ判決の経済分析 ……………………………160
〔5〕　タラソフ判決の影響：法社会学的調査 ……………166
〔6〕　おわりに ………………………………………………176

目　次

第3章　交渉・和解による民事紛争解決 …………179

〔1〕　法学教育の多様化・学際化…………………179
〔2〕　和解交渉による紛争解決……………………194
〔3〕　和解交渉における裁判官……………………240
〔4〕　交渉シミュレイションの実験………………269

あとがき ……………………………………………………290
事項索引 ……………………………………………………293

民事紛争解決手続論

第1章 民事紛争解決のシステム：
生活紛争を中心として

〔1〕 はじめに

　わが国において通常裁判所の負担過重による事件処理の遅滞が問題とされて久しい。また，弁護士費用・訴訟費用等が高額となり小規模少額紛争の解決には伝統的訴訟制度がペイしないうえ，その手続も極めて形式的・技術的かつ複雑で，一般市民にとって近寄り難いものとなっていることも事実である。このような状況の中で，かつて，日本では簡易裁判所が，簡易・迅速・低廉を目標に設立されたが，種々の理由から十分には機能せず，費用・手続・時間のどの点から見ても「小地裁化」していると言われている[1]。

　経済的高度成長とその後のいわゆる脱産業社会の実現の中で，社会の複雑化，技術の高度化のゆえに，今日，市民が日常生活をするうえで，小規模な紛争(生活紛争) (minor dispute)[2]の当事者となる機会は急増していると言われる。ま

　（1）　新堂幸司『民事訴訟法［第2版］』（筑摩書房1981) 537頁，日本弁護士連合会（編）『簡易裁判所』（日本評論社1976)，「特集・少額紛争の司法的救済」自由と正義35巻8号（1984）等，この問題に関する文献は枚挙に暇がない。

　（2）　ここでは，「生活紛争」という用語を用いる。「生活紛争」とは，日常生活上生じる極くありふれた紛争をすべて含む概念であり，家庭関係，相隣関係，隣人関係，さらに，学校・会社内の人間関係など，日常生活上結ばれる諸々の交際の中で生じる紛争がその中心である。なお，minor dispute は everyday dispute と呼ばれることもある。例えば，Matthew Silberman, *The Civil Justice Process: A Sequential Model of the Mobilization of Law*, Academic Press, 1985等。

第1章　民事紛争解決のシステム

た，良しきにつけ悪しきにつけ，いわゆる社会の「法化」が進み[3]，従来は「法的色彩」を帯びることのまれであったような対立が，法的なアリーナに登場することが多くなったと言われる。このように，社会的事態としても市民の主観的認識としても，紛争事件数は増大してきているのであり，それにともない，紛争の平和的解決への社会的要求は高まってきていると思われる。このような生活紛争の迅速・低廉・簡易な解決のための新しい裁判手続，あるいは，裁判外の紛争解決の新制度への社会の要求に応えることは，今後の日本社会の安定的発展にとって急務である。

　そのような生活紛争解決制度構築のモデルを提示するため，われわれは，新堂幸司教授を代表に「生活紛争処理研究会」を組織した[4]。そして，日本に先んじて資本主義的高度産業社会となり，現代日本と同様に裁判所の負担過重と生活紛争の多発を経験し，その平和的解決のための様々な社会的実験を試みている欧米諸国，とりわけアメリカ合衆国の経験を参考とすることにし，そこで運営されている少額裁判所ならびに，70年代以降急速に発達し社会に浸透してきている裁判外の各種生活紛争解決制度の実態調査を試みた。

　筆者は，生活紛争処理研究会のメンバーとして，就中アメリカ合衆国と英国ならびに北欧諸国を視察した。ただし，日程の都合上，調査の重点はアメリカ合衆国の各種紛争解決制度の実態調査に置かれている。調査は1983年9月から11月にかけての予備調査（合衆国のみ）と1984年7月から9月にかけての本調査（合衆国と英国，スウェーデン，デンマーク，オランダ）においてなされた。なお，本研究会としては，上記期間のほか，1983年11月以降も翌年3月まで，

　（3）　「法化」の概念については，六本佳平『民事紛争の法的解決』(岩波書店1971) 297頁以下参照。

　（4）　生活紛争処理研究会のメンバーは，伊藤眞（一橋大学），太田勝造（名古屋大学），樫村志郎（神戸大学），北村一郎（東京大学），小島武司（中央大学），霜島甲一（法政大学），新堂幸司（代表：東京大学），高田裕成（立教大学），高橋宏志（東京大学），棚瀬孝雄（京都大学），松浦馨（名古屋大学），竜嵜喜助（新潟大学），および，井上正三（九州大学），井上治典（神戸大学）の14名であり，そのうち井上正三，井上治典を除く12名が海外での調査に携わった。

[1] はじめに

および1984年9月以降翌年3月まで，アメリカ合衆国西海岸地域を中心に他の研究分担者による継続した調査がなされ，調査対象国は，上記のほか，西ドイツ，フランス，スイスにも及んでいる。

調査は，各地の少額裁判所 (small claims court)，司法省，弁護士会等の伝統的司法制度の枠内の生活紛争解決機関（ないし，生活紛争解決部門）とその関係機関で生活紛争の解決を主たる目的とするものと，NJC (Neighborhood Justice Center) や私的調停機関 (mediation center) 等の裁判外の生活紛争解決制度を訪れ，関係者に面接して情報を収集し，書式や統計資料等を入手するとともに，各機関・制度での実際の紛争解決手続の模様を傍聴して行われた。承諾が得られた場合には，紛争当事者へのその場での面接調査やアンケート調査[5]，裁判所事件記録 (docket) の閲覧に基づく電話による質問調査[6]をも行った。審理手続の模様は，当該機関および当事者から許可が得られた場合にはテープ・リコーダで録音した[7]。裁判所の公式記録とされている法廷審理の録音テープの複製を入手した場合もある[8]。さらに当地の法学者，法社会学者等で生活紛争解決制度を研究している者との座談会形式の情報交換をも行った[9]。

本調査の目標は，当該対象国において，どのような紛争解決制度が存在し，それらはどのような社会的政治的背景から設立され，いかなる目標の下にどのように運営されており，その社会においていかなる機能を果たしているか，また，どのように利用者や法律家・研究者から評価されているか，等を探求し，日本での生活紛争解決制度構築に向けての選択肢を探ることである。

---

(5) アメリカ合衆国においては，調査したほとんどの地域の裁判所において面接調査をすることができた。調停制度やNJCの場合は，その非公開主義等の理由で手続の直接の傍聴やアンケート調査は限られた場合にのみ行うことができた。

(6) 例えば，San Francisco の少額裁判所等で行った。

(7) 例えば，Portland in Maine や Denver 等で行った。

(8) 例えば，Spokane 等で行った。

(9) 裁判官への面接調査はもちろん，各地の弁護士事務所（law firm）を訪れて，少額裁判所の手続の経験やその評価，あるいは，裁判外の生活紛争解決制度への評価等の聴取も行った。

第1章　民事紛争解決のシステム

　本稿は，上記実態調査の成果を踏まえ，民事紛争解決のシステムについて，生活紛争を中心として理論的整理と分析とを試みるものである。多種多様な紛争解決制度の形態を比較検討するための枠組みとして，

〔1〕いかなる価値観の下に構築され，あるいは運営されている制度か（理念的選択肢）
〔2〕制度構築・運営をめぐる社会的，政治的環境はどのようなものであるか（背景）
〔3〕立地，スタッフ，資金，他の紛争解決制度との連携などの点で，どのような制度がありうるか（制度的選択肢）
〔4〕紛争解決の手続・審理はどのようになされているか（手続的選択肢）
〔5〕紛争解決へ向けての交渉過程

の五つの点から分析することにする。その際には，各制度が，社会や利用者の要求に沿って自己を改善し発展させていくためのどのような工夫をしているかの点（フィードバック・システム）にも注目するよう努めることにする。

〔2〕　理念的選択肢

　裁判所内の制度にせよ裁判外の制度にせよ，それが紛争の平和的解決を目指す社会的制度である以上，社会的紛争とその解決についての何らかの価値理念に基づいて設営されているわけであり，逆に，その理念に照らしてその制度の社会的機能は第一義的には評価されることになる。これを，紛争解決のミクロなシステム合理性の問題と呼ぶことができるであろう。他方，紛争の解決に対する社会の要求は様々な価値のレヴェルで存在しえ，それらの各要求に対応する紛争解決制度が存在するかという視点から紛争解決資源の社会的配分の適正度を評価することが可能となる。これを，紛争解決のマクロな役割配分の問題と呼ぶことができよう。

1　ミクロなシステム合理性

1）まず，ある紛争解決制度を設営するに際してどのような目標(goal)が目

〔2〕 理念的選択肢

指されているか，の点での選択肢から考えてみよう。

　従来生活紛争解決制度の理念に関しては，「裁判上の効率化(efficacy)」と「紛争解決の質（quality）（正義の質）の向上」の二つに大別・対比されて論じられている[10]。裁判の効率化の理念とは，少額裁判所（small claims court）や裁判外の紛争解決制度(alternatives)の主たる存在理由を，裁判の効率化に資するためのものとする思想のことである。紛争解決基準として完備された実体法を前提とし，手続的正義に適った手続を整備する裁判こそが最も優れた紛争解決制度であり，大規模な社会的紛争こそが重要であり，それこそが本来の裁判制度の対象であると前提する。そして，裁判所がその本来の機能を十分に果たすことを可能とするため，少額裁判所や裁判外紛争解決機関は社会的重要性の低いとされる生活紛争を裁判所に肩代わりして「処理」するための制度であると位置付けるのである。この考え方の背後には，民主主義的正当性の確保された社会的選択制度たる立法機関の定立した実体法を適用して社会を規整することが裁判の主要な役割であり（法秩序維持），裁判による個別紛争の解決はこのため

---

　(10)　この対立は，一般には少額裁判制度も含めて公式裁判制度への批判，公式裁判制度と裁判外の紛争解決制度の対立，あるいは，NJC等が裁判所とどのような関係を持つべきか等の問題のコンテキストで論じられる。例えば，Daniel McGillis & Joan Mullen, *Neighborhood Justice Centers: An Analysis of Potential Models*, U.S. Department of Justice, 1977, William Dejong, Gail A. Goolkasian & Daniel McGillis, *The Use of Mediation and Arbitration in Small Claims Disputes*, National Institute of Justice, 1983, Chapter 1, cf. "Should Dispute Resolution Be Attached to the Courts?," *Dispute Resolution Forum*, June 1984. また，Sander, *Alternatives to the Courts,* (Preliminary Working Draft for the National Conference on The Lawyer's Changing Role in Resolving Disputes, 1982), Chap. 3, p. 5では，①裁判所の負担軽減，②紛争解決過程へのコミュニティの参与，③正義へのアクセスの高揚，④より実質的(effective)な紛争解決，の四つを挙げている。上記McGillis & Mullenを参考としつつNJC運動を分析・評価するものとして，和田安弘「多元的紛争処理の試み：アメリカにみるひとつの動き」東京都立大学法学会雑誌22巻1号（1982）1頁があり，多大の示唆を受けた。

の手段に過ぎないと位置付ける発想が潜んでいる場合も多い。ゆえに，この理念によってある制度を評価する際には，肩代わりの指標たるその制度における事件処理数（caseload）が最も重視されることになる[11]。

2）紛争解決の質を制度の理念として掲げる考え方は，生活紛争解決制度の存在理由は単に裁判所の負担軽減あるいは裁判所の負担の肩代わりをするためではなく，そもそも伝統的司法制度が社会的紛争解決制度としての質と適性を問い直されているところにあると考える。小規模あるいは低額であるとはいえ，生活紛争は個々の紛争当事者にとってみれば裁判所の通常事件と同等の重大な問題である。しかも，それらは背後の当事者の生活環境としてのコミュニティや社会一般に内在する問題や矛盾の現象形態である場合も多いのである。にもかかわらず，裁判所・裁判官の生活紛争への認識は低く，小規模の簡単で瑣末な事件というステレオタイプで取り扱われる傾向がある。また，裁判所は紛争当事者たる一般市民から見れば，遠い存在であり，少額裁判所の手続を特設しても，なお，その手続は基本的には二当事者対立的（adversary system）であり，紛争解決内容もオール・オア・ナッシングという「法的処理」の枠を出ないゆえ，生活紛争の解決として必ずしも妥当ではない。伝統的法制度におけるこのような紛争の断片的画一的処理では問題に十分に対処する能力を有しないのであり，真の平和を社会に回復することはできないと考える。正義の質として紛争当事者間の十分な話合いと相互理解，審理手続自体と紛争解決内容への紛争当事者の満足（satisfaction）を重視する。正常な社会過程の一環として紛争をとらえ，紛争当事者の主体性と自発性を生かす交渉の場として紛争解決制度を考える。さらにそれを超えて，「コミュニティの司法」として人間関係，社会

---

　(11)　この点については，ある生活紛争解決制度が他の何らかの組織（例えば，典型的には，裁判所）をスポンサーとしている場合，そのスポンサー組織の利益のための制度としての色彩を強めてくる傾向があり，当初の制度目的から変質してしまう危険性が大きいことが批判されている。Paul Wahrhaftig, "An Overview of Community-Oriented Citizen Dispute Resolution Programs in the United States," in Richard L. Abel (ed.), *The Politics of Informal Justice, Vol. 1: The American Experience*, Academic Press, 1982.

〔2〕 理念的選択肢

関係，コミュニティの再建・再統合をも標榜するのである[12]。

3）では，「コミュニティの司法」というときのその内容としてはどのようなものが考えられているのであろうか。まず，紛争当事者間の十分な討論の「機会の保障」のみならずその「実現」という手続的正義の実質化が挙げられよう。また，国家の法という「全体社会の規範」が個々人の間の紛争へ一方的硬直的に介入することを拒絶しようとすることも挙げられよう。言い換えると，「社会の介入」としては，当該コミュニティという，その実態が存在し[13]，かつ，その成員（member）のコミュニティへの帰属が実質化されうるような小部分集団の規範の介入までを限度とし，その限定によって個々の紛争当事者間の実質的公平と妥当な解決を求めることを挙げることができよう[14]。設立運営の点でも「われわれによるわれわれの紛争解決制度」の実質化を目指し，単に紛争当事者間の現象的個別的紛争の解決よりもその背後の問題の解決，紛争当事者間の相互理解と人間的信頼関係の回復を目指して努力することになる。また，合理的交渉・紛争解決行動をとることができるように紛争当事者の行動様式や態度を矯正すること，それによって，過去の紛争の解決よりも，将来の平和を確保す

---

(12) Wahrhaftig, id. は，コミュニティの再建・活性化の視点を community empowerment と呼び，この視点から各種の裁判外の紛争解決制度を批判的に検討している。

(13) 国家や全体社会というものが，極めて抽象的・観念的な存在であるに過ぎないのに対してコミュニティの場合は，原則として，その成員間に実質的な交流の機会が存在する点で，主観的にも客観的にも，より実体的ないし実質的であると呼ぶことが許されるであろう。

(14) 社会全体の制度的意思決定の表現形式である「法」は，その最大公約数的性格ゆえに，必然的に抽象性を具有し，下位集団であるコミュニティ内での具体的妥当性とは乖離することが予期される。この「コミュニティの法」と「全体社会の法」が対立するとき，公式の紛争解決制度たる裁判制度においては，原則として「全体社会の法」を優先させることになる。これに対して，「コミュニティの司法」においては，このような形での全体社会の規範の介入を避け，「コミュニティの法」を適用することになる。

ることも目的とされるであろう。さらに進んでは，そのような紛争をもたらしたコミュニティ自体の改善，コミュニティの再統合・活性化までが目標とされうる。ここまでくると，個々の紛争自体は悪しきものというより必要悪，場合により社会の統合と改善のための社会的システムと見ることも可能となろう[15]。また，このような理念からは，イギリスのロー・センターやミネアポリスのミディエイション・センターのように，地域社会で紛争解決制度が設立されることをプロモウトし，新たに誕生する制度に対して調停技術や資金の調達，司法制度との関係，リファーラル・ネットワークの形成，調停人のトレイニング等のノウ・ハウを伝授する活動も積極的に行われることになる[16]。

　4）この「効率」と「正義の質」という理念レベルの対立は少額紛争解決について裁判外の制度の設立を進めているもの[17]と，裁判手続の内部からの改善，あるいは制度運営を裁判所との提携包絡の下に進めているもの[18]との間の方法戦略的な対立をも背景に持つ。つまり，裁判制度内部からの紛争解決の制度改革を図る人々は，紛争解決の効率化の視点を重視せざるをえず，逆に，裁判制度の外からアプローチする人々は，裁判制度の外に固有のレゾン・デートルを求めるインセンティヴを持つことになるのである。また，社会における紛争を見る視点の相違にも基づいている[19]。つまり，「紛争」を解決されるべき「悪

---

　　(15)　この場合には，個別の紛争の解決は必ずしも意味を持たない場合も出てくる。前掲の Wahrhaftig, *supra* note (11), p. 89は，Community Board Program において具体的紛争の背後にある問題点が発見され解決されたことによって，その紛争自体の特定の解決策は見出されなかったにもかかわらず，コミュニティとしては紛争が解決した例を報告している。

　　(16)　Cf. *Mediation Center: A Review of the First 18 Months*, Minnesota. また，Law Center in London においてもこのような活動についてスタッフから説明を受けた。

　　(17)　裁判所に近付くことを最も避けていることで有名な制度は，Community Board Program である。

　　(18)　例えば，典型的な例としては，Portland in Maine の Court Mediation Service が，裁判所に包絡される戦略をとっている。

しき問題」とみるか，「紛争」とは社会に必然的に生じるもので，社会の改善の契機となりうるものであるとみるかの違いが，理念に反映したための対立であると考えることもできるのである。

ところで，紛争解決の質と解決事件数が一般には反比例的関係にあるであろうことからも容易に想起されるように，この理念レベルの対立は制度運営上も緊張関係にある。伝統的司法制度の側から見るとき，ともすると，少額裁判所やNJC等を解決事件数とその結果たる裁判所負担の軽減の点からのみ評価し，そこで払われる紛争解決の質（実質的正義公平や当事者の満足）への配慮が二の次とされるようになる。また，生活紛争解決制度が資金的に伝統的制度に依存している場合にはこの影響でその手続が変質する（官僚主義化する）ともいわれる[20]。ゆえに，正義の質を追求する理念からは，生活紛争解決制度は裁判制度を否定し，裁判制度から独立すべきであるとの主張をも生み出す[21]。

しかし，この緊張関係が当然に調和点を持ち得ないというわけではなかろう。伝統的制度自体原初的には社会正義の実現と紛争当事者の満足し得る実質的紛争解決のために社会に設けられた制度であるし，裁判の効率化の理念を中心として設営されるといわれる少額裁判所における，その料金の低額化，迅速な解決への努力，手続の簡易化による一般市民の本人訴訟の便宜，法廷の雰囲気の緩和による市民のアクセスの増加等は[22]，正義の質向上への努力に他ならない

---

(19) 伝統的な紛争の捉え方の如く，そして，法律学で一般的な考え方の如く，紛争を解決されるべき社会悪であると単純に見れば，紛争を機能的に見る視点は欠落し，community empowermentの視点は見逃されるであろう。紛争の建設的機能の考察として，Lewis A. Coser, *The Functions of Social Conflict*, Routledge & Kegan Paul, 1956（新睦人（訳）『社会闘争の機能』（新曜社1978），ロバート・C・エンジェル「紛争の社会学」in Elton B. McNeil (ed.), *The Nature of Human Conflict*, Prentice-Hall, 1965（『紛争の社会学：社会的紛争の本質』（千葉正士 編訳 東京創元社1970））92頁以下等を参照。例えば，紛争が，社会変動を惹起する機能を持つこと，紛争が社会の統合を作り出すことなど。

(20) Cf. Wahrhaftig, *supra* note (11).

(21) Community Boads, *Annual Report 1981*, 1981, pp. 43-45.

第1章　民事紛争解決のシステム

わけであり，正義の質と裁判の効率化の緊張関係の調和点への解を求めるための努力のひとつではありうることを否定できない。

一方，「コミュニテイの司法」の立場に立って，伝統的司法制度からの独立を唱えても，人間の制度が一般に持つ官僚化・硬直化の傾向から独立ではありえないし，解決事件数がほんのわずかでは社会的制度として機能しているとは言い難い。また，紛争解決内容の，紛争当事者間あるいは部分社会（コミュニティ）での最適解が全体社会での最適性をもたらす保障はない。むしろ，裁判外の紛争解決制度は，伝統的法制度に比べて正義の質の方に傾いた所に調和点を求める努力であるといえ，両者の間には，言わば「棲み分け」の余地があるように思われる。

　5）このように見てくると，正義の質と裁判の効率との間の理念的緊張関係にどのように対処するかが社会におけるその制度の合理性と存在意義を決することになると考えることができるように思われる。と，同時に，この二律背反を最小限にとどめる方法として，多様性の戦略，すなわち，様々な紛争解決制度の並立とその間の役割分担で社会の紛争解決への様々な要求にできるだけ適正に対処しようとすることが合理的な選択肢として浮上してくると考えられる[23]。

2　マクロなレベルでの役割分担

　1）制度化の程度をひとまず問わないことにして紛争への第三介入者による解決努力を大まかに分類すると，まず，公的機関と私的機関，その混合形態の機関に3分類できよう。公的機関としての筆頭はもちろん裁判所である。広義

---

　　(22)　少額裁判所の手続の適正化への探求については，棚瀬孝雄『本人訴訟の研究』（弘文堂1983）参照。

　　(23)　Frank E.A. Sander, "Varieties of Dispute Processing," 70 *F.R.D.* 79 (The Pound Conference, 1976), pp. 131f., Sander, "Alternatives to the Courts," (Preliminary Working Draft, 1982), Chap. 3, pp. 22f.では，このような考え方をThe Multi-Door Courthouse (MDC)と呼んで提唱している。

〔2〕 理念的選択肢

の裁判手続の内で，事実上の紛争解決機能を有するものには，裁判手続(adjudication)や和解，調停手続 (mediation)，仲裁手続 (arbitration) 以外にも，督促手続，仮処分・仮差押手続[24]などが顕著であるが，相手方に対して圧力をかける手段として利用することで交渉力を有利に展開する戦術まで考慮すると，訴えの提起や文書提出命令の申立て，強制執行の開始申立て等個々の訴訟行為も紛争を解決へ導く機能を有している。公的機関としては，行政的機関（半司法的機関等）も多く紛争解決機能を果たしている。苦情処理センターやスウェーデンのオンブズマン (Ombudsman) などが数えられよう[25]。これらの制度の場合，とりわけオンブズマンの場合が典型的であるが，個々の紛争解決だけでなく，あるいはそれよりも，個々の紛争を端緒として社会問題自体の発見とその解決を目的とする場合も多い。二当事者対立図式をプロトタイプとする訴訟手続を含め伝統的紛争解決制度の多くは対立する二当事者間の個別具体的紛争の解決をその主たる目的としているのに対して，これらの場合は，多人数間の同種同様な多数の紛争を社会問題として捉え，多少とも政治的な手法をも動員して一般的に解決しようとする点で注目される。

一方，私的な紛争解決機関には，メディアのアクション・ライン (action line)[26]や業界団体の主宰する紛争解決のフォーラム，私的仲裁，私的調停，さらには弁護士同士の話合いも考えられる。メディアの場合，マスコミという非法的サンクション力を利用しての社会問題の発掘とその解決を目指すものであり，ま

---

　(24)　筆者が，座談会で関西の弁護士と話し合った際，和解等による解決を意図して保全処分を利用するということはほとんどないが，保全命令が出されると結果として和解等で紛争が解決することは多いとの指摘を受けた。

　(25)　オンブズマンの一般的制度については，Ibrahim al-Wahab, *The Swedish Institution of Ombudsman: An Instrument of Human Rights*, Liber Fölag, 1979 を参照。消費者問題におけるオンブズマンについては，The National Swedish Board for Consumer Policies, *The Consumer Ombudsman: Functions, Organization, Activities* (Panphlet)や小島武司・外間寛（編）『オンブズマン制度の比較研究』（中央大学出版部1979）等を参照。

　(26)　Cf. McGillis & Mullen, *supra* note [10], pp. 19f.

第1章　民事紛争解決のシステム

た，業界団体の紛争解決フォーラム[27]は程度の差こそあれ個別企業からは一定の独立性を有しているので，ともにその第三介入者の公共的性格はかなり強いといえる。その他，スウェーデンの各種紛争解決制度のように公益委員と両利益団体の代表でパネルを組んで調停や仲裁委員会を形成する場合のように半公半私的機関も近時盛んに利用されている。

2) 紛争当事者の数的構造から見ると，〔Ⅰ〕①個人対個人，②個人対集団，③集団対集団の分類や，〔Ⅱ〕①私人対私人，②私人対団体（企業，法人，公法人など），③団体対団体等の分類があり得るが，従来の紛争解決機関でその解決対象をこの当事者の数的構成で区別することは稀である。

ただし，消費者と企業の間の同種類似の多数の紛争に対して，スウェーデンの「消費者オンブズマン (KO)」は，個別の紛争の解決を目指すものではない代わりに，いわば多数消費者の代表としての形で「市場裁判所 (Marknadsdomstolen)」に企業を訴えるという形をとる点が注目される。アメリカのクラス・アクション (class action) やドイツの団体訴訟 (Verbandsklage) などとその社会的機能を比較することには法社会学的にも法律学的にも意味があろう。政治的性格の強い問題領域の中への伝統的紛争解決制度，とりわけ裁判制度の機能拡大がいわゆる現代型紛争とからめて論じられるようになっている。このような多人数間の利害調整の問題（本来的には立法（＝法の創造）の問題である場合が多いであろう）であり，伝統的紛争解決機関（裁判所）の対象とする問題から外れることも多い。しかし，現実問題として，既存の政治過程（国家レヴェルでは国会，地方レヴェルでは地方議会）ではその管轄権限や構造の点で（ここでの社会

---

(27) 生活紛争処理研究会の調査旅行においては，オランダでこのような業界団体に由来する紛争解決フォーラムが発達していることが印象的であった。例えば，消費者団体とドライ・クリーニング業界団体が設立し，後に旅行業者団体と家具販売団体が参加して運営している Stichting Consumentenklachten では，業界団体の代表1人と Stichting のスタッフ1人と議長としての法律家1人の合計3人で仲裁委員会を構成して紛争解決にあたっている。Cf. *Stichting Consumentenklachten Jacrverslag 1983*. その他，業界団体による仲裁委員会としては，不動産業界，建設業界，保険業界にある。

問題の多くは，イデオロギーや政党支持とは次元の違う対立である），また，いわゆる立法の不作為のゆえに十分に対処できないことが多い点を理由として，日本でも司法過程の中へと包絡されてきている問題である。このような問題領域を扱う手続が，行政的新制度（オンブズマンなど）や司法の新制度（アメリカ・ドイツ）として制度化されている点は，今後の日本の紛争解決制度の方向を考える上で参考となろう。

これに対して，通常の消費者苦情処理機関はそれ自体の内に個別事件の紛争解決のフォーラムを形成している点で伝統的紛争解決制度の枠組みを踏襲しているといえるであろう。ただし，それらの制度の中には，当事者間紛争への介入（具体的紛争解決）よりも，商品の欠陥や有害性，事故の原因の認定など，事実の調査確定に目的を絞る場合もある。

3) 裁判および裁判外の各種紛争解決機関の間の社会的役割分担を見る上で最も重視されるべき点は「法」の取扱いをめぐって顕在化する規範の当事者間紛争への介入の在り方であろう（法使用）。裁判は一般に「法による裁判」として，国家の法が当事者間の紛争の解決基準となるという構造により，国家（全体社会）の意思決定（social choice）が紛争当事者を強制するという構造をプロトタイプとしている。そして，一部の裁判外の紛争解決制度はまさにこの点をもって裁判の最大の限界と捉える思想の下に組織されていることは既述の通りである。

ここでは次の二つを区別して考えるべきであろう。第一は，現代型紛争等のいわゆる利益調整型紛争を伝統的裁判制度が包絡して，それに適合した手続を新たに形成してゆくべきか，それとも政治制度も含めた意味での裁判外の制度で対処するべきかの問題であり，第二は，従来伝統的な意味で「法的紛争解決」の対象とされた紛争も利益調整型手続で解決するべきか，の問題である。

第一の点で，利益調整型紛争の裁判外の解決手続としては，ハワイの環境紛争の調停（NJC）の例があり，本来行政手続における公聴会や聴聞手続の持つ，話合いの場（フォーラム）を調達して相互理解と相互利益の調整を図る機能を私的な機関が行っている。また，現代型紛争ではないが，利益調整的色彩の強い離婚調停（divorce mediation：財産分与や扶養料（alimony），監護権（custody）

第1章　民事紛争解決のシステム

などの調停）においても，近時アメリカでは私的な調停が業として行われるようになっている点が注目される[28]。

このような利益調整型の紛争解決では，「要件―効果」の形で適用されるべき法規範は所与ではない。むしろ，種々の相対立しあう生の利害を利害関係者間の話合いで調整し，そのことによって法的側面から見ると新たな規範を形成するという過程である。環境紛争解決のような場合は政治的色彩が濃厚となり，離婚調停では規範的過程というよりも事実的過程という色合いが強くなる。このような利益調整型紛争を法的手続である裁判制度が，どこまで取り込み得るのか，取り込むことがはたして妥当と言えるかについては，なお検討を要する問題点が多い。なお，現実に裁判所がこのような利害調整手続を実行している例として，アメリカ合衆国における人種差別廃止政策の一環として，公立学校の生徒をバスで輸送する「バス通学制度（busing）」の調整がある（本書第2章参照）。

法使用の第二の問題はさらに，実体的紛争解決基準の問題，すなわち「コミュニティの法」や個別の紛争当事者間でのみ妥当する「法」（個別具体的規範）によって解決されるべきか，それとも，国家・全体社会の規範たる「法」によって解決されるべきかの問題と，紛争解決手続自体の問題，すなわち従来の裁判手続とは異なり個別の紛争当事者と具体的紛争とをより志向した手続（個別具体的手続）で解決されるべきかの問題が区別される。従来から指摘されてきた裁判に対する不満には，単に訴訟に時間や費用がかかるというだけでなく，判断基準（法）が当事者間の紛争の実情にそぐわないという判断基準としての法への不満（法の妥当への疑問）と，手続が形式的権威主義的で近寄り難く，自己の紛争であるのにその解決に自ら参加しているという気がしないとの不満（手続の非日常性や

---

[28]　このような private mediator は，アメリカ合衆国では一種の新しい法律的（紛争解決）職業として成立し始めているようである。Minneapolis や Washington, D.C.においてこのような mediator にインタヴューした。また，NJC 運動の草分けである Los Angeles の NJC の Director であった Edelman もわれわれが訪れたときには，NJC をやめて，private mediator として活動していた。

〔2〕 理念的選択肢

手続からの疎外への不満）があったと思われる。この両者が相乗効果を生じて，当事者は裁判に対して不満と不信をつのらせていたと推測されるのである。

このような認識を前提として紛争解決制度としての裁判制度に失望して，裁判外の紛争解決制度で，「法」の拘束を離れて，すべてをできるだけ紛争当事者間の交渉によって解決することがより適切であり，極論すれば裁判制度は不要であると考える主張もありうる。これに対しては，当事者の期待の中には従来の裁判制度のように全体社会の規範（法）で明確一律に白黒を付けて欲しいという場合も当然あるはずで，かつまた，国家権力の後楯のある裁判制度が伝家の宝刀（*ultima ratio*, last resort）として存在することが多様な紛争解決制度の並立を可能ならしめているともいえるから[29]，裁判制度を不要であるとしたり，裁判手続そのものを調停型のものにすることは行き過ぎであるとの主張にも理由があるであろう。とりわけ，理論的には正当化の「メタ進行」に陥る危険を内含し，存在論的には「正義」にコミットしているがゆえに「神々の争い」に陥る危険を有する価値の対立に対して，「法」というものが，紛争解決の社会的必要性という実践的契機に導かれて設立された「思考の経済」のシステムでもあることを想起するとき，法と裁判制度の存在理由を否定しさることには疑問の念を抱かざるを得ないであろう。その立場に立てば，紛争当事者のニーズの多様性に対処できるためには，できるだけ多くの紛争解決手続の選択肢を社会の中に準備しておき，それらの間での役割分担を考えるべきであるとの立場に近付くことになろう。

基本的には，法の正当性を信頼し，法による社会改革・進歩という側面を重視するか，それとも，まず社会があるのであるから，法の正当性に不信を抱き，法は社会の現状を反映する鏡である以上の意味を持つべきではないと考えるかの対立であると言える。さらに遡れば，立法過程の民主主義的正当性を実質

---

[29] このような考えには，二つのインプリケイションを区別するべきであろう。ひとつは，裁判制度の存在が多様な紛争解決制度の存在のための条件であるという意味（前提条件）であり，第二は，裁判制度の存在が裁判外の紛争解決制度の妥当性を担保としているとの意味（遠隔操作）である。

第1章 民事紛争解決のシステム

なものであると評価するか，観念的なものに過ぎず既に形骸化していると評価するかの対立に由来すると思われる。

以上の言わばマクロなレベルの対立は，個別の手続過程での法使用においては，次のような評価の対立として現れるであろう。すなわち，紛争当事者が手続過程で法を援用した場合，それを自己の主張の正当化，相手への合理的説得手段として使用していると見るか，それとも，自己の要求の貫徹のためにその正当性とは無関係に単なる「武器」[30]として法を使用していると見るかの対立である。法によらざる交渉・紛争解決過程は，法の規範性を当然の前提とする立場からは，非規範的闘争過程に過ぎないものと評価されることになるが，紛争当事者間の交渉自体に正当性根拠を求め，そこに規範性を認める立場からは，法を援用することの方が非協力的で硬直的態度であると評価されることになる[31]。

この見解の対立においては，紛争当事者間の交渉過程における法の位置付けとして，「内的視点」に立脚した正当なものか，「外的視点」のみからの単なる武器かの二者択一的発想が基礎にあると評価しうるが，現実の交渉過程において法が援用され議論される場合，法の正当性は100%から0%までのレインジの

---

(30) 「戦略的武器としての法」の側面を鋭く分析するものとして和田仁孝「現代都市社会における紛争処理と法：裁判外紛争処理と戦略的法使用」法学論叢111巻2号（1982）67頁，6号58頁，112巻3号（1982）112頁，特に6号80―86頁がある。

(31) 法と裁判に対する徹底した失望と批判に立脚するCommunity Board Programのセッションでは，「法はこうなっている。」との主張がほとんどタブー視されていたことが印象に残っている。反面，少額裁判所の裁判官やpro-tem Judgeとしての弁護士，裁判所内のmediationのmediatorに「法規範と異なる判決をするか？」とか「和解が法規範と抵触する内容である場合にどう処理するか？」等の質問をした場合に，彼らが紛争解決の手続を法適用過程であると当然に前提しており，かつ，法が常識や正義に適うことを前提として，妥当な判断や妥当な和解が法と抵触することの方に寧ろ懐疑的であったことも印象に残っている。法＝常識（妥当）という前提を常識とすることを，法律家の非常識と見るか常識と見るかの違いであるとアイロニカルに表現できよう。

中の点を様々にとるであろう。逆から言えば，この交渉過程はむしろ援用された種々の規範の妥当性を言わば「値踏み」する過程と捉え直すことが許されよう。紛争解決過程は，利害の事実的対立を契機として当該事案に妥当する規範の取捨選択・その規範の妥当の程度を決定するという「規範操作」の過程と，逆に法規範をはじめとする諸規範を基準として利害の対立の解決案を模索する「規範適用」の過程の複合体であると見るのが最も適切な見方であると思われる。このように見ると，前記の対立においては，「規範操作」の過程における法規範の操作可能性を認めていない点では双方の見解ともに一致して不十分さを有していることが認識される。そして，問題を規範の操作可能性をどの程度認めることが妥当であるか，の見地から議論する方がより生産的であると思われる[32]。つまり，法というものは，取引費用ないし交渉費用が禁止的に高い場合や，価値の対立が調整不可能なまでに尖鋭化している場合にも，社会の平和保持を可能とするための道具として，人為的に創造された差し当たりの暫定的な定めであるに過ぎないことを認識し，その暫定的拘束力をどの程度のものとするのが社会的に妥当か，どのような合理的根拠があれば規範や法の方を修正するべきであるのかを議論していった方が，法を適用するべきか，法を無視するべきかの二者択一を議論するより生産的である（本書第2章参照）。

4）紛争の社会的解決を考える際のもう一つの問題は，紛争へその解決制度が介入する時期をめぐるものである。紛争当事者間に利害の対立が生じることを端緒として，それを各人が認識して紛争過程は開始する。紛争当事者がその認識に対して不満を抱くようになり，紛争当事者間の対立へと発展してゆく。対立には経済的要素・感情的要素・価値的要素等が加味されてゆき，各人の自己利益と価値の実現を求めての相互行為の過程が進行してゆき，紛争の終結へ向かう。この一連の過程へ第三介入者として紛争解決制度が関与することになる。ところで，この紛争の発生・発展・終結という変容（transformation）の諸

---

　(32)　和田仁孝「裁判外交渉過程の構造と制御：当事者の行動と規範の役割」民商法雑誌92巻4号504頁・5号634頁（1985）が「規範インフルエンス」の概念を用いて当事者間の交渉過程の卓越した分析を展開しており（5号639—648頁），多大の示唆を受けた。

第1章　民事紛争解決のシステム

過程[33]の内の，次のステップへとある紛争が進んでゆくかどうかはその紛争を取り巻く様々な社会的環境に規定される。客観的に自己利益が侵害されていても，それを認識しなければ紛争は発生しないといえる。これが客観的には社会厚生上不適切な状態である場合も多い。これを潜在的紛争すなわち社会問題と捉えて第三者が介入する形態には，価値剝奪・権利（法）の啓発活動がある。例としては，合衆国の BBB (Better Busines Bureau) や英国の法律アドヴァイスがあり，日本の嫌煙権運動などもこのような啓発活動と位置付けられる活動を行っている。利害の対立が認識されて紛争が顕在化した後においても，それが裁判に持ち出されるまでには様々な選択肢が当事者に与えられている。そして多くの場合は「裁判沙汰」になる以前に何らかの形で紛争は終結してゆくのであり，これはひとり日本社会のみならず，いかなる社会においても妥当する命題である。認識された自己の利益の侵害に対して，泣き寝入り (avoidance) の形で紛争を回避することも多い。また，不快な現実認識に対して，自己の価値観や認識の方を適応させて，本当は利益の侵害はなかったと思い込む形での（泣き寝入りとは区別される）紛争回避も起きる[34]。紛争当事者の対立に発展しても，紛争当事者間で話合い交渉を持ち，双方の一応の納得ずくで紛争が平和的に解決されることも多い。とりわけ，紛争当事者間の社会的関係がマルティネットワーク (multi-network) を形成している場合，紛争状態自体へのサンクションが周囲から働くし，紛争当事者間だけを見ても，トレイドオフの関係にある争点が複数あり，その解決策のオプションが多数存在することは多いので，

---

(33) William L. Felstiner, Richard Abel & Austin Sarat, "The Emergence and Transformation of Disputes: Naming, Blaming, Claiming," 15 *Law & Soc'y Rev.* 631(1981)参照。

(34) Leon Festinger, *A Theory of Cognitive Dissonance*, Row, Peterson & Co., 1957．(末永俊郎（監訳）『認知的不協和の理論：社会心理学序説』（誠信書房 1965))，L. フェスティンガー・E. アロンソン「社会的脈絡における不協和の発生と解消」(1960)，カートライト・ザンダー『グループ・ダイナミックス I〔第二版〕』（三隅二不二・佐々木薫〔訳編〕誠信書房1969) 257頁参照。McGillis & Mullen, *supra* note (10), pp. 6-8.

〔2〕 理念的選択肢

平和的に紛争当事者間交渉で解決する確率はかなり高い[35]。紛争の一方の側ないし双方が法律相談等によって態度（attribute）と行動（behavior）を修正して紛争が平和的に解決することも多い。イギリスの法律扶助・法律相談のシステムの発達はこのような意味の「紛争予防」を重視したシステムと位置付けることができよう。紛争がさらに発展して，もし裁判より他に選択肢がない社会でなら訴訟の提起となるような段階に至った場合にも，行政的機関や私的制度等の裁判所に代わる紛争解決制度が整備されてゆけば，そちらへ事件が出てくる可能性は高い。

5）このように，紛争解決制度の紛争への介入の態様は，紛争への介入時期と，裁判所と制度との相対的関係の二つのディメンションによって，Ⅰ①紛争初期の介入で裁判所へのアクセスを高めるための法律相談，Ⅰ②紛争初期の介入で紛争予防，Ⅱ①紛争の中間段階の介入で裁判に対する前置手続的なもの，Ⅱ②紛争中間段階での介入で裁判所とは独立な手続，Ⅲ①紛争の成熟段階での裁判手続に組み込まれた紛争解決手続，Ⅲ②紛争の成熟段階での裁判所とは独立の手続，と大きく六つに分類できる。この図式を用いるなら，アメリカでは，この六つのすべてにわたって紛争解決制度を発展させてきているのに対して，

---

(35) Matthew Silberman, *The Civil Justice Process: A Sequential Model of the Mobilization of Law*, Academic Press, 1985, pp. 82ff.は，デトロイトでの実態研究の分析から，生活紛争（everyday problem）が，重大な問題として認知され，第三者の介入を招き，法律家に接触し，そして裁判所へ出てゆくという紛争の変容過程に作用するファクターを分析している。紛争が変容する過程のうち法制度に接触するまでと，法制度に接触し紛争が法的段階を迎えてからとでは，作用するファクターに違いがあり，状況要因（situational variables）は前法段階で主として作用し，構造的要因（structural variables）は紛争が法的段階に達した後に主として作用する。可視性（visibility）のみは両段階で作用し，ピヴォタルな要因である等の興味深い成果を定量的分析によって実証的に報告している。また，和田安弘「日常の中の紛争処理：一般人を対象とした調査の分析」東京都立大学法学会雑誌24巻2号（1983）1頁，25巻1号（1984）41頁は相談という第三者への接触における要因を実証的に分析している。

イギリスではⅠ①法律相談，Ⅲ①裁判所内手続に重点的な発展を見せ，その他のシステムはあまり発展させてきていないこと，とりわけ，裁判所に代わる私的紛争解決制度が未発達であることを特徴とすることができる。これをあるソリシタがわれわれに語ったように，イギリス人の国民性として紛争の自主的解決よりも権威による裁断（裁定＝裁判）に帰依する形での解決の方を好むからであると解釈しうるかはなお検討を要するが，ひとつの可能な解釈ではあろう。スウェーデンやオランダにおいては，Ⅱ①・②のレヴェルでの紛争解決制度（紛争の中間段階での介入）が，行政的機関や業界団体や利益団体の代表を包絡しての半行政的組織として発達していることをその特徴とすることができよう。この点は，とりわけ，消費者保護をめぐって極めて顕著である。

　紛争のいかなる段階でどのような形で介入する紛争解決制度が，当該社会で必要とされ，あるいは各種紛争解決制度が紛争の各段階と各形式でどのように分配されることがその社会で妥当かは，今後の研究に残された大きな課題である。

　同時に，社会に生じた紛争が，役割分担された各制度の内の最も適したものへ出てくるように振り分けるシステムの開発も必要となる[36]。

〔3〕 制度構築・運営をめぐる社会的・政治的環境（背景）

　本節では，紛争解決制度が設営されるに際しての問題を考察する。ここでは，裁判所内に組み込まれて生活紛争解決手続が設立される場合と，裁判外の私的な紛争解決制度として設立される場合の二つに分けて見てゆくことにする。

　1）〔裁判所内手続〕　まず，裁判所内の手続の設立の場合は，一般には，州レヴェルあるいは地方公共団体レヴェルの立法や，裁判所規則への少額事件の特別手続の規定の追加の形をとる[37]。このような形で生活紛争解決手続が設立される場合には，前に述べたように，主として裁判所の負担軽減が目的とさ

---

(36) Sander, *supra* note (23)での Multi-Door Courthouse のモデルが参考となる。

(37) *E.g.*, Portland in Maine の Court Mediation Service, etc.

〔3〕 制度構築・運営をめぐる社会的・政治的環境（背景）

れることになろう。裁判所から社会へのいわば「上から下へ」の制度構築であり，直接に利害関係を有するものとして設立過程へ関与してくる主たる主体は裁判所（裁判官・書記官等）の他には弁護士（会）が中心となる。結局，当該社会の法曹社会の成熟度と問題意識に相当程度依存した手続となるであろうことが予測される。裁判官層は負担軽減を重視するであろうから，市民のための法律サーヴィスという少額裁判制度の理念からくる，紛争への積極的関与や当事者の援助の遂行者としてのその負担は書記官等へ委譲されることにもなる。この場合には，弁護士会との関係で非弁活動の禁止が問題となりうるし，不適切なアドヴァイスがなされてしまった場合の法的責任も問題となりうる。また，アメリカで普及してきているように，弁護士をパートタイムの裁判官（その他，仲裁人や調停人）として使う場合には，弁護士への負担の委譲という形態をとることになる。

少額事件とはいえ，裁判所の積極的関与の下に本人訴訟を理想として構築するということになれば，弁護士の職域を狭めるという結果を生じよう[38]。このようなことから，少額裁判所での弁護士の代理を制度的に排除する形の設立には弁護士会の反対が猛烈になされることも起きうる。例えば，メイン州での少額裁判所では，裁判手続のみならず調停手続にも弁護士の代理・立会いが認められているが，少額裁判手続への調停手続の組込みを積極的に進めたクラーク氏によれば，弁護士排除をしようとしていたら立法案は議会を通過しなかったであろうと言っている。少額裁判手続，裁判所内の調停・仲裁手続等が成功するか否かには，弁護士会の協力が重大な影響を与えることになる。

一方，弁護士の側の少額裁判手続への関与を動機付ける要因としては，パートタイムの裁判官等になることで，将来正規の裁判官になるための布石としておくという意図がある場合がある。それ以外では，法律家の継続教育との関係が注意を要する。パートタイムの少額裁判就務を継続教育期間に算入できる場

---

(38) 少額裁判所と弁護士については，棚瀬孝雄「少額裁判所へのアクセスと弁護士の役割(1)(2・完)」民商法雑誌76巻1号3頁，2号161頁（1977）の実証的研究が参考になる。

21

第1章　民事紛争解決のシステム

合には，それが弁護士にとっての少額裁判手続への積極評価の動機付けとして働くであろう。正規の裁判官にとって少額裁判手続は事件の瑣末さ，当事者の陳述の不要領さ，裁判官の積極的関与の必要性等の点で一般には気の進まないものとなっているようである。しかし，アメリカの少額裁判の社会的機能には，日本における督促手続や保全処分の機能を代替する面もあり，日本のそのような手続を専門とする裁判官が通常部以上の能力を要求されるとして誇りを持っている場合があるのと同様に，アメリカの少額裁判手続の裁判官にも誇りを持って少額事件を手掛けている者もいるのである。

　以上の議論から見てとれるように，少額裁判所内手続の構築に際しての成否には法曹各界の意見の調整が重要な役割を果たす。少額裁判手続に「正義の質」の向上という価値理念を追求しようとする場合にも，法曹が裁判中心的思考様式をとる限度において，紛争解決手続に対する現実の社会のニーズを十分に把握し対応する契機は薄くなる危険があるといえる。また，就業労働者の便宜として始められた夜間コートが，いくつかの州では利用されないまま廃止されるということも生ずる(39)。

　2）〔裁判外手続〕　次に，裁判外の生活紛争解決制度の設立・運営の場合を考えてみよう。

　2-1）行政的・半行政的な紛争解決制度の場合にも，裁判内手続の設立・運営の場合の考慮，すなわち弁護士会を中心とした法曹社会との協力の必要性などの考慮が妥当する。さらに，資金や人的資源等の調達の点でも類推できる。その他では，半行政的紛争解決制度の場合，業界団体・消費者団体等との協力関係も制度の成功に大きな影響を与えるであろう。スウェーデンのように，政治的にも強力で組織も全国規模の団体が両当事者（借家人連盟と賃貸人連盟，業界団体と消費者庁・消費オンブズマンなど）に形成されている場合や，オランダのように歴史的にギルドの伝統を持ち，業界団体の公益的な内部規律の強

---

　(39)　もちろん，夜間コートの廃止が一方的に制度の側の都合のみで行われたわけではなく，現実に夜間コートを利用する者がほとんどいなかった等の理由で廃止された例もよく見受けられた。

〔3〕 制度構築・運営をめぐる社会的・政治的環境（背景）

い組織がある場合，半公的フォーラムとして，両利益代表によるパネルを形成して紛争の解決を図る制度が生まれやすい環境にあるといえよう。そうではない場合，業界団体の調停・仲裁フォーラムの場合，非弁活動として弁護士会との軋轢が生じる危険があることも推察される。

2-2) これに対して，裁判外の私的紛争解決制度の場合には，社会的公認 (authorization)・資金面・人的動員・法曹社会（弁護士会・裁判所）との関係等のすべてにわたって複雑であるとともに，対象地域社会（コミュニティ）との関係でいかに設立手続を進めるかがその紛争解決制度の理念とからんで大きな問題となる。

a) 社会的公認には，立法・裁判所規則・裁判官による公式・非公式の認知と協力，および地域社会での積極的評価等がありうる。前者の例としてワシントン州では，私的な紛争解決制度を公認する州法が制定されている[40]。ハワイの NJC の調停人 (mediator) は少額裁判所に出頭しており，裁判官から当事者に対して調停 (mediation) を希望するならここに NJC の調停人が来ているから申し出よ，と説明を受ける。このような裁判所からの公認を受けるにはどうしても事件解決数での実績を上げる必要があり，紛争解決制度側が公認を求める場合には，必然的に「事件処理」のノルマを意識するようになり，その紛争解決は変質することになる危険があるといわれる[41]。反面，これは，着実に紛争解決の実績をあげうるという意味で成功する可能性の高い制度運営戦略であると評価することもできよう。

b) 私的紛争解決制度は一般に，常に資金面で困難と背中合わせにある。スポンサーとしては，政府（司法省），地方公共団体（例えば，Kansas City

---

(40) われわれが訪れたときは，この立法からそれほど時間が経過していなかったためか，この州法による紛争解決制度はまだ成立していなかった。

(41) Wahrhaftig, *supra* note (11), Raymond Shonholtz, "Should Dispute Resolution Be Attached to the Court? From the Viewpoint of Community Conciliation Systems, the Answer Has to Be No," *Dispute Resolution Forum*, June 1984.

第1章 民事紛争解決のシステム

NJC)，司法制度（裁判所，検察・警察：例えば，Dorchester Urban Court in Boston)，私的な財団・法人（Agency：例えば，IMCR by LEFF, Community Mediation Center in Suffolk County, Long Island）等があり，その他資金の出所としては，利用者の手数料や調停のトレイニングの料金などもある。アメリカの場合，70年代に司法省等の援助でアトランタ，カンザス・シティ，ロス・アンジェルスの三都市のNJCのパイロット・プロジェクトが設立されたが[42]，当時のレーガン政権の下で財政のカット・オフがなされ，消滅・廃止されたり，地方レヴェル（州やカウンティ，シティなど）の援助を受ける形に編成変えされたり，あるいは，それら行政機関の一部門に編入されて存続するようになっている。設立母体や資金の出所が司法制度や私的な財団・法人[43]である場合，必然的にその上部組織や資金先の政策を反映するようになり，ともすると裁判所などの負担の肩代わりという意味の実績として事件解決数のみを追求したり，官僚主義化する危険が大きく，また，制度が市民社会からの発生というより，上部組織からの設立ゆえに，その社会のニーズを十分に反映しなくなる危険もあると指摘されていることはすでに述べた。一方，私的な財団 (private foundation)のファンドの場合，支給が年度区切りであるので資金供給の安定性に欠け，スタッフは常に資金繰りに苦慮し続けることになる[44]。利用者の手数料収入によって制度の運営費を賄おうとしても，離婚調停やカリフォーニア州の「レンタ・ジャッジ (Rent-A-Judge)」のように中産階級以上の社会階層の紛争やビジネス紛争を対象とする場合以外では，採算に合わないことが多いのも実情である。

---

(42) このパイロット・プロジェクトの報告書として，Royer F. Cook, Janice A. Roehl & David I. Sheppard, *Neighborhood Justice Centers Field Test: Executive Summary Final Evaluation Report*, U.S. Department of Justice, 1980. がある。

(43) *E.g.*, Better Business Bureau, American Arbitration Association, Justice Resource Institute, Law Enforcement Assistance Administration, etc.

(44) Community BoardのDirectorのR. Shonholtz氏に面接した際も資金繰りが最大の問題であると述べていた。

〔3〕 制度構築・運営をめぐる社会的・政治的環境（背景）

c）裁判外の制度の場合，中心となって制度を運営する者の能力と理念と熱意が制度の活動を大きく左右する。コミュニティ・ボード・プログラム(Community Board Program)のションホルツ(Shonholtz)やハワイ NJC のエイドラー(Adler)のようにカリスマ的能力と情熱を持った指導者（director）がいわば新興宗教の教主的に地域社会とヴォランティアの支持を得て活動している制度がある。生活紛争解決制度などの小規模な紛争解決制度の場合，このような指導者の個人的資質がその制度の性格や特徴を決定することが多い。また，優れたスタッフを調達することも大きな課題となる。前述のように，法律家やソウシャル・ワーカー（social worker）などが中心となって制度の構築・運営を進め，当該地域社会のヴォランティアをスタッフにしている場合も多い[45]。スタッフと地域社会が乖離しない方が「正義の質」の向上に繋がるという理念や，現実にも地域社会の支持を得やすい等の考慮と，そもそも人材を最も得やすいという現実とからくるものであろう。さらに，調停人(mediator)や仲裁人(arbitrator)をいかに調達するかも大きな課題である。アメリカ合衆国は日本よりもヴォランティアの伝統の強い国であるからか，あるいは，日本より徹底した経済的合理主義の国であり「契約社会」であるからか，他者との交渉術への関心は高く，ミディエイションのテクニックを求める者は多いようである。ミディエイションのトレイニングへの需要は大きく，その授業料はかなり制度の財政を救っているといわれる[46]。

d）法曹社会との関係では，やはり非弁活動の問題が大きい。ただし，この点は，スウェーデンのように民事の訴訟代理を市民一般の自由としている社会では問題とならない。弁護士会との関係は，紛争解決に限らず，法律相談においても当然問題となる。イギリスのロー・センター・ムーヴメントも従来の

---

(45) Duluth の Northland Mediation Service の Citizen Dispute Settlement Program の Director である Ms. Judith A. Harris も情熱と，ある種のカリスマ性のある指導者であったが，ソウシャル・ワーカーの経験者でもあった。

(46) ハワイの NJC の Director である Mr. Adler も mediator traning fee の重要性を語っていた。

第1章　民事紛争解決のシステム

弁護士会からの反発を撥ね返して進められたのである。ロー・センターと弁護士会（Law Society）との妥協として，ロー・センターは法律相談はできるが，訴訟代理はできないことになったのであった。なお，法律家が，職業としての調停人となって，依頼者からの調停料で生活するという新たなプロフェッションが発生してきている。対象は，ミドル・クラスの離婚調停（財産分与や扶養料，子の監護権の調整）が中心のようである。法律家以外の者が同様の業をする場合もあり，今後，弁護士業との関係や，調停人の守秘義務等，法的規整が必要となるであろう。ポートランドの裁判所調停サーヴィスの場合，メイン州の証拠規則の改正が行われ，和解交渉（compromise negotiation）での行為や発言，裁判所が援助（sponsor）する家事調停（domestic relations mediation session）での紛争当事者や調停人の行為や発言は証拠能力を否定された[47]。

裁判所との関係は，その制度の理念の問題とからむ大きな問題である。具体的には，事件のリファー（refer）を裁判所（その他，警察など）から受けるか否かという形で問題となる。制度設立当初は社会的にもまだ認知されていないし，その存在理由と権威を得るには事件解決の実績が必要であり，事件を集めるには警察や裁判所からの事件のリファーが最も効率的である。アトランタやカンザス・シティのNJCでは相当の割合が裁判所等からのリファーの事件であったが，同じパイロット・プロジェクトのひとつでもロス・アンジェルスのそれは理念として市民の直接の参加依頼を掲げており，事実，直接市民の飛び込み事件（walk-in cases）の割合が大きかった[48]。なお，刑事的性格の紛争の解決の場合，警察や裁判所からリファーされた事件が，もし調停不調の場合に再び裁判所へ戻って起訴されるようになっていると，当事者へは起訴（刑事裁判開始）というサンクションの圧力がかかり，手続の任意性・自発性が損なわれてしまう危険がありうる点も指摘されている[49]。

　(47)　Amendment to the Maine Rules of Evidence Rule 408 (effective January 31, 1985).

　(48)　Cook, Roehl & Sheppard, *supra* note (42), p. 13. ロス・アンジェルスの場合，過半数が walk-in cases であったと言う。

　(49)　Wahrhaftig, *supra* note (11).

〔3〕 制度構築・運営をめぐる社会的・政治的環境（背景）

　e）当該制度がその対象とする地域社会で認知され利用されるようになるには，制度の側からの積極的な社会への働きかけが不可欠である。この働きかけの仕方についても，前節で述べた基本理念を反映して様々な試みがなされている。最も一般的な方法は，ロス・アンジェルスのNJCやミネアポリスのミディエイション・センターをはじめ紛争解決制度のたいていが予算の許容する限りで行っているもので，社会の人々にその存在と機能を訴えるための宣伝広報活動である。古典的な新聞紙上や電話帳上での広告，パンフレットの配布から，ラジオ・テレビ等のマス・メディアを利用した広報活動なども積極的に行われている。もちろん，利用者の「口コミ（word of mouth）」や，ミディエイションのトレイニングも地域社会へ制度の存在とその手続の内容とが知られる契機となる。しかし，制度の理念の反映との関係からここでは，その紛争解決制度の「地域の司法」，「コミュニティの司法」としての自発的な発展を引き出すような形で行われる様々な設立段階での工夫の方がわれわれには参考となろう。

　生活紛争解決制度が地域住民の支持を得て，対象地域に根をおろし，人々の行動様式を向上させ，地域社会の統合をシェイプ・アップできるためには，その制度の運営が当該地域住民の発意と貢献に基づく必要がある。例えば，ロス・アンジェルス（Venice-Mar Vista NJC）の場合，もともとは司法長官グリフィン・ベル（Griffin Bell）のパイロット・プロジェクトとしてロス・アンジェルス弁護士会（Bar Association）の援助の下に組織された点，「上から下」の設営であったが，その後対象地域の住人がスタッフ等に参加して「コミュニティの司法」としての性格が強まったと言われる。その際，NJCは，当該地域でお祭り（fiestas）を主催したり，その他のコミュニティ組織やその活動に積極的に参加したり，模擬調停（role-playing mediation, mock-mediation）を披露したりして住人の意識を喚起するとともに地域社会への定着を進めた。生活紛争解決制度は，対象地域住民が自ら問題を話し合い解決してゆくフォーラムであるべきであるとの信念を持つ指導者によって始められたコミュニティ・ボード・プログラムの場合は，当初からボトム・アップ方式であった。まず，様々な近隣地域でミーティングを開催して「近隣調停」への関心を調べ，制度を設営するべき

地域を選定し，そこの住人とともに「計画委員会（Planning Committee）」を形成して制度の概要を（指導者ションホルツの案をたたき台として）練っていった。対象地域の様々な組織（教会から会社まで）を訪問して支持と援助を要請するとともに「家庭訪問（living-room meeting）」での議論も行われた。最後に，公開のコミュニティ・ミーティングで調停人（パネリスト（panelist）と呼ばれる）が選ばれた。各地域のコミュニティ・ボード・プログラムの運営は原則として当該地域のスタッフの自主性に任されている。また，ピッツバーグの CAM (Community Association for Mediation) のように，ソウシャル・ワーカーなどの社会問題の解決に従事する者たち（problem solvers）と指導者（Gloria Patterson）との個人的なネットワークで組織され，事務所やセンターもあえて作らず，記録や報告書も作らずに，各メンバーの個人的接触のネットワークのみで地域社会の紛争を解決している「草の根（grass root）」的制度もある[50]。このように，紛争解決制度の構築においては，制度の認知・制度の承認・制度の信頼・制度への参加という制度定着のプロセスだけでなく，制度の構築段階からのコミュニティの包絡が必要である。これを逆に見れば，NJC そのものがコミュニティ統合の象徴となるような形で構築され，運営されることが，「コミュニティの司法」としての NJC の意義であると言えることになろう。

〔4〕 制度的選択肢

生活紛争解決の具体的な制度の選択肢にはどのようなものがあるかを見ることにする。裁判所内に組み込まれた制度（少額裁判所）と，裁判外の紛争解決制度を較べつつ論じることにする。なお，ここでの「制度」とは，便宜上，審理の進め方等の具体的事件解決の過程（手続）以外の，組織面を指している。以下では，①施設（立地・設備（location & setting）），②対象（紛争類型と利用者），③他の制度との関係・事件移送の協力（リファーラル・ネットワーク（referral network）），④人的資源（スタッフ・裁判官・調停人・仲裁人など），

---

(50) 以上につき，Wahrhaftig, *id.*を参照。

⑤強制装置（執行・サンクション力），⑥不服申立てと救済その他，の順で論じてゆくことにする。なお，少額裁判所をめぐってはルンカ教授（Ruhnka）の諸著作[51]や，伊藤眞教授の論文で詳しく取り扱われているので，簡略に触れるにとどめる。

1）〔施設〕　立地については，まず，紛争当事者に権威・威厳による正当性のイメージを与える必要と，精神的に近づきやすくかつ気軽に立ち寄れる地理的場所である必要のどちらを重視するかが問題となる。裁判所内や市庁舎内の立地の場合，紛争当事者にとってその存在や場所が分かりやすく，また，権威・威厳を与える面があることの半面，紛争解決の場所としてのそれらの施設の数が限られ，紛争当事者の居住地から遠くなるという不便とともに，利用者に精神的緊張を強いて近づき難いという印象を与えることも避けられない。ただし，公共施設の場合には，施設の維持・管理費用は軽減される[52]。

少額裁判は，通常は裁判所庁舎内の法廷で開廷されるので，紛争当事者にとって「裁判所に出頭する」という緊張感を強いているようである。非公式（informal）な調停や仲裁手続も裁判所手続にある程度組み込まれてその裁判所内でセッションが行われる場合，紛争当事者は，正式の裁判手続との区別をそれほど認識していないという印象を持った[53]。この点を考慮して，サン・ノゼ（San

---

(51) John C. Ruhnka & Steven Weller, *Practical Observations on the Small Claims Court*, National Center for State Courts, 1979, John C. Ruhnka & Steven Weller with John A. Martin, *Small Claims Courts : A National Examination*, National Center for State Courts, 1978.

(52) DenverのMediation Centerは，郊外の教会の部屋を借りていた。その理由は，賃料が無料であるからとのことであった。そのセンターは，主として離婚調停を行っていたので，教会という宗教的施設を用いることには問題が無いのかと聞くと，教会や特定の宗教とは関係が無いことを説明しているし，現実にも，教会内であるということで先入観を持たれたことは無いという答えであった。

(53) New YorkのManhattanの少額事件の仲裁手続では，裁判所書記官（court's clerk）の当事者名読み上げ（calender call）の際に，事件を裁判官による審理とヴォランティア弁護士による仲裁手続とに振り分ける。流れ作業的に行われ

第1章　民事紛争解決のシステム

Jose) の少額裁判所では，夜間の法廷（Neghborhood Small Claims Court）を特別に設け，調停・仲裁を近くのハイ・スクールの教室で開廷している。市庁舎を用いるものとしては，ミュニシパル・コート（Municipal Court）が市庁舎に入っている場合の少額裁判所であるサン・フランシスコがあった。

　カンザス・シティのNJCは事実上廃止されて，今では市の行政の一部門として市庁舎に本部を置いて活動している(54)。制度の形式的威厳よりも対象地域社会とのより密接な定着を志向するNJCは，通常はコミュニティ・センターや教会などを利用して，できるだけ対象地域社会の中に溶け込むようにしている。例えば，デンヴァーのNJCは教会の一室で活動していたし，ニュー・ヨークのIMCRはハーレムの中に事務所を構えていた。審理の場所も，できるだけ両紛争当事者の便宜を考慮して，紛争当事者の居住地の近くの教会やコミュニティ・センターなどを利用しているNJCが多い。ただし，紛争当事者の一方の家庭で調停などを行うことは公正・衡平の点で問題があるとして避けているようである。また，プライヴァシーの問題からカフェやレストランの使用を避けている場合もあった。

　法律相談を中心とするイギリスのロー・センターでは，逆に裁判所内に支部を置いて紛争当事者の便宜に供している。裁判所内に弁護士会や，このようなセンターの法律相談のための支部を置くことはサン・フランシスコなどアメリカでも見られる。法律相談の性質上，合理的な立地というべきであろう。

　広義の設備の点として気付かれるのは，セッションの部屋や法廷の内装など

るためもあろうが，仲裁人が正式の裁判官でないこと，手続も正式の裁判手続でないこと等を当事者が常に正しく認識しているようには思えなかった。裁判所に付属するポートランドの裁判所調停サーヴィスにおいても，調停人はほとんどが非法律家であったが，当事者は，法律家による裁判手続の一環として意識しているようであった。

　(54) これは，レーガン政権の福祉民生費のカットのあおりを受けたものであるという見方も聞かれた。ハーヴァード大学でMcGillis教授に面接した際，連邦の予算のカットで多くのNJCは資金をこのように地方公共団体レヴェルに求めて存続を図っている傾向にあるとの指摘を受けた。

〔4〕 制度的選択肢

を見ると，アメリカの少額裁判所は裁判所ごとに極めて多様な配慮をしている点である。ロス・アンジェルスやワシントンD.C.の少額裁判部は通常の裁判と同じ極めて大きな法廷で行っていて，特に少額事件ゆえの配慮は見られない。ただし，D.C.の場合，法廷で裁判官が訴訟当事者に対して，法学部生（law student）による調停を受けることを勧め，それに応じた紛争当事者のために法廷の待合室の隣に調停用の小部屋を用意している。少額裁判所では，調停用の部屋を用意しないまでも，紛争当事者間の直接交渉による和解のための話合いを待合室の中や，あるいは廊下に出てすることを勧める裁判官もよく見かける。ハワイ，スポケイン，シアトル，カンザス・シティ，ミネアポリス，メイン州ポートランド，サン・ノゼなどでも普通の法廷を用いてはいるが，通常の法廷より小さめの法廷を用いるようにしているようである。デンヴァーの場合は，小さな法廷を使うのみでなく，書記官（clerk）や法廷警備員（bailiff）も法廷内に置かず（銃を持った法廷警備員が法廷内にいたのはわれわれの見たかぎりサン・ノゼのみであったが），さらに，当事者がリラックスできるように裁判官（パートタイム（judge *pro-tem*））は法衣（robe）を身に纏わず，法廷内の国旗など権威を感じさせるものも取り払っていた。これは意識的にしているとのことであった。

メイン州ポートランドの少額事件調停の場合，調停の話合いに応じた当事者を調停人が連れて近くの部屋や，場合により裁判所の廊下に机と椅子を置いて調停をしていた。少額事件ではないが，離婚事件の調停の場合，裁判所と通りを挟んだ向かいのビルの中の調停制度本部の事務所に小部屋を用意してそこで話合い（調停手続）を行うこともしている。これなど，裁判所に付属した制度としては，かなり形式にこだわらずに調停を行っている例であると言えよう。ニュー・ヨークの少額裁判所での，ヴォランティアの法律家による少額仲裁も裁判所内の小部屋で机を挟んで行われる。

NJC等の裁判外の紛争解決制度の場合，個別紛争当事者の都合にそうように夜間や週末に話合いの場を設けることも多いようであり，普通の部屋に机と椅子を置いて自由な雰囲気でセッションが行われることが通常のようである。なお，これは生活紛争解決制度そのものではないが，スウェーデンの不動産裁判

第1章　民事紛争解決のシステム

所の法廷では，ドーナッツ型のテーブルを囲んで裁判官・参審員・原告被告（および双方の代理人）が座って話し合うように配置されており，うしろに傍聴人席が並んでいる。同国の市場裁判所でも楕円形のテーブルを囲んで関係人が座って話し合うようになっていた。スウェーデンにおけるこれらの点は，通常裁判所でも裁判官が法衣を身に着けず，書記官と裁判官の席も分かれていない点等と合わせ考えると，少額裁判を意識したためというより，むしろ形式ばらないというこの国の一般的特徴の現れであるようにも見えた。

　2）〔対象〕　少額裁判所の管轄としては，アメリカの場合訴額がだいたい500ドルから1,500ドルの金銭請求とする場合が多いようである。そのほか，物の取戻しの請求も認める州もある（Maine, etc.）。借地借家関係の事件も少額裁判部で審理するか，ハウジング・コート（Landload-Tenant Court, Housing Court）として別立てにするかは州によって異なる。

　その他の事件類型のスクリーニングは事物管轄としてより，利用者のタイプを制限する形で行われることが多いようである。少額裁判所への批判のひとつが，本来は市民の社会生活上生ずる小規模な市民間の紛争（生活紛争）を低廉迅速に解決するための制度であったはずが，実際の機能は，法人等の代金取立ての手先（collection agency）となっているという点であった。この点を考慮して，審理対象を生活紛争に限るための様々な工夫がなされている。法人が原告として少額裁判所に訴えを提起することを禁止する工夫や，原告として訴えを提起できる回数を1月間や1年間ごとに何件と制限する工夫などがなされている。前者の工夫については，結局は法人が通常裁判所に訴えを提起することになるので，被告は通常裁判所での応訴を強いられてしまい，消費者保護の観点からは，費用と時間の点で被告たる一般市民にとってむしろ不利益になるとの反論もあり，議論のある点である。

　利用者の問題に関しては，他に，訴訟代理人の問題がある。少額事件部などを設立する際には前節で述べたように弁護士会の協力が必要であるし，審理においても裁判官の不足から弁護士をパートタイムでノミナルな費用で雇って裁判官・仲裁人として裁判・仲裁をしてもらう等の必要があり，弁護士の利益を害する虞れのある，弁護士の代理を禁止する制度の設立には困難が伴う。しか

〔4〕 制度的選択肢

し，既に論じられ，われわれの観察でも意識されたことであるが，弁護士が一方にのみ付くと当事者間の力関係がアンバランスとなって審理の衡平を確保するのに困難が生じるし，かといって，両方に訴訟代理人がついた場合，手続が通常訴訟事件と大差ないほどに形式化し長引く危険性が大きく，少額裁判の本来の目的が大きく損なわれる。そこで，そもそも法律家の訴訟代理を禁止したり，少額手続の管轄を多くとも一方の当事者に代理人が付いた場合までだけに認め，双方に代理人が付いた場合には通常部へ移送することにしたり(55)，あるいは，被告にのみ代理人を認めたりするような規整の工夫が見られる。なお，アメリカでは州により州憲法上訴訟代理を受ける権利が保障されているところがあり，訴訟代理を禁止した場合，少なくとも上訴審の審理は覆審（trial de novo）として行わなくてはならない場合がある（*e.g.*, Califounia, etc）。この点は，被告に審理開始前に通常手続への移行申立権を認めることで，法律家に代理してもらう機会の保障がなされたとして，被告の憲法上の権利保護は満たされると考える州もある。ルンカ教授はこのように被告の訴訟代理を受ける権利の保護の要請のために移送・移行されて通常裁判所での代理人訴訟となった場合にも，審理自体は一般の少額事件と同様柔軟に非形式的に行うべきだと提案している(56)。

3）〔他の制度との関係（リファーラル・ネットワーク）〕 これは少額裁判所の手続にとっては，調停手続や仲裁手続をどのように少額裁判手続に組み込むか，裁判外の生活紛争解決制度といかなる関連・連携を持つかの問題であり，裁判外の紛争解決制度にとっては，警察・裁判所等の司法制度との関係，とりわけ事件の移送（リファー）を受けるか否かという制度相互関係のシステム化の問題である。このような，他の紛争解決制度といかに連絡をとって制度を運営するかの問題を，紛争当事者から見る時には，自己の個別具体的紛争の解決のためにいかなる制度の選択肢があり，どの制度に持ち込むのが最も適切かの判断の問題である。

---

(55) 例えば，N.Y.の少額裁判所でこのような試みが見られた。

(56) Ruhnka & Weller [1979], *supra* note (51), p. 31.

第1章　民事紛争解決のシステム

　まず，紛争当事者にとって便宜であるためには，各制度が十分な広報活動や地域社会への参入・定着活動を行って地域住民や地域弁護士・法律扶助制度・ソウシャル・ワーカー等にその制度の存在と活動内容と利用方法を周知せしめておく必要があることはもちろんである。と，同時に，各制度間に密接な連絡を取り合って，お互いにその制度の概要を確認し合い，ひとたび事件が持ち込まれ，その紛争には他の制度での処理の方がより適切であると判断された場合には，新たな申立てなどの労を紛争当事者がとらなくても，教示や事件の移送をするようなネットワークを形成しておくことが望ましいであろう。さらに，法律相談所や裁判所の窓口等の，紛争当事者がまず思い浮かべ，駆け込む確率の高い場所に，事件を適切なセンターに振り分け紹介するための（統合化された）窓口を設けて置くことも適切であろう[57]。

　この点，合衆国においては，裁判官や裁判所の受付窓口から NJC 等の裁判外の紛争解決制度への事件の移送のネットワークを設立することはかなり普及している。裁判外の紛争解決制度同士の連絡については，ミネアポリスの NJC などのように，他の制度の成立段階から援助するとともに，リファーラル・ネットワークを形成するためにスタッフが学校，教会，市議会，警察，法律援助事務所（legal assistance office）その他の社会・公共団体（public & social agencie）や民間組織（civic organization）に積極的な接触を取り続けている例がある（その数は200を超えている）[58]。

　裁判所・裁判外紛争解決制度の間のネットワークの内，裁判所から裁判外への方向としては，刑事的性格の小規模紛争について，コミュニティ・ボード・プログラムの初期の場合などのように警察から事件が移送される場合，少額事件で裁判所の窓口から，あるいは裁判官からの勧めで移送される場合がまず挙げられる。これらのネットワークの多くは，移送を受けるか否かが紛争当事者の任意のものであるので，司法制度の間接的コントロールが当事者に働いて，しぶしぶ調停案を呑む等の事態になる危険は少ないであろう。それでも，窓口

---

(57)　Sander [1976], *supra* note (23).

(58)　Mediation Center, *A Review of the First 18 Months*, Minnesota.

〔4〕 制度的選択肢

や書記官からではなく，裁判官から法廷で勧められる場合，調停への事件移送の強制的色彩はかなり強くなることが予想されるとともに，紛争当事者は裁判手続の一環と意識する可能性はありうる。この点で，できるだけ裁判官の関与の少ない早い段階でリファーするべきであるとの意見もある。しかも，裁判外の紛争解決制度の側から見ると，司法制度からの移送に依存すればするほど，紛争解決の質より司法の効率化に貢献することを重視するようになる危険性もある。しかし，制度設立の当初は社会的にもいまだ認知されず，事件が来ないので，積極的に裁判所等からの事件移送を受けるようなネットワークを作るべきだとの意見もありうる。具体例としては，アトランタ，カンザス・シティなどのNJCのようにかなりの割合の事件が司法制度からのリファーで占められているものと，他方では，ロス・アンジェルスのNJCや現在のコミュニティ・ボード・プログラムなどのように，制度の理念の変質の危険から，できるだけ地域社会からの事件の直接的汲み上げを図る制度もある。事件移送の形態としては，ハワイのNJCのように調停人が少額裁判所法廷に詰めていて，当事者からの需要があれば，即座に連れてNJCへ帰り調停をするようなものもあるが，一般には，書記官や裁判官からの指示でNJCへ当事者が出向く形や，書記官から調停に適すると思われる事件の記録をNJCが受け取って当事者に接触してNJCでの調停や仲裁への参加を勧める形が多いようである。

　刑事事件の場合では，他に，起訴を猶予して検察からNJCの調停に回す形態もある（Columbus Night Prosecutor Program）。この場合，事件は刑事手続に係属し続けており，調停が不調に終われば事件は起訴されて正式の刑事裁判へと進むことになる。このため，紛争当事者は裁判所での手続と区別しては意識しにくく，刑事裁判を受けたというマイナスのイメージ（トラウマ）を持つことが多いと同時に，紛争当事者へ調停案を呑む強い圧力が存在することになり，紛争解決は自主的平和的なものと差のあるものとなると言われる。

　裁判制度と裁判外紛争解決制度の関係としては，その他，少額裁判所へ訴え出るには，前もって相手方と紛争解決へ向けての交渉を持っておくことを要求する形をとることで，事実上裁判外紛争解決制度の手続を前置するような機能を与えることもできよう。

第1章　民事紛争解決のシステム

　弁護士層と生活紛争解決の関係は複雑である。訴訟代理の可否をめぐっての問題は既に一応論じたが，われわれがインタヴューした弁護士の多くは代理の制限に対してもそれほどの敵対感情は示さなかった。彼らによれば，依頼される事件類型が異なるし，少額事件では依頼されてもペイしないから弁護士業にとって何ら影響がないであろうとのことであった。裁判外の紛争解決については，私的調停活動と非弁活動の関係が日本であれば大きな問題と意識されるであろうと思われるが，アメリカではあまりそのような趣旨の意見を聞かなかった。離婚調停などが職業（profession）として成立し始めている点が問題となろうが，われわれが面接したワシントンD.C.，ミネアポリス，ロス・アンジェルス（Santa Monica）の離婚事件の調停人（mediator）によると，弁護士との関係はむしろ良好で協力関係にあるという。子の監護権や財産分与，扶養料などの調整のための話合いを調停人が担当するが（離婚自体は問題としない），最終的合意の成立に際しては必ず各紛争当事者が自分の弁護士と相談の上で署名することを調停人自身が勧めており，調停不能な場合には弁護士への紹介もしているという。対象がミドル・クラスの有産階級で，かかりつけの弁護士のいる階層であるからでもあろうか。デンヴァーのNJCでは離婚調停も有料で行っており（それが取り扱う事件の主たるもののようであった），そこでも，弁護士との関係は相互に連絡を取り合っており良好であるといわれた。今後どのように推移するか興味のひかれる点である。

　行政的・半行政的紛争解決制度での手続（仲裁（non-binding）が中心）を経ていることを，裁判所へ申し立てるための要件としたり，さらには，それらの制度の手続を裁判所の第一審と同等に扱う等の制度も発達している。例えば，カリフォーニア州で発達しているレンタ・ジャッジでは，主として退職裁判官を一種の仲裁人として紛争解決手続を行い，その判断には州の地方裁判所の判決と同等の効力を認めている。つまり，レンタ・ジャッジの判断に対する不服申立ては，州の上訴裁判所に対して申し立てなければならない。特に，行政的・半行政的紛争解決制度は北欧諸国で顕著である。中には，当事者間の力関係を考慮して，スウェーデンの借地借家関係の紛争解決委員会（Hyresnaemunden）のように家主側にとっては手続前置であるが，借家人側にとっては直接通常裁

〔4〕 制度的選択肢

判所へ訴えることもできるというような片面的前置制度の工夫も見られる（Hyresnaemunden の判断に対する不服申立ては居住裁判所（Bostadsdomstalen）に提起する）。

　裁判外の紛争解決制度相互の間の事件移送のネットワークとしては，法律扶助・法律相談との連携や苦情処理制度との関係が若干気付かれたが，詳しい調査を行っていない。

　少額裁判所手続に組み込まれた調停（Portland in Maine）や仲裁（New York）への事件の移送には，ニュー・ヨークの場合のようにカレンダー・コールの際に出頭した当事者に説示して振り分ける場合とポートランド（メイン州）のように審理法廷で裁判官から説示されて希望者があれば詰めている調停人とともに法廷を出て，小部屋や廊下で行う場合などがある。より非公式な形で組み込まれた形態としては，ワシントン D.C. の少額裁判所のように法学生を待機させておき，法廷から説示して希望者を調停の話合いへ回すことも行われる。事実上調停を組み込んだものとしては法廷での審理で裁判官が強力に和解を勧める場合を含めることもできると思われるが，これは日本でも見受けられるし，個々の裁判官の信条によるものでもあるので制度とまでは言い得ないかもしれない（調停の概念と看做すべきではないとの意見もあるかもしれない）。

　弁護士をパートタイムの裁判官にして審理を任せる場合にも，当事者に正規の裁判官による審理を受ける権利を保障するために両当事者の署名によっている建前をとる場合や，そうでなくとも，パートタイム判事の判決は裁判官の承認（事実上盲判ではあるが）を要するとしているような場合，制度の建前はともかく，手続の実態は仲裁手続の組込みと捉えることができよう（前者の場合には，少額裁判手続と呼ばれていても，ニュー・ヨークの少額事件仲裁と手続上は大差ないと思われる。なお，パートタイム裁判官になる資格は弁護士実務10年以上という，裁判官になるのと同等の要件を課している場合が多い）。もちろん，当事者にとっては，法衣を身に着け，裁判官と呼ばれて，裁判官席から裁判と類似の手続の主宰をするパートタイム裁判官は裁判官そのものと映るであろうし，ニュー・ヨークのように背広を着て，自分は弁護士だと説明して調停をする場合は，裁判官とは意識しにくいであろうけれども。

第1章　民事紛争解決のシステム

　4）〔人的資源〕　少額裁判所の裁判官として弁護士にヴォランティア的にノミナルな費用で裁判を任せることは普及している（Denver, Seattle, Hawaii, San Francisco, Kanzas City, Minneapolis, New York (Manhattan & Harlem), etc.）。仲裁人や調停人として弁護士を用いることも多い。どちらかといえば，裁判所内の紛争解決制度の方が，非法律家に仲裁や調停を任せることが少ないと言えそうである。その点メイン州ポートランドの裁判所に組み込まれた調停制度である裁判所調停サーヴィスのように非法律家で，退職男性を中心とした調停人による制度は例外的かもしれない(59)。弁護士の場合，都合にもよるが，月に一，二度ぐらい事件の担当をすることが多いようである。資格として，裁判官と同等の経験（キャリア）を要求する場合や5年以上の実務経験を要求する場合など様々である。調停手続の訓練を行ってから採用したり，年に幾度か調停上の経験を話し合う会議を開いて啓発し合ったりすることが行われている裁判所もある。パートタイム判事の話では，この仕事で，通常の弁護士の仕事とは異なる立場から紛争や審理を見る機会ができ，仕事の上で参考になったとの意見もきかれた。その他では，弁護士でこのような仕事をするものには，紛争解決に情熱を持っている者や，自己のパブリック・イメージの向上を求める者，将来正規の裁判官になることを計画している者などがあると言われる。

　裁判外の紛争解決制度の指導者には，法律家，大学の研究者，ソウシャル・ワーカー，社会学者，裁判官，裁判所マネイジャー，警察官，法学部出身者な

---

　(59)　ただし，日本の場合，民事調停委員は，弁護士となる資格を有する者，民事の紛争の解決に有用な専門的知識経験を有する者，または社会生活の上で豊富な知識経験を有する者で人格識見の高い者（調停委員規則第1条）とされている。なお，最近のポートランドのミディエイターの構成については後述参照。

　(60)　法律家として例えば，Edelman (Los Angels NJC)，大学の研究者として例えば，Shonholtz (Community Board Program (法律家でもある))，Lincoln Clark (Marketing (New York University Emeritus Professor))，ソウシャル・ワーカーとして例えば，Patterson (Community Association for Mediation)，社会学者として例えば Adler (Hawaii NJC)，裁判官による設立の例として，San Jose Neighborhood Small Claims Court がある。

〔4〕 制度的選択肢

ど法律や紛争に関係のある経歴を持つ者を中心にかなり雑多な出身である[60]。

調停人・仲裁人はヴォランティアに頼っており，無報酬であるか，あってもノミナルな金額（交通費程度）であるのが通常である。NJCの場合若い層が中心のようである。職業，人種等雑多であるが，対象地域の人種構成を反映する場合と，対象階層を反映して白人偏重であったり(e.g., Community Dispute Settlement Service of the Friends Suburban Project in Delaware County)，少数人種中心であったりする。「コミュニティの司法」を標榜するコミュニティ・ボード・プログラムのような場合，対象地域社会からスタッフと調停人をリクルートする方針をとることになるが，一般的に見てもNJCの場合は，対象地域住民とスタッフ・調停人の出身集団とがそれほど乖離しないであろうし，するべきでもないと思われる。アメリカの場合，ヴォランティアの伝統が深く，また，交渉・話合いや調停の技術への需要も大きく，調停術の訓練への参加も盛んであるし，ヴォランティアに不自由をすることは少ないということであった。希望者に数週間の調停の訓練を課し，その後実際の調停に補助的に参加して経験を積んで一人前の調停人の一人として扱われるようになるのが通常のコースである。調停トレイニング参加者の内の何割かが歩止まって制度を支えてゆくようになる。

トレイニング・マニュアルなどから窺われる，調停人の適性・資質を見ると，公平で公正な立場を維持する能力[61]や他者の立場や考え方を受け容れる寛容さ[62]，他人の言うことをじっくりと忍耐強く聞き理解する能力[63] (Community Board Program) 等が最も重視され，その他，自己の判断で決めつけない (nonjudgmental)，柔軟性(flexibility)，忍耐力(patient)，理解力(empathetic)，尊

---

(61) Joseph B. Stulberg, *Citizen Dispute Settlement : A Mediator's Manual*, Supreme Court of Florida, 1981, p. 28.

(62) McGillis, Dejong & Goolkasian, *The Use of Mediation and Arbitration in Small Claims Disputes*, U.S. Department of Justice, 1983, pp. 48f.

(63) Georgia Quinones & Kenneth Hawkins, *Community Boards Training Manual,* 1982, pp. 20―31. は active listening と呼んで，良く聞くことの重要性と様々なテクニックを記載している。

第1章　民事紛争解決のシステム

敬の念（respect）などの資質，友好的（friendly）で客観的態度（objectivity），紛争の根本を的確に捉える能力，あるいは他者の紛争を取り扱うことへの意欲（willingness）などが求められている。紛争当事者間のコミュニケイションを助け，紛争の争点を紛争当事者が自分で明確にし，相互の立場を理解し合い，可能な解決方法を自分らで探り，双方にとって受け容れうる解決を紛争当事者が自分たちで発見するのを助けることをその役割とする[64]調停人には，法律家はあまり適さないという考えもある。またあまり若い者や女性も適さないのではないかという考えもある。かつてポートランドの少額裁判所の調停人は原則として非法律家で男性老人とされていたのはそのような考えに基づいていたが，最近法律家で女性で若い調停人が極めて優秀な調停人であることが判明したとのことで，やはり個性・資質の方が重要であると思われる。

　5）〔強制装置〕　少額裁判所への批判には，当事者，とりわけ被告が欠席する事件が多く，手続保障に欠けるとともに判決の実効性がないとの批判があった。事実，欠席判決（default judgment）の場合に限らず判決が履行されない率が高く，一方，多くの場合強制執行手続は通常事件の手続で行われるので複雑で弁護士の援助を必要とするうえ，費用と時間がかかり事実上ペイパー判決（paper judgment）となる率が極めて高く，少額裁判の機能のネックとなっている。

　この判決の強制力を高める工夫として最近では様々な努力が試みられている。ひとつは分割払い（installment payment）である。多くの場合被告は請求自体は争わず，手元不如意の抗弁を出す。そのような場合，法（規則）によって裁判官に権限がある場合には分割払い判決を出して履行の確保に努め，そのような権限を与えられていない場合は当事者間の和解の形で分割払いの取決めをさせたり，一括払いの判決の言渡しを保留して当事者間に分割払いの約束をさせ，不履行に陥ったら判決を言い渡して強制執行を可能にする等の工夫が，制度や裁判官の知恵として行われる。裁判官の知恵としての工夫には，審理後即判決

　　（64）　Stulberg, *supra* note （61），pp. 27ff., Quinones & Hawkins, *supra* note （63），pp. 84ff.

〔4〕 制度的選択肢

を言い渡し（judgment from bench），その場で（on the spot）履行させるという手法もとられることがある。認容額が少額で，被告が持ち合わせている場合（チェックなどなら便利）には最も確実な方法といえる。

　制度的工夫としては，制度上裁判所とは別立てになっている執行手続を少額裁判所に組み込んで執行の簡易化を図る工夫や，執行の実効性と簡便性を高めるために相手の財産の開示（disclosure）を簡易に行えるようにする等の試み（Spokane, Washington, D.C.），あるいは，新たに執行のための送達をすることを不要とするために（送達はアメリカでは困難な場合が多く問題となっている[65]）判決言渡し後一定期間内に原告から判決の満足調書（satisfaction of judgment）が提出されない場合自動的に執行手続を開始する制度にする等の工夫も行われている。最後の例の場合，履行しても原告が満足調書を提出しない場合などに，賃金や預金を差し押さえられたりして被告が不当な不利益を被る危険があるとの批判もある。書記官が判決の執行を補助する裁判所もある（Minneapolis, etc.）。制度的には，他に，判決の不履行に陥ると自動車の運転免許（driver's licence）を取り上げたり，免許の更新を停止するなどのサンクションで強制する州もある。これはかなり強力な効果があると思われる。履行の確保の点では，敗訴被告が裁判所に現金やチェックの形で払い込み，裁判所を通じて原告に履行されるという制度をとる場合（Spokane, Minneapolis, etc.）には，裁判所侮辱のサンクションが伴うので履行率はかなり高まるであろう。

　ところで，このようにアメリカでは判決の履行の確保が大きな問題となっており様々な工夫がなされているが，北欧（スウェーデン）のように税務署と執行機関が同一の機関（Kronofogde）で，かつ，国民の財産が税務署に公開されている社会では，判決の執行は税金と同じ手続で財産の有無が調べられて収入や

---

　(65)　われわれの調査では，会社の取締役の娘のために少額裁判を起こした社内弁護士にニュー・ヨークで面接した際，送達の難しさ（セキュリティのいるマンションなどでは，相手方に接触できない，そもそも相手の居所が分からない，相手により危険が伴う等）と，法律家としてその困難に対処するテクニックなどを聞くことができた。

第1章　民事紛争解決のシステム

財産の差押えがなされるので，不履行の問題はあまり生じないといわれる（財産の公開はデンマークでも同様で，やはり不履行の問題はあまり深刻ではないといわれている）。

　行政的・半行政的制度の強制力については，スウェーデンやオランダ，デンマークの消費者保護制度や業界団体の紛争解決制度が興味深い。スウェーデンの消費者オンブズマン (KO (Konsumentombudsmannen)：Allmaenna Reklamationsnaemnden)やデンマークの消費者保護機関では，頻繁に苦情を申し立てられ，かつ，改善しない札付きの業者に対しては，機関の発行するパンフレットや公文書(スウェーデンの公文書は公開で，新聞等のメディアに掲載される)に記載して公開するというサンクション力を有している。また，オランダの業界団体 (Konsumentenkrachten) による紛争解決制度の場合，業界団体の内部規律による規整が履行を保証している。

　裁判外の紛争解決制度の場合は一般には公的強制装置はない。また，判断の法的拘束力を否定して公式の法制度に背を向けるものの中には，セッションの成果たる合意にも法的拘束力を認めない場合がある (Community Board Program)。この場合，十分な話合いによる相互理解と納得，履行への説得に期待するとともに，不履行の場合にはさらなる紛争として再び話し合うことになる(66)。法的拘束力のある場合は裁判所へ訴え出て判決を得て執行することになるが，和解内容は必ずしも強制可能でも執行可能でもない場合が多い点に注意を要する。

　6）〔不服申立て・救済・その他〕　少額裁判所の判決に対しての不服申立ての制度的選択肢には，そもそも上訴を認めないということも考えられるが，少額事件手続が簡易な略式手続であることから，当事者，とりわけ被告の正式の裁判を受ける権利の保障の取扱いが問題となる（アメリカでは連邦憲法上保障される陪審による裁判を受ける権利が最大の問題となる）。原告の場合は，ひ

---

　(66)　Community Board Program の場合，そもそも個別の紛争の解決よりも当事者間，そしてコミュニティの平和と統合の回復を目指しているので，法的強制による解決は最も避けるべきこととなる。

〔4〕 制度的選択肢

とたび少額裁判所に訴えを提起すれば，そのことをもって正規の裁判を受ける権利の放棄をしたと看做しうるが，被告については，審理開始前や判決前に通常裁判手続へ移行する申立権を認めて正式の裁判を受ける権利を保障する代わりに，両当事者に少額裁判所の判決に対しての不服申立てを禁止したり，逆に被告にも申立てによる移行を認めないかわりに被告には上訴する権利を認めたりすることで少額事件の迅速簡易な処理と当事者の手続保障の緊張関係の調和を図っている。州によっては申立てによる移行と上訴をともに認めるところもある。ルンカ教授は審理開始前の移行の申立てに対して，裁判所の判断を介在させて，事案の複雑性や当事者へ与える打撃の程度を考慮して必要と認められる場合のみ通常手続への移行を認める制度を推奨している。上訴の制限としては，上訴を認めたとしても上訴費用を少額事件では引き合わないようにかなり高額にしておき，事実上上訴を制限する形がとられることもあるようである。上訴審の審理については，原審の手続を磁気テイプに記録して，その記録による裁判とする場合や，逆に覆審として全面的にやり直す場合がある。後者の場合経費や時間が結局かかり，少額裁判所の存在理由が覆滅されることからルンカ教授は前者を進奨するとともに，一種のサーシオレイライのように上訴裁判所が正義の要請上必要と判断する場合のみ上訴審理を行う制度も提案している。

　行政的・半行政的紛争解決制度の場合，それが準司法的制度であれば，いわゆる「実質的証拠」の形で，裁判所に不服が申し立てられても原制度の判断を尊重することが考えられる。また，そもそも，裁判所の第一審と同等に位置付け，不服申立てとしては上級裁判所への控訴の形をとるようにすることも考えられる。

　裁判外の紛争解決制度の場合，制度的強制装置を有しない場合が多く，不服は，制度による紛争解決（和解・調停）の失敗や，解決内容の不履行，あるいは，裁判所への訴え提起の形をとることになる。この場合に問題となるのは，裁判外の制度での手続で知り得た事実や証拠をどこまで裁判で利用できるか，調停人や仲裁人の守秘義務がどこまで法的に承認されるか，および，制度や調停人・仲裁人の損害賠償責任の存否等である。調停人等の地位についての立法的規整はまだ十分には整備されておらず，現実に訴訟も起きており，今後の推

第1章　民事紛争解決のシステム

移が注目される。1985年にメイン州では和解・調停手続での行動や発言の証拠能力を否定する証拠法の改正がなされた。また，メディア等でブラック・リストを公表するようなサンクションを使った場合，それが誤っていた場合など名誉毀損の損害賠償や差止請求の問題を提起するであろう。

　その他の制度的問題としては，手数料の問題がある。裁判外の制度の多くは無料で紛争解決手続を行っているようである。手数料を取ってもノミナルな額である場合が多いが，離婚調停に関してはかなりの額となるようである。職業的調停人の場合はもちろんかなりの額になるが，彼ら自身は，弁護士に依頼したり裁判を起こしたりするよりはかなり安い額だと言っていた。デンヴァーの紛争解決制度でも両当事者から大体50ドル程度ずつ，それに加えて期日ごとに両方から普通20ドル程度ずつ手数料を取っていた。

　NJCの場合は資金を私的・公的なファウンデイション（財団）から得ている場合が多く，利用者からはあまり徴収しないようである。ただし，調停のトレイニングの場合は別で，料金を徴収し，それがある程度資金難を緩和する機能を有するとのことであった[67]。少額裁判所の場合10ドル～20ドルぐらいのファイリング・フィーを徴収し，その他，送達を裁判所がする場合はその費用を徴収している。また，surchargeといって通常事件等のファイリング・フィーに少額裁判所の費用や刑事被害者の被害補償基金用の費用，青少年の犯罪防止基金の費用などを一部追加して徴収することが行われている州やカウンティやシティがある（Spokane, etc.）。

　また，制度が社会の需要（ニーズ）を反映して向上してゆく上で重要となるサブシステムとして，制度の効率を測るための紛争解決実効性の追跡調査（履行状況調査）や，制度利用後の紛争当事者の評価（満足度）のモニターをして，そこで得られる問題点が制度の改善へつながる工夫を凝らす必要がある。デンヴァーのNJCなどでは，利用者にアンケート用紙を渡して意見を聞き，その内容を反映させて手続の改良などを行っている。コミュニティ・ボード・プログラムの場合は，この目的のためにいくつかの下部組織を構成してシステマ

---

　[67]　ハワイのNJCのDirectorのAdler氏による。

ティックに対応している。すなわち，追跡調査班（follow-up worker）は利用後の紛争当事者に接触して手続への評価や紛争の解決状態をモニターする。組織全体の統合調整のために，ケース・ワーカー（case worker）・調停パネル（panel members）・追跡調査班の各下部組織から代表を出して調整委員会（coordinating body）を形成して各下部組織間の調整を図っている。また，新たなプロジェクトや計画を立案する計画担当班（planners）と制度の活動を評価する評価班（evaluators）を組織している。アトランタ，カンザス・シティ，ロス・アンジェルスの三つの NJC のパイロット・プロジェクトの調査報告書でも事件解決数の記録だけでなく，このような紛争解決活動のフィードバック回路をシステムとして確立しておくべきことを強調している[68]。

〔5〕 紛争解決手続の選択肢

　紛争解決手続の流れとしては，まず紛争当事者の一方または双方がその制度を訪れることで制度の側の紛争への対応（介入）が開始される。紛争当事者の一方のみによる利用の開始の場合，相手方紛争当事者を何らかの方法でその制度での紛争解決手続に参加させなくてはならない（裁判所であれば訴状の送達と呼出状の送達などの有する法的強制力による参加，裁判外の紛争解決制度であれば説得による同意・事前の合意（仲裁契約）などによる参加）。その上で話合いや審理の期日と場所が決定されて紛争解決の手続本体が開始されることになる。合意で紛争が解決した場合や仲裁判断・判決など制度の終局的判断に至れば一応制度の事件への関与は終了する（場合により不服申立てが続き，その上で終了する）。本節では，この一連の流れのうち，審理自体の開始に至るまでの段階（紛争解決開始段階）と審理自体の段階（紛争解決段階）に分けて，いかなる問題がありいかなる選択肢がありうるか見てゆくことにする。

1　紛争解決開始段階

---

　(68)　Cook, Roehl & Sheppard, *supra* note（42），p. 29.

第1章　民事紛争解決のシステム

　A）〔少額裁判所〕　少額裁判所における紛争解決開始段階は，まず，原告側が訴状（complaint）を裁判所受付に提出し，被告側に送達（service）し，期日が指定され，期日にその日の事件当事者の名前が読み上げられて出欠をとり（calendar call），事件の幾つかの法廷への振分けや，あるいは，裁判所内の調停や仲裁手続への振分けを行うことでなされる。この一連の手続での問題点は一般的には，①送達の困難と，②当事者の欠席への対処であるが，仲裁手続や調停手続が組み込まれている場合は，③事件の適正な振分けの問題も重大である。

　ただし，ここで見逃されてはならない点として，そのもう一歩手前の段階，すなわち紛争解決制度の入口における敷居の高さがある（システムのインターフェイス）。ロケイションの問題は既に論じたので，ここでは窓口での受付をめぐる問題点をみることにする。これは，技術的な点ではあるが，制度利用の第一印象として手続全体への利用者のコミットメントの在り方を決定しかねないとともに，紛争解決制度の利用者の多くがいわゆる「一見（いちげん）の客（one-shotter）」であり，未知の社会行為をする時の緊張感に包まれて制度を訪れることから，その重要性が推測される。考慮すべき事項としては，当事者が申立てを本人で提起しやすく，かつ，手続の概要を理解し自分で追行できるようにする工夫を凝らす必要が挙げられる。また，期日の指定においてもできるだけ当事者の便宜をはかる必要がある。

　1）裁判所の手続に不慣れな当事者が利用しやすいように，多くの少額裁判所では，申立窓口で書記官が積極的なアドヴァイスを与えるように努めている（その内容は裁判所によって様々であるが，一般的に，法律上のアドヴァイスを与えることはできないとされている）。ハーレムやマンハッタンのようにヴォランティアの法律家とか裁判所職員たる法的訓練のある消費者保護弁護官（Consumer Advocate）が窓口での法律的アドヴァイスをする制度もある。法学部生を利用している裁判所もある。

　手続や費用，弁護士の利用等についてのパンフレットや，わかりやすい手引を用意することも一般的に行われており，少額訴訟規則でそのようなものの設置が義務付けられている場合もある。ワシントンD.C.の少額事件の窓口にはヴィデオ・テレビが設置され，人々はボタンを押すだけで訴えの提起の仕方，

応訴の仕方，口頭弁論の進め方，準備すべき証拠方法の例，判決の言渡しと不服申立て，強制執行の概要などについての説明をを受けることができる。ハワイの少額裁判所では簡易スライドを窓口のデスクに設置してあった。その他，窓口に最寄りの NJC のパンフレットを置いている所や，さらに，書記官が積極的に NJC の利用を勧める形で裁判外の制度と提携している裁判所もある。

申立書式も，記入例とともに用意されて，当事者は自分と相手方の名前や簡略な請求原因事実を日常語で書き入れればよいようになっているのが一般的で，定型的事件については請求原因についても類型化して印刷されていて，当事者はチェックするだけですむようになっているところもある。また，被告への呼出状の裏に，応訴の仕方，欠席の効果等が例文で記載されている裁判所もある。

移民の多い地域の裁判所では通訳を用意し，また，訴状等も数ヵ国語で準備していることが多い（New York, San Fransisco, etc.）。このように，窓口では利用者の立場に立った配慮が進んでいるとの印象を持った[69]。

審理期日と時刻の指定に際しての配慮として，できるだけ待ち時間が少なくなるように午前と午後に分けたり，一〜二時間間隔で開廷時刻を指定したりする工夫がみられる（Minneapolis, Spokane）[70]。また，利用者の便宜のために週

---

[69] 日本においても，最近はパンフレットを利用することもあるが（サラ金や，民事調停，家庭裁判所手続，検察審査会，消費者破産など），スライドやヴィデオの利用はまだ寡聞にして聞いていない。予め，手続の概要のイメージを紛争当事者に与えておくことは，訴訟手続の円滑な進行にとって大きな意義があると思われる。筆者がある地方の簡易裁判所の手続を傍聴した印象では，予めパンフレットや手引を訴訟提起時点で渡しておくか，スライドを見せておいたなら今回１回の期日で確実に終了したであろう事件が，紛争当事者の初歩的な準備不足で次回期日に続行された場合が極めて多かったように感じられた。なお，最近の電子技術の進歩から見ると，裁判所の窓口にコンピュータの端末を設置して，法律エクスパート・システムとして利用することも考慮されてしかるべきであろう。

[70] これは，いわゆるオペレーションズ・リサーチの手法等を積極的に利用していることによる。なお，このような実務は，陪審員のプールの管理においても発揮されていた（N.Y.）。

末や夜間に法廷を開いて就業時間と抵触しないようにする配慮がなされている裁判所もある (San Jose, New York)。ただし，週末法廷や夜間法廷は利用者が少なくて廃止されたところもある (Denver, etc.)。クリーニング事件など事件が専門的で複雑な事件類型に対しては，業界からの専門家鑑定人等を呼んでの特別期日を設ける裁判所もある (Minneapolis)。少額事件の大きな割合を占める業者の代金取立事件は事件記録を別立てにして，一般市民の利用者が待ち時間等で迷惑を受けないように配慮をする裁判所もある。

　2) アメリカ合衆国の裁判所での送達 (service) の原則は日本と異なり当事者の責任で行う原則である (personal service)。このため，少額事件では多い本人訴訟 (*pro se*) の原告にとっては，相手の正規の名前を確知し（通称を用いている場合も多い），その住所・居所をつかみ，送達を実行するにはかなりの困難と危険を伴うことがある。ニュー・ヨークのある会社雇用弁護士は知合いの少額事件を扱った時，セキュリティのいるマンションの住人である相手方に直接会って送達するために苦労をしたと語っており，一般市民ではなおさら困難な場合が多いであろう。このように一般に送達は困難であるので，それを職業として代行するプロセス・サーヴァ (process server) という業が成立しており，裁判所によっては，送達の困難を訴える当事者に裁判所に登録したプロセス・サーヴァを紹介するところもある。少額裁判所の場合は，この困難を考慮して送達は内容証明郵便 (certified mail)（受取証必要）や書留郵便 (registered mail) で代替し得るとするようになっていることが多い。郵送による送達が失敗した場合に，原告の費用でシェリッフ (sheriff) やプロセス・サーヴァなどに依頼することになる。この点では，日本のように職権送達の原則の方が当事者にとって利用しやすい。なお，送達については，合衆国民事訴訟規則改正の動きがある。

　3) 少額裁判所では当事者の一方ないし双方が欠席 (no show) する割合が極めて高い。原告のみ欠席した場合，事件を却下（判決効なし：dismiss without prejudice）する裁判所と請求棄却 (judgment for defendant) する裁判所がある。被告のみ欠席した場合 (default case)，原告は欠席判決 (default judgment) を得ることができる。ただし，裁判官は原告を審尋し証拠を調べて請求に一応の理

由がある (prima facie) ことを確かめて請求容認欠席判決 (judgment for plaintiff) を出す取り扱いが一般的である。これは，期日を間違えたり，裁判所への恐れ等から正当な抗弁を有するのに出頭しない被告をできるだけ早い段階で救済すること，原告の不当な請求を防止する等のためであるといわれる。原告被告ともに欠席した場合は，却下するのが普通である。双方不出頭は，裁判外の和解成立のためである場合が多いといわれるのは日本の場合と同様である。当事者の欠席をできるだけ防ぐために，期日の指定・変更を当事者の都合にできるだけあわせて柔軟に行うように，書記官が当事者と電話等で連絡をとる等の配慮をする裁判所もある。

4) 少額裁判所の手続開始段階では，調停手続や仲裁手続が手続に組み込まれている場合，それらを前置制度として採用していないときには，事件をどのように振り分けるかがさらに問題となる。調停や仲裁にはどのような事件を回すのが適切か，の問題と，その振り分けを紛争解決手続開始段階のどの時点で誰が行うのが妥当かの問題を区別できる。

仲裁については，当事者双方の同意を要件とするという以上の議論はそれほどされていない。これに対して調停については，従来，家族内紛争・近隣紛争など当事者間に継続的な社会関係が存在する事件が調停に適すといわれていた[71]。これに対しては，最近実態調査から，必ずしもそうとは言えないとの報告がなされている[72]。金額だけをビジネスライクに交渉できる事件も調停が成功しやすいであろう。手続が一般公開されているか否かが事件へ与える影響も大きいであろう[73]。このようなことを考慮して書記官や裁判官は事件の振分けを行うことになる。

---

(71) Austin Sarat, "Alternatives in Dispute Processing: Litigation in a Small Claims Court," 10 *Law & Soc'y Rev.* 339 (1976).

(72) Craig A. McEwen & Richard J. Maiman, "Small Claims Mediation in Maine: An Empirical Assessment," 33 *Me. L. Rev.* 237 (1981).

(73) コミュニティ・ボード・プログラムのように公開のフォーラムの場合は，家族間・家庭内紛争のようにプライヴァシーが開陳されるおそれのある紛争類型ではあまり利用されない傾向があるといわれる。

第 1 章　民事紛争解決のシステム

　振分け時期については，カレンダー・コール（calendar call）の際に行われる場合（New York, etc.）と，法廷で裁判官の勧めで行われる場合（Portland in Maine, etc.）がある。それぞれにつき，当事者の申出による方式（Portland in Maine）と，異議がないかぎり自動的に調停や仲裁手続に振り分ける方式（New York）とがある。裁判と調停・仲裁のどちらを選ぶかの選択権を当事者に委ねる建前をとる以上，当事者がそれぞれの手続の概要と相違点を理解した上で選択できるように配慮するべきである。手引やパンフレットによる事前の教示，書記官や裁判官による説示が徹底されるべきであるといわれる。われわれの観察したニュー・ヨークの仲裁の場合，書記官の簡単な説明の後にほとんど自動的に仲裁の部屋へ事件を割り振っており，弁護士がついている場合とか事情に詳しい当事者の場合とかの少数の例外的場合のみ裁判へ回すように当事者からの申出がなされていた。一般の当事者はよく理解できないままいつの間にか仲裁へ行かされることになるようで，仲裁手続に入り仲裁人による手続の説明の段になって不満を訴える当事者も見られたが，少数の例外を除いては仲裁人の説得でそのまま手続を続けることになっていた。

　メイン州ポートランドの場合は，法廷で裁判官の勧めにより調停手続希望者を募り，申出があれば詰めている調停人へ事件が回されていた。ただし，調停への勧誘は裁判官によって様々で，調停手続を十分に説明する裁判官もあれば，失うものはないからと強引に勧誘する裁判官もあり，また，あまり積極的に勧めない裁判官もある[74]。このような選別が，どのような効果を有するかについては，調停と裁判とでの履行率の違いに繋がるか否かの点で議論のあるところであるが，法社会学的調査によると有意な影響は無いとのことである[75]。

　B）〔裁判外紛争解決制度〕　裁判外の制度は裁判所と異なり，そもそも社会的に認知されているとは限らないので，テレビ，ラジオ，新聞等による広報

---

　(74)　具体例が，McEwen & Maiman, "Mediation in Small Claims Court: Achieving Complace Through Consent," 18 *Law & Soc'y Rev.* 11 (1984) pp. 22-25に載っている。

　(75)　Cf. McEwen & Maiman, *id.* この点については，後述参照。

〔5〕 紛争解決手続の選択肢

活動で制度の存在と概要・機能を人々に知らせておく必要がある。また，教会，学校，コミュニティ・センター，法律扶助制度，裁判所，警察・検察，社会福祉団体等の諸団体とも緊密な連絡を保っておく必要がある。

1）裁判外紛争解決制度としての調停の場合は一般に，裁判所のように相手方の手続参加を強制する権限がないので，申立人が説得するか，制度の側が働きかけることになる。そして，どうしても参加しない場合には，その制度での手続は開始されないで終わる。NJC は相手方を参加するよう説得する努力を様々な形で行っている[76]。

刑事事件を司法制度からリファーされる場合は，制度から相手方への通知状に，参加しないと裁判手続が開始される旨の例文（stationary）を記載して，事実上参加を強制することも行われる。この事実上の参加強制には批判もあり，制度が軌道に乗った後に，このような例文を削除する制度も出ている。

このようなサンクション力のない，ないし，利用しない制度においては，手紙，電話，面接・訪問等の手段で制度の側が相手方に接触して参加を勧誘する。この勧誘をどの程度積極的に行うかは，その制度の理念を反映して様々である。デンヴァーの NJC では，手紙と電話による接触以上は原則としてしない。コミュニティ・ボード・プログラムでは，事件開発班（case developper）という専用のサブシステムを用意しており，電話連絡，直接訪問，相手方の属する教会やサークルの利用などあらゆる手段を利用して参加への説得を試みている。ハワイの NJC での環境紛争調停に際しても，双方を話合いのテイブルに着かせるためにミディエイターは何度も双方とそれぞれに話合いを重ねていた。司法制度等からのリファーに頼らず，地域社会からの直接の利用（walk-in）を目指す制度では，その任務を果たすには，まず相手方を話合いのテイブルに着かせなくては何も始まらないとともに，それに成功すれば紛争が解決される下地は整ったといえる。しかも，話合いのテイブルに着かせる努力の段階で，その制度での手続をどの程度理解させ，その制度あるいはその制度の担当者（調停

---

(76) この参加への説得活動と話合いの場の設定（椅子テーブルの準備，コーヒー等の手配など）をフォーラム設定活動（facilitation）と呼ぶ場合がある。

人[77]が紛争当事者からどれほど信頼を勝ち取るかで，本体の紛争解決の方向も決定されることが多いであろう[78]。その点で，この紛争解決手続開始段階(＝紛争受け入れ段階：intake）は紛争解決上極めて重要な意味を持っている。

　2）裁判所の負担過重の軽減という視点から裁判外の紛争解決制度へのリファーをみると，訴訟の期日に事件をリファーすれば裁判所のケイスロード（事件数）の減少は可視的であるが，窓口で指導する場合には，期日にまで至らなかったであろう事件もリファーされることになり，裁判所事件数への影響は間接的になると言えよう。さらに，裁判外の紛争解決制度がウォーク・イン（walk-in)中心である場合，裁判所のケイスロードとの関係を有意に結論することは困難であろう。裁判所の財政的負担の軽減の視点からみると，裁判所に付属した調停や仲裁の場合，そのための人件費や設備費を計算すると，負担軽減になっているかどうかは微妙であろう[79]。

2　審理段階

　審理の一般的流れは，まず始めに制度の側（裁判官や調停・仲裁人）から手続の概要の説明があり，続いて参加者（紛争当事者と制度の側）の役割が説明される。申立人・原告から事件や要求の陳述がなされ，相手方・被告の反論や陳述が続く。その後三者間で話合いが続けられ（場合により審理期日が繰り返

---

　(77)　相手方を説得して手続に参加させる活動は，相手方にとって当初は，相手方（申立人）の味方をしているとして意識されるであろうから，そのものがそのままmediatorになるべきではないとの意見を述べるNJCのスタッフもいた。

　(78)　手続参加を勝ち取るまでの交渉過程で事実上紛争が解決されることもありうるし，相手との交渉のテイブルに着くこと自体，相手の「紛争当事者能力」を認めることを含意するわけであり，言い換えれば，相手の人格を承認することであるから，紛争過程としては，解決への大きな前進と捉えることができよう。

　(79)　McEwen & Maiman, "Mediation and Arbitration: Their Promise and Performance as Alternatives to Court," in Phillip L. Dubois (ed.), *The Analysis of Judicial Reform,* Lexington Books, pp. 61-76, pp. 65-67．東京大学の新堂研究室にコピーが保管されている。

〔5〕 紛争解決手続の選択肢

された後),審理が終結され和解や裁定・判決へと進むという手順をたどる。

ここでは,1)審理の関与者と関与型式をまず論じ,以下順次,2)審理手続の機能,3)手続形態,4)証拠法・和解のテクニック・その他,と論じてゆくことにする。

1)審理の関与者と関与型式

審理の構造は,裁判においてはもちろん,裁判外の手続においても二当事者対立型が多い。地域紛争や近隣事件では多人数間の多角的手続となることがあるが,少額裁判所で多角的紛争が出てくることは訴額の制限等の理由で少ない。制度の側(紛争への第三介入者)は,少額裁判所(組み込まれた調停・仲裁を含めて[80])では一人の場合が通常であるが,NJCの調停や消費者保護関係の紛争解決制度などでは,複数(二人から数人)であることも割合にみられる。NJCでの調停人の選定では,多くの場合,紛争当事者に合わせて性別とか人種・年齢を組み合わせるなどして,当事者に対して公平・中立となるようにしている。行政的・半行政的制度で,パネルを組んで行うときには,両方の利益団体の代表と中立の公益委員で構成されることも多い(tripartite arbitrationと呼ばれる)。

審理の型式として,少額裁判所はもちろん公開であるが,NJC関係では,コミュニティ・ボード・プログラムを除き一般には非公開であった。北欧諸国の紛争解決制度はすべて公開が原則であったが,これは,行政等の公開が徹底した国柄によるようである。

手続型式は従来,いわばその入口も出口も当事者の合意による調停(mediation)と,入口のみ紛争当事者の合意により,出口は仲裁人の判断が拘束する仲裁(arbitration)と,出口も入り口(相手方・被告)も拘束される裁判(adjudication)の三類型に分類されてきたとともに,審理手続の内容もその三分類に押し込めて考えられていた。しかし,調停とても調停前置主義を採れば裁判と同じ意味で入り口も拘束的となることや「法的に拘束力のない仲裁(legally nonbinding

---

(80) この点,日本の民事調停では,裁判官たる調停主任と民事調停委員2名の計3人で構成される(民事調停法6条)。

第1章 民事紛争解決のシステム

arbitration)」という概念の存在，あるいは，仲裁手続の多くではまず紛争当事者間の和解を目指す話合いを進め（調停的手続），それが失敗した場合にのみ仲裁裁定を示すという手順がとられること（調停仲裁 (med-arb, mediation-arbitraion) と呼ばれる）などからも分かるように，調停・仲裁・裁判という三分類に相異なる次元が無理に押し込められており，分析の十分な道具概念とはなり得ないように思われる。この三分類をめぐるディメンションには，①第三介入者の判断を下す権限の有無・程度，②手続結果の法的効力の有無・程度・内容，③手続参加における紛争当事者の任意性の程度，④審理手続における第三介入者の役割[81]の程度・内容等が見出されよう。以下，本稿ではできるだけこれらを区別して論ずることにする。

2) 審理手続の機能

審理手続の持つ最小限の機能は，紛争当事者に第三者を介在させた話合いの場を提供することである（フォーラム形成機能）。フォーラム (forum) で自己の主張を十分に述べること，相手や第三者にじっくり聞いてもらうこと自体が当事者に与える満足感は紛争の激しさを和らげることができる（カタルシス (katharsis) 機能）が，この際に棚瀬教授のいう「メタ弁論」がなされれば，紛争解決手続構築における紛争当事者の主体性の確立により二重の意味で紛争当事者は満足を得ることができよう。この見地から見れば，裁判より仲裁，仲裁より調停の方が紛争当事者のより大きな満足とより高い任意履行率を期待できることになる。事実，マッキーヴンはメイン州の少額事件の実態調査結果を詳細に統計的に処理して，裁判された事件と調停に付された事件とを比較すると，

---

(81) Howard Raiffa, *The Art & Science of Negotiation: How to Resolve Conflicts and Get the Best Out of Bargaining,* Harvard University Press, 1982, pp. 22ff.では，このような第三介入者の機能を基準として，facilitator（交渉の場に紛争当事者を着かせる機能），mediator（紛争当事者間の話合いを助け，和解的解決への到達を援助する機能），arbitrator（事実の発見に努めそれに基づいて，最終的には拘束的判断を出す機能），rules manipulator（後述注(85)参照）に分類している。

〔5〕 紛争解決手続の選択肢

十分に話を聞いてもらえたという意識，十分理解してもらえたという意識，手続進行に対する理解の意識，主観的満足の意識，および解決内容が公正であったとの意識のどれをとっても統計上有意に調停の方が裁判より積極的な答えを得ることができたと報告している[82]。また，任意履行率の点でも，裁判より調停の方が統計上有意に高いことを示している[83]。

前記，第三者の介入による交渉フォーラムの成立で紛争は一歩客観化され，合理的解決への契機が生まれる。すなわち，第三者の介入で，コミュニティの規範や常識が介入し，あるいは「法」が介入してくることで紛争は「公共的」なものへとある程度変質を遂げることになる（紛争の公共化）[84]。紛争の様々な側面の内，事実の認識の対立，価値判断の対立，感情の対立を考えてみると，この「公共化」により紛争に占める感情的要素の過剰が是正され，価値判断における相互の独善性が薄められ，具体的な争いが事実・価値判断のどの点に存在するかが明確にされてゆくことが可能となる（紛争分析機能）。第三介入者が審理・話合いにおいて紛争当事者間の交渉力や知識，能力，財政的な力の差にバランスをとることも行われる（平等化機能）。審理手続の有しうる機能のさらに重要なものとして，紛争当事者間にお互いの立場，認識，価値観についての相互理解を成立させ，問題解決への協力的態度を涵養することが挙げられよう（相互理解と協力の機運形成）。また，第三介入者が話合い・審理手続の手順・方法の指導をすることで，紛争当事者間だけでの交渉には望めない交渉手続の合理化が行われる（交渉手続過程自体の合理化機能（rules manipulating）[85]）。

(82) McEwen & Maiman, *supra* note (72), pp. 254-260.
(83) McEwen & Maiman, *supra* note (72), pp. 260-264. この結論に対する予想される反論である，履行するような紛争当事者間の事件が調停へゆくのではないかとの点については，厳密な統計処理によって反証し，調停の審理の実質が満足度と履行率を高めていることを検証している。Cf. McEwen & Maiman, *supra* note (74).
(84) この過程の存在を実証したものとして，Silberman, *supra* note (35), pp. 76-85. がある。
(85) Howard Raiffa, *supra* note (81), p. 23. では，このような機能を権限とし

第1章　民事紛争解決のシステム

　公共的性格を帯びている制度の介入による紛争解決，公共的な規範や「法」に準拠した紛争解決ということで，紛争の解決結果にはある種の「権威」が与えられることになる（権威付け (authorization)）。この「権威」と手続参加の経験によって，紛争当事者は紛争解決の方法を学び，今後の他者や社会に対する態度と行動を変容させてゆくこともありえよう（紛争当事者教育・社会化 (socialization) 機能）。コミュニティへの志向 (community orientation) の強い制度の場合，個別の紛争の背後にあるコミュニティ共通の問題を汲み取り，その解決へと動き出すこともあり得る（公共問題発見）。さらに進んで，紛争当事者間には同一の社会（コミュニティ）への帰属感・一体感が醸成されてくることもあり（コミュニティの統合），社会問題への関心と問題意識の共有に至り，コミュニティの問題啓発と解決の活動が人々の間に発生することも考えられる（コミュニティの活性化）。

　交渉フォーラムの持ち得るこのような様々なレヴェルの多様な機能の内のどこまでを個別の制度が果たそうとしているかは第1節で述べたように様々であるし，現実に果たしているかについての調査は不十分でもある。とりわけコミュニティ志向の機能についてはその検証は事実上不可能に近い場合も多いであろうが，ここではその可能性を指摘するとともに，現実にそのような機能を目指している制度があり（コミュニティ・ボード・プログラム），しかもある程度実現しつつあることを記しておきたい。コミュニティ・ボード・プログラムのある事件では，とある住宅協会の代表（President of a Housing Association）と，家を買ったが住み込まずにいた者（owner）の間の紛争（家が火事で焼けてしまった事案）のセッションの際に，その地域で火事が多いことが指摘され，20年前にその地区の一連の家を建てた時の電気配線の不備が明らかとなり，当該事件についての具体的解決には至らなかったが，住宅協会の方はその地区の電

て果たす役割を rules manipulator と呼んでいる。mediator や arbitrator, judge 等の第三介入者が事実上有するこのような機能を rules manipulating と呼ぶことができると思う。従来の日本の民事訴訟理論の言葉では，メタ弁論を mediate する機能であると言えるであろう。

〔5〕 紛争解決手続の選択肢

気配線についての対処をすることになった[86]。また，ある学校の校庭が夜に少年や浮浪者に不法に侵入されて地域の平穏が損なわれているとして，近隣住民と学校側が争った事件では，話し合いの過程でコミュニティ活動の衰退や共同体としての再統合の必要などが認識されるようになり，紛争当事者間に相互理解と一体感に近いものが醸成されてきたのであった[87]。

3）手続形態

　紛争介入形態としては，紛争当事者に対して何らかの意味で拘束的な判断を下すことのできる裁定型の介入と，最終的には紛争当事者の合意に依存する合意型の介入に大別することができる。しかし，既に述べたようにこの前者を仲裁と呼び後者を調停と呼ぶ二分法では，手続の多様性を記述する道具として不十分である。フレイムワークとしては，まず，紛争当事者が同じ場所に集まって相対（あいたい）で話し合うのか，制度の者が両者間の話合いをメッセンジャーとして取り持つだけかが，第一のディメンションである。対象たる紛争への第三介入者の判断が紛争当事者にどのような影響を及ぼすか，その程度が第二のディメンションである。手続の進め方についての第三介入者の判断がどの程度紛争当事者に影響を与えるのかが第三のディメンションである。

　第一のディメンションについては，紛争当事者が直接相対で話し合うのではなく，紛争解決制度が双方に連絡を取り合って仲介（conciliationと呼ばれることがある[88]）するだけの場合もある。紛争当事者相対の手続を予定している制度でも，フォーラム設定活動の段階で双方と別々に連絡を取って，紛争解決手続への参加を調整している段階で紛争が解決することも割合と多く，これも仲介による解決と分類されることがある。双方と連絡を取らずに，一方にのみ助言をするだけなのは法律相談・法律扶助制度などの活動である。消費者保護制度の中にも，紛争当事者の双方に連絡するのではなく，商品の欠陥等が申し立

---

(86)　Wahrhafting, *supra* note (11)の報告による。

(87)　これは，われわれの傍聴した事件である。

(88)　ただし，"conciliation"と"mediation"は区別されずに用いられることもある。なお，ミネアポリスの少額裁判所は，Conciliation Courtと呼ばれる。

第1章　民事紛争解決のシステム

てられると当該商品の品質検査あるいは商品テストを一方的に行って公表したり，申立人のみに知らせてその後の処理のアドヴァイスをするというような手続もありうる。

　第二のディメンションについては，第三介入者の判断の対象とその基準，とりわけ「法」の役割（法使用）の問題と，第三介入者の判断の取扱いの問題が区別される。裁判（adjudication）のプロトタイプ（訴訟モデル）においては紛争の事実的側面と価値的側面とを分け，事実的側面については「過去の事実の存否」という形で事実認定を行い，その結果を前提として価値的側面については所与であると前提される「法」を基準にオール・オア・ナッシングの形で原告の被告に対する請求の当否が判断され，それが紛争当事者を拘束する。いわば，過去の事実に基づく現時点の規整をするという構造をとるわけであり，将来への展望・予測による将来への規整という側面は少なく，「過去の清算」的手続といえる。少額裁判手続もこの範疇に入るであろう。

　これに対して論理的には，事実の認定は行わずに将来の関係規整のための価値判断のみ行う手続（価値判断モデル），事実の認定だけ行う手続（事実認定モデル），ともに行わず紛争当事者の判断（合意）にすべて委ねる手続き（合意モデル）という三つの選択肢が考えられる。

　紛争当事者間に継続的社会関係が今後も存続し続けることが予想される紛争の場合などでは，紛争解決を過去の清算として捉えるより，これからの生活関係の在り方の規整と捉えることの方がより適切となろうと思われ，このような場合に「調停手続」が適するとの考え方は，調停手続における将来的契機，すなわち，過去の事実の確定よりも将来の生活関係を重視し，「法」による判断よりも現在以降の紛争当事者間の生活関係の妥当な規整に即した結論が，紛争当事者間の合意として出てくることの可能性を重視するものといえよう。この点を最も純粋な形で制度化しようとしているのがコミュニティ・ボード・プログラムであり，そのイデアルテュープスでは，過去の事実の詮索・確定を一切禁止し（証拠方法の取調べも禁止），価値判断においても「法」使用を禁止し，パネリストの事実上・法律上の判断の当事者への示唆をも極力避けるのである（合意モデル）。しかし，われわれが傍聴したセッションでは，時刻が夜半近くなり

[5] 紛争解決手続の選択肢

紛争当事者もパネリストも疲労してくると，紛争当事者間の今後の在り方についてはパネリストが示唆するようになり，場合によりかなり積極的に説得を試みることもあった（→価値判断モデル：事実の確定は行わない）。NJC の手続はこの価値判断モデルのカテゴリーに属するものが多いようである。これは紛争解決の効率の要求から，多少の解決案の示唆と説得は避けられないことによるようである。ただし，テクニックとして，紛争当事者を間接的に誘導することでイニシアティヴを紛争当事者から奪わないように細かく配慮するところと，それほど神経を配らないところの差はあるようである（調停人の技術と経験，さらに紛争当事者の争い方やパースナリティにもよる）。

裁判所に組み込まれた調停や仲裁手続では，かなり訴訟モデルに近いものが多いようである。紛争当事者の請求と主張について紛争当事者の用意した証拠方法を取り調べ，原則として「法」を基準として判断を下して紛争当事者に示唆（調停）あるいは裁定言い渡し（仲裁）を行う。調停と仲裁では，最終的判断を下す権限が第三介入者にあるか否かの相違が制度建前の上ではあるが，仲裁でもまず紛争当事者間の話合いによる合意で解決するように勧誘する一方，調停においても，調停不調で裁判に戻ったらこの証拠は認められないだろうとか，この事実は重視されるであろうとかの，裁判での事実認定の予測の示唆の形や，実体法を適用すればこうなる等の法的価値判断の示唆の形等で結局第三介入者（調停人）の判断をかなり権威をもって紛争当事者に示し説得する場合も多く，建前に較べて手続の実態の差は少ないと思われる[89]。さらに，制度的に見ても，仲裁判断は「拘束 (binding)」するとしても，その拘束の内容と程度が問題である。仲裁判断が裁判所の承認をもって効力を生じる場合には，その承認の要件により，また，紛争当事者に一定の要件のもとに不服申立てを認めるならば，その要件により，「拘束力」の意義は大きく変わる。また，そのまま

---

(89) もちろん，この点は，裁判所手続に組み込まれた場合の少額事件の仲裁と調停についてのみあてはまるのであり一般論ではない。労働仲裁等は極めて厳格な手続で証拠調べを行いほとんど裁判そのものと言えるくらいである（ハワイの労働仲裁のヴィデオから）。

第1章 民事紛争解決のシステム

強制執行できるかどうかも考慮するべきであろう。事実，少額事件においては，「法的に拘束力のない仲裁 (legally non-binding arbitration)」という技法が使われることが見られるのである。

　第三介入者の判断に関しては，その「処分権限」が手続全体に対して大きな影響を及ぼすであろう。すなわち，裁判においては，裁判官は原則として紛争当事者の申し立てた請求の当否を判断するのであり，判決内容を自由に作成できない。それゆえ，一方では，サイド・イッシューを審理しても判決に反映できないので，それを切り捨てる方向の動機付けが働くことになるし，他方では，紛争の実態に即した解決策を実現するには和解の形をとらざるを得ないことになる(90)。これに対して，調停の場合は，まさに妥当な解決策を探ることが調停人の中心課題であるため，よりサイド・イッシューを審理する方向でのインセンティヴが働くことになろう。

　これらは生活紛争解決手続においてもそのまま当てはまる。ニュー・ジャージの少額裁判所のある判事はその特異なパースナリティにもよるのであろうが，法的関連性の薄い主張や要領の悪い主張をする紛争当事者を頭ごなしに叱りつけていた。調停の場合にも，裁判所に組み込まれたメイン州ポートランドの場合，法的関連性のある争点に絞って手続を進める傾向があり，紛争の背景等についての審理はあまり深く追求されない(91)。この点はニュー・ヨークの少額裁判所に組み込まれた仲裁手続でも同じである。ただし，双方とも，調停人・仲裁人のパースナリティによってかなりの個人差があり，あるニュー・ヨークの仲裁人はかなり詳しく事件の背景まで聞いていた。これに対して裁判外の紛争

---

　(90) 従来，裁判はオール・オア・ナッシングであると言われてきたが，心証割合の認定以外にも，過失相殺・寄与度による認定・慰謝料の緩衝作用等，中間的解決の機能を有する制度が開発されてきている。このことと合わせ考えると，従来のオール・オア・ナッシングという主張（非難）の中には，①権利があるか無いかの二者択一だというプロトタイプとしての内容以外に，②処分権主義による紛争解決手段の制約という内容も含意されていたとみるべきであろうと思われる。

　(91) McEwen & Maiman, *supra* note (72), p. 255.

解決制度では，法使用の回避とあいまって，紛争の背景まで手続の対象とする傾向があるといえる。最も極端な形の制度が再びコミュニティ・ボード・プログラムで，背後の社会問題までの解決を標榜するので，争点を絞ることなくじっくりと手続を続ける。その他のNJCでは，争点の拡散の防止などを行うことで，ある程度争点を絞るようである。

　第三のディメンションについては，その審理の進め方が問題となる。審理の進め方については，少額裁判所の場合は一般に，まず原告の弁論，続いて被告の弁論を裁判官に対して行い，その後裁判官の釈明や紛争当事者の相互の反論・証拠提出が裁判官を相手になされ，弁論終結後数日から2週間で判決（理由なし）が紛争当事者双方へ送達されるパターンをとる。少数の裁判所（裁判官）は判決を即座に言い渡すが，その際には簡単な理由も付けることが多い。興奮した紛争当事者を刺戟するという理由で即座に言い渡す扱いは少数派だが，その少数派によるとそのような危険はほとんどなく，むしろ理由を付けて言い渡す点，紛争当事者の納得を導いて紛争解決としてベターだという。少額裁判所の審理は極めて職権的かつ簡単で，紛争当事者には十分聞いてもらえなかったとの印象を持つ者も割合といるようである。

　アメリカの裁判手続は裁判官の価値観と個性に大きく左右されるので，ハワイの少額事件のあるパートタイム裁判官のように紛争当事者同士に直接の話合いを裁判所の面前でさせる取扱いも見られるが，一般には，紛争当事者間の直接の議論は厳しく禁止される。

　裁判に組み込まれた調停や仲裁の場合も裁判外の制度の場合も，まず申立人の主張，続いて相手方の主張が第三介入者に対してなされ，その後三者間で話合いが進められる。仲裁の場合には，まず調停が試みられ，不調に終わると裁定がなされる取扱いが普及している。

　手続においては，裁判制度と距離を置く姿勢の制度ほど紛争当事者の話を時間をかけてじっくり聞く傾向があるようである。大雑把に言うと，少額裁判所の審理時間はだいたい10分から20分の平均（争われた事件）であるのに対して，裁判に組み込まれた調停や仲裁では15分から40分の平均ぐらいで，NJCでは30分から1時間，長いもので数時間，あるいは期日を更新して数回と時間をかけ

る（コミュニティ・ボード・プログラムでは3時間から5時間ぐらい）。

　手続の進め方は一般に制度の側が指導する形をとる。「メタ弁論」を行っている制度には出会わなかった。ただし，手続の進め方について紛争当事者の了解を得つつ行うことは見られた。なお，コミュニティ・ボード・プログラムの場合，審理手続を四つの段階に分けて，各紛争当事者のパネルへの主張（defining the problem），紛争当事者相互間の直接の話合い（understanding each other），解決案の探求（sharing responsibility for the conflict and its resolution），合意の形成（agreement）の順で進められる[92]。この手続ルールをセッションの開始に当たって審理を主催するパネリストが紛争当事者に対して説明して，納得させる（cf. rules manipulating）。

　手続の進め方に関して，ここで，コーカス（caucus）という技術にふれておこう[93]。これは，日本の裁判所の和解兼弁論（弁論兼和解）でもよく用いられている方法であり，紛争当事者の本当の要求や不満を聞き出したい時，あるいは，和解案を提示して意見を聞く時に，相手方が同席していては十分に本音を聞き出せない場合が多いので，紛争当事者の一方ずつとそれぞれ個別に話し合う手段である（本書第三章参照）。紛争当事者としても，相手がいては面子や意地，誤解などを恐れて提案しにくい譲歩もコーカスでならやりやすくなると言われる。この手法に対する問題点として，第三介入者の中立性が損なわれる恐れがあり，また，第三介入者が双方に若干の嘘をついて強引に合意を作り出してしまう危険性があることが指摘されている。つまり，極端な例では，原告には請求は認められないだろうと言い，被告には，請求は認容されるだろうと言って，中間の和解案を無理に呑ませることが起こりうると言われる。われわれが面接した人々で，そのようなことをしていると正面から認める者はいなかったが，紛争当事者に話をする際の若干のニュアンスの点で技巧を凝らすという者はあった。

---

　(92)　Raymond Shonholtz, *The Work and Structure of Neighborhood Justice System,* The Community Board Program, 1983.

　(93)　このテクニックは，日本では，労働事件でよく用いられているといわれる。裁判所でも和解の勧試の際に用いられる。

〔5〕 紛争解決手続の選択肢

裁判外の制度の内で，紛争当事者間の自発性・合意を重視する制度では，原則としてコーカスはしない主義のものがあった。

4）証拠法・和解のテクニック

a）少額裁判所の手続は通常裁判手続に対して非公式性・柔軟性・裁判官の積極的役割等の点で特色を有す。当事者主義の極めて徹底したアメリカ民事訴訟であるが，少額事件においては本人訴訟が主であることもあり[94]，裁判官の積極的な釈明がなされる。必ずしも実体法の要件事実に関連しない主張も許容している。また，証拠法としても，関連性の要件や伝聞証拠排除則などがかなり緩められる建前（少額訴訟規則）となっており，事実，緩やかに運用されている[95]。証人尋問も交互尋問の形式よりも裁判官の質問の形で進められる。紛争当事者の一方に代理人が付いている場合，裁判官は紛争当事者間のバランスをとるために代理されていない紛争当事者をある程度補助する場合がある。例えば，代理人が反対尋問をしたような場合，裁判官が代理されてない紛争当事者に代理人が付いていたならするであろうような援助を釈明の形で行うことがある。双方に代理人が付いているような場合は，かなり通常事件手続的となり，交互尋問的審理で行われることもある（裁判所，裁判官によって異なる）。

少額事件手続で和解の勧試が盛んであるのは，オール・オア・ナッシングの解決より，紛争当事者間の関係を考慮してより妥当な解決を図ろうとするため

---

(94) これは個人に関する一般論であり，弁護士代理を認め，かつ，法人の利用を制限しない裁判所では，standing attorney と呼ばれる弁護士が，多くの取立訴訟の代理人となって1日の内に多くの請求を次々と弁論していた。紛争当事者の中には，裁判所の職員と間違える者がいそうな程であった。なお，日本の簡易裁判所においても，クレジット会社の社員が代理の許可を得て（民訴法79条1項但書）このように訴訟を追行する姿が見られる。

(95) 審理に先立ち裁判官が少額事件手続の説明をする際にこのことを確認するのがよく見られるルーティンであった。また弁護士が代理している場合に，伝聞証拠のオブジェクションを申し立てて裁判官にたしなめられる場面にも何度か遭遇した。なお，現代のアメリカ合衆国の通常民事訴訟では，和解の勧試が積極的となってきている。本書第三章参照。

第1章　民事紛争解決のシステム

であろう。原告の請求の当否についての一応の判断に基づいて，かなり執拗に和解案を提示して和解を勧試する裁判を傍聴した。

　b）紛争当事者間の合意を導く手法の開発も幾つか試みられている。一般論としては，まず，第三介入者が紛争当事者から，公平で中立であるとの信頼を勝ちとり，両紛争当事者とラポー（rapport）を通じさせなくてはならない。また，紛争当事者間に相互信頼が醸成されなくてはならないであろう。争点（issue）がひとつの時には事実認識・価値判断・感情の各レヴェルでの紛争当事者間のギャップを埋めてゆくことになる。紛争をめぐる様々な面から光を当てて，各人の利害得失を検討して共通の認識，共通の利益の発見に努めることになろう。争点が複数ある場合には，紛争当事者間にそれぞれの争点に対する効用・選好順序の相違があるので，むしろトレイドオフ（trade-off）が可能である場合が多くなり，パレート最適なウィン・ウィンの解決を求めることが可能となる場合が多くなるであろう[96]。合意を目指す話合いで，争点の多面的評価，複数争点（多すぎない）の引出しとその相互関係の探求，解決案の複数の選択肢の探求と検討はすべて，このトレイドオフの可能性の追求ということができ，合意が紛争当事者相互の利益をよりよく実現することを可能ならしめるための努力ということができる。

　紛争当事者間の話合いを有効に進める手段としては，第三介入者が紛争当事者の述べた重要な点を整理して言い換えてやることで紛争当事者の話合いを整理し，注意を重要な点に集中してもらい，無用な誤解を防ぐ方法や，相互非難を戒め問題の事実に対して自分がその時どう感じたかを素直に述べ合ってもらう手法，相手の言ったことを繰り返してもらい相互理解を進め[97]議論の不毛なすれちがいを回避する手法などが調停の訓練手引などで言われている。

---

　(96)　日本においても，和解を得意とするある裁判官から，争点を削るより，ある程度複数の争点を話し合いの場に乗せた方が，和解案の選択の範囲が広がって，和解に成功しやすいとの指摘を受けたことがある。

　(97)　我々の傍聴した，コミュニティ・ボード・プログラムのセッションでも感情的になり，相手の発言を聞こうとしない紛争当事者に対してこの手法を盛んに用いていたことが印象に残っている。

さらに，相互理解を進める方法としては，紛争当事者にしばらく，相手の立場だったらどう思い，どう行動するかを考えてもらう方法，お互いの立場の共通点・類似点を挙げてもらう方法などもある。

話合いを円滑に促進する手法としては，話合いが紛争解決へ向けて進歩していること，各人の建設的努力の成果などを指摘してさらに手続を進めていくことへのインセンティヴを与えることも推奨されている。このことで，紛争当事者はどのように話し合うべきかを学ぶことができるという効果もあるとされる。

〔6〕 紛争解決へ向けての交渉過程

最後に，交渉過程のゲーム理論的モデルを用いて，紛争解決における紛争当事者の交渉と第三者の介入のパターンを分析してみることにする。

1）紛争解決開始段階

まず，紛争当事者が紛争解決へ向けての努力を開始するか否かの意思決定においては，現状である紛争状態の持つネット利益が，紛争の解決状態のネット利益を凌駕すると判断されるか否かが基本となろう。紛争という「外敵の存在（の認識）」が，集団内部の対立（の意識）を相対的に低下させ，あるいは，リーダーへの不満の顕現を防止することになって[98]，集団の統合を維持・昂進させる機能を有する場合もある。労使紛争の存在が労働組合の統合を維持する上で貢献していることも考えられるし，家庭内での「覇権」を失う危機にある夫が隣人との紛争の継続によって権威を維持することもあろう。ゆえに，紛争状態のネット利益を常にマイナスであると仮定することはできない。

紛争状態の利益を α，解決された状態の利益を β とすれば，

$$\Delta_1 = \beta - \alpha$$

として，$\Delta_1 > 0$ のとき，はじめて紛争解決への努力が払われることを期待できることになる。

---

(98) いわゆる「ガス抜き」や，リーダーの失敗の責任転嫁としてこのような戦略がとられることは，よく知られていることである。

第1章　民事紛争解決のシステム

しかし，上のモデルでは，紛争解決手続の費用が考慮されていない。紛争解決のための制度の選択肢｛a，b，…，n，…｝の内の選択肢nの利用によって得られる紛争解決状態のネット利益の期待値[99]を$\beta(n)$とし，その紛争解決制度nでの手続の費用を$k(n)$とするとき，Δ_2を，

$$\Delta_2(n)=\beta(n)-k(n)-\alpha$$

として，$\Delta_2>0$のとき，当該紛争解決制度nが利用されることを期待できるといえる。

以上の分析から，従来の少額裁判所運動は，紛争解決状態の望ましいこと（$\Delta_1>0$）を前提として，通常裁判手続では，

$$k(通常裁判)>\beta(少額事件)\geqq\Delta_1$$

であるために，通常の訴訟手続ではペイしない（Δ_2（通常裁判）<0）との認識から，裁判の費用であるk（裁判）を軽減しようとする努力であったと位置付けることができる。また，裁判外の紛争解決制度のリベラルなポリシーは，前提たるβ（裁判）>0そのものに疑問を呈し，新たな「真の」紛争解決制度を追求する運動であるということが許されよう。この場合，注意を要するのは，

$$k(裁判)>k(裁判外紛争解決制度)$$

であるか否かの判断には，制度の設立・維持の費用と手続の時間的費用，さらには，精神的費用も考慮する必要があることから，一概に結論を出すことは危険である点である[100]。

また，被告・被申立人側の（主観的）費用便益分析では，$\Delta_2(n)<0$であるにも拘わらず，被告・被申立人の手続参加が強制される紛争解決制度である場合[101]，手続の引延し戦術が用いられる危険が高いことになる。

---

(99) 紛争解決内容がどのようなものとなるか（紛争解決の失敗の危険も含めて）の不確実性を織り込むので，期待値を用いることにする。

(100) McEwen & Maiman, *supra* note（72）.

(101) 裁判制度が典型であるが，仲裁の場合も，仲裁契約時と異なり，紛争発生時点ではこのような構造となっていることもありうる。それゆえ，仲裁契約の効力が争われるのである。

〔6〕 紛争解決へ向けての交渉過程

さらに，コミュニティ・ボード・プログラムの事件開発班の活動のように，手続参加を強制する手段のない制度が紛争の相手方に手続への参加を説得する際の方法として，$\Delta_1 > 0$（すなわち紛争解決状態のネット利益がプラス）であることを紛争当事者に再認識させることや，費用が安価であること，すなわち，k（制度利用）$\fallingdotseq 0$ を知らせることが，制度の目的・スタッフの熱意・相手方の誠意を説得することと並んで必要であることが示される。

2）交渉過程

紛争解決のための交渉段階に到達した場合，合意成立の条件はどのようなものであろうか。

I〔単一争点〕 争点がひとつだけである場合，例えば，車の修理代金の支払請求で，修理不完全による減額のみが争点となっている場合を例にとって考えてみることにする。車の所有者は，修理の状況から判断して，最高 r_y 円までは払ってもよいが（最低受忍水準），妥当な代金は，e_y である（$e_y < r_y$）と考えており（妥当水準），できれば b_y にしたい（$e.g., b_y \fallingdotseq 0$）と願っている（最大希求水準）とする。修理者も，同様に，最低受忍水準を r_x 円，妥当水準を e_x 円，最大希求水準を b_x と見積もっているとする[102]。なお，車の所有者にとっては，修理代金は安ければ安いほどよく，逆に，修理者にとっては，高ければ高いほどよいのではあるが，経済的常識・道徳的考慮・適法性の点で，これ以上の要求は不当となるという判断がなされるであろう。このような考慮によって，自己の要求に b_x，b_y という制約を課しているのであり，法規範等のこのような作用を「利害欲求抑制機能」と呼ぶことができる[103]。

ここで，$r_x, r_y, e_x, e_y, b_x, b_y$ の関係を図示すると図 I のような A～C の 3

---

[102] r は reservation price を表し，e は equitable price を表し，b は best price を表す。ただし，ここでの reservation price と厚生経済学における「保証水準」は，必ずしも一致しない。最大希求水準・最低受忍水準の用語は，和田・前掲注(32)を参考にした。

[103] 和田・前掲注(32)による。

つの場合に分けられる（e_x, e_yの関係は場合分けに利用していない）[104]。

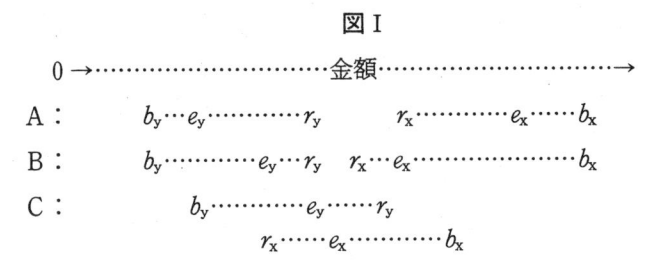

図 I

```
0 →·············金額·············→
A :      b_y···e_y········r_y       r_x·········e_x······b_x
B :      b_y··········e_y···r_y  r_x·e_x···············b_x
C :           b_y··········e_y·····r_y
                    r_x······e_x·····b_x
```

　Aの場合，紛争当事者間の要求には大きな逕庭があって，このまま合意することは期待できない。Bの場合，両者の要求範囲はかなり近付いている。Cの場合は，紛争当事者間の要求に重なりがあるので，その範囲の中のどれかの額で合意できると期待される。この合意可能な領域を交渉領域（ZOPA：Zone of Possible Agreement）と呼ぶことにする。

　和解や調停で，紛争当事者が本当は何を望んでいるのか，どこまでなら合意できるのかを見抜くことが，第三介入者として重要であると言われるが，そのことのひとつの意味は，紛争当事者間にこの交渉領域が存在するか否かを見抜く（r_x, r_yの関係を見抜く）ことであると思われる。先に触れたコーカス（caucus）の手法も，紛争当事者の一方から，その相手方に知られることがないことを保証してこの最低受忍水準のありかをほのめかさせる技法であると位置付けうるであろう。

　この交渉領域が紛争当事者の要求の間に存在しない（または，存否不明の）場合，紛争当事者の最低受忍水準・妥当水準・最大希求水準の見積りの前提となった，事実上・法律上の諸前提の認識と判断について，その妥当性を吟味し，説得して，交渉領域が発現するように紛争当事者の要求を修正させてゆくことになる。紛争当事者としては，自己に有利に交渉領域が発生するように，自己

---

　　(104)　以下の分析は，Raiffa, *supra* note(81), pp. 44ff., ケネス・E・ボールディング「紛争の経済学」(1965) マックニール（編）『紛争の社会学：社会的紛争の本質』（千葉正士（編訳）東京創元社 1970）170頁以下，小林孝雄『交渉と協調の経済学（講義録）』（東京大学出版会教材部 1982）を参考にしている。

〔6〕 紛争解決へ向けての交渉過程

に有利な主張（正当化）をなし，相手の事実と価値についての認識を反駁してゆく形で，広義の交渉(105)が進んでゆくことになる。その結果，A→B→Cと状態が変化して交渉領域が発生するようになれば，交渉は順調に進んでいることになる。

　紛争当事者としては，自己の最低受忍水準を相手に見抜かれることは交渉力の大半を喪失することになるので，できるだけ隠そうとする戦術に出るとともに，相手の最低受忍水準をできるだけ早く的確に見抜こうと努めることになる。このことから，交渉で自己に有利な合意に到達しようと努める場合，相手が紛争の解決や交渉の妥結に強い利益を感じているかぎり，自己の最低受忍水準を偽って提示して，相手のより大きな妥協以外に解決ができないと思わせる戦術が利用されうることが説明される。虚偽の最低水準でないにしても，例えば，これ以上の額では倒産するとか，他の者との公平が損なわれる等の主張によって，たとえ譲歩したくてもできない状態にあることを示すという「コミットメント（commitment）(106)」によって，自己の最低受忍水準を有利に提示することができる。このように，自分の手足が縛られていることを相手に示す行為や自己の行為選択肢の範囲を自ら縮小する行為がコミットメントである。他方，相手方としては，「逆コミットメント」を提出するか(107)，前提である紛争解決や交渉の妥結への利益を引き下げる戦術（例えば，単なる売買の交渉の場合なら，他にも交渉する相手はいることを示すなど）で対抗することになろう。すなわち，相手のコミットメントが信用できないことを示したり，自分のコミットメントの方が信用できることを示すのである。

　II〔複数争点〕　上記のような交渉によっても，交渉領域が発現しない場合

---

　(105)　交渉領域内での交渉を狭義の交渉と呼ぶことにする（後述参照）。

　(106)　コミットメントの概念については，Thomas C. Schelling, *The Strategy of Conflict: With a New Preface by the Author*, 1960, 18th printing 1981, pp. 22-28 を参照（本書第3章も参照）。

　(107)　Schelling, *id.*, p. 24 の cross my heart の例を参照。その他，交渉戦術についても，Schelling, *id.*, pp. 21-46 に示唆に富む分析がなされている。詳しくは本書第3章参照。

にも，他の争点を追加すると，各争点間のトレイドオフによって紛争当事者間の交渉領域の存在が発見されることがある。サイド・イッシュー（side issue）の追加は，事案を複雑にするとして，引延ばし作戦と看做され消極的に評価されることが多いが，解決策の選択肢を広げる機能を有しているので，合意成立・紛争解決にとって有利である場合も多いはずである[108]。

例えば，離婚調停で，財産分与の割合が争点となった場合を考えてみる。夫は最低受忍水準7割，妻の最低受忍水準8割（夫へ2割以下）であれば，夫の取分を基準にして図示すると図Ⅱとなる。

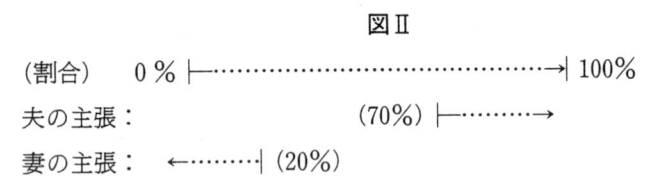

図Ⅱ

（割合）　　0％├‥‥‥‥‥‥‥‥‥‥‥‥‥→│100％

夫の主張：　　　　　　　　　（70％）├‥‥‥‥→

妻の主張：　　←‥‥‥‥│（20％）

この場合，交渉領域は存在しない。ここで，子供の監護権・面接交渉権を争点として追加することにする。夫にとって，自己に監護権があり，かつ，妻の面接交渉権は少ない方がよく，ベストは，自己に監護権があり，かつ，妻に面接交渉権が認められない場合（夫の最大希求水準）であり，最悪は，妻に監護権が行き，しかも，自己の面接交渉権が認められない場合である。妻にとってのベストは，逆に，自己に監護権があり，かつ，夫に面接交渉権が認められない場合（妻の最大希求水準）である。面接交渉権の内容を，週当たりの日数で示したが，実際には，送迎や面接時間等の条件によって各自の選好がより細かく決まるので，図においては曲線で示した。

夫にとっての「要求領域」（最低受忍水準から最大希求水準までの範囲）を示す図が，図Ⅲ（a）『夫の無差別曲線』であり，妻にとっての「要求領域」を示す図が，図Ⅲ（b）『妻の無差別曲線』である。無差別曲線とはある個人にとって同じ価値のある選択肢の組合せをつないだ曲線である。価値の大きさごとに無差別曲線は無数にありうるが，同一人の無差別曲線どうしが交差する

---

[108] 筆者は，和解を得意とする日本の裁判官から，このような意見を聞いたことがある。

〔6〕 紛争解決へ向けての交渉過程

図Ⅲ(a) 夫の無差別曲線

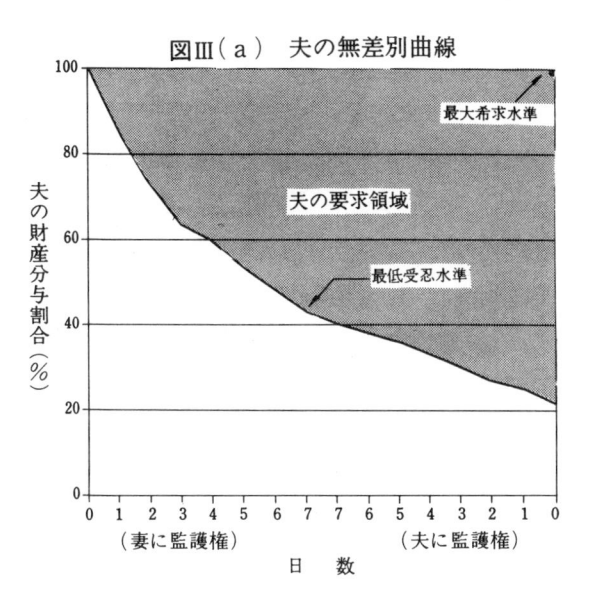

縦軸：夫の財産分与割合(％)
横軸：日数
左端：(妻に監護権) 0 1 2 3 4 5 6 7
右端：(夫に監護権) 7 6 5 4 3 2 1 0

最大希求水準
夫の要求領域
最低受忍水準

図Ⅲ(b) 妻の無差別曲線

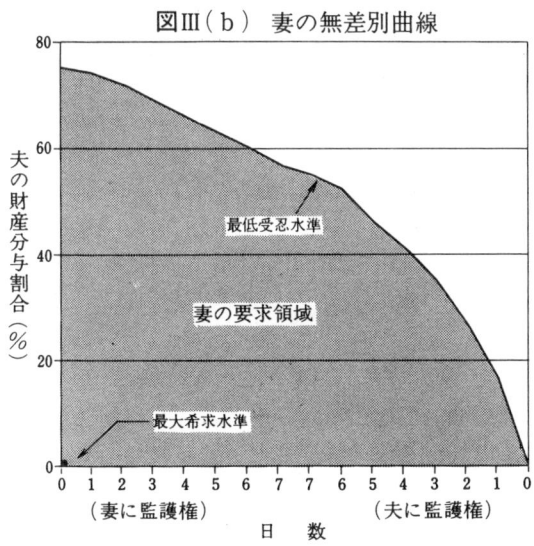

縦軸：夫の財産分与割合(％)
横軸：日数
左端：(妻に監護権) 0 1 2 3 4 5 6 7
右端：(夫に監護権) 7 6 5 4 3 2 1 0

最低受忍水準
妻の要求領域
最大希求水準

第1章　民事紛争解決のシステム

図Ⅳ（a）　夫婦間に交渉領域のない場合

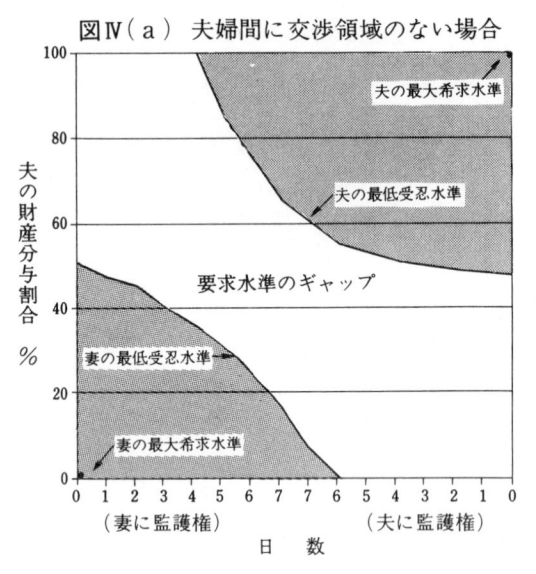

夫の財産分与割合 ％

夫の最大希求水準
夫の最低受忍水準
要求水準のギャップ
妻の最低受忍水準
妻の最大希求水準

日　数
0 1 2 3 4 5 6 7 6 5 4 3 2 1 0
（妻に監護権）　　　　　　　（夫に監護権）

図Ⅳ（b）　夫婦の最低受忍水準が接する場合

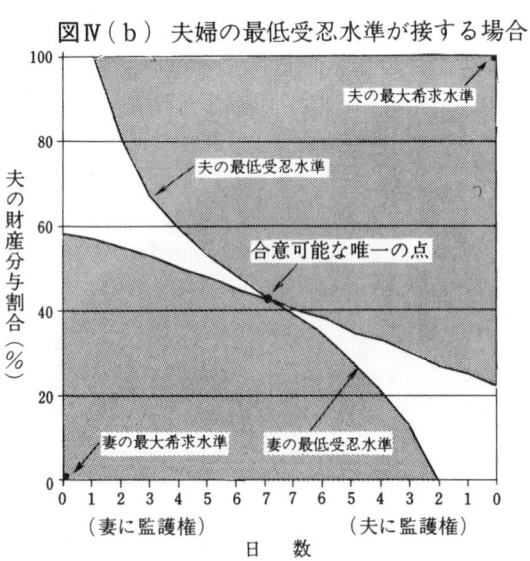

夫の財産分与割合（％）

夫の最大希求水準
夫の最低受忍水準
合意可能な唯一の点
妻の最大希求水準
妻の最低受忍水準

日　数
0 1 2 3 4 5 6 7 6 5 4 3 2 1 0
（妻に監護権）　　　　　　　（夫に監護権）

〔6〕 紛争解決へ向けての交渉過程

図Ⅳ（c） 夫婦の無差別曲線

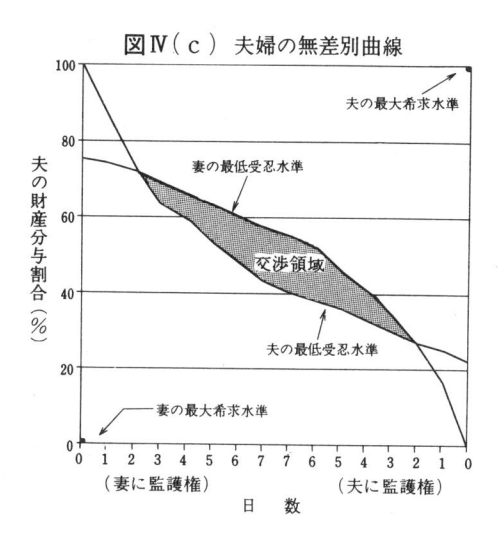

（グラフ：縦軸「夫の財産分与割合（％）」0〜100、横軸「日数」。「夫の最大希求水準」「妻の最低受忍水準」「交渉領域」「夫の最低受忍水準」「妻の最大希求水準」の各線およびラベル。横軸下部に「（妻に監護権）」「（夫に監護権）」の表示）

ことはない。最低希求水準以上の価値の選択肢の組合せの集合が「要求領域」である。

　夫婦にとって、互いに相手の提案が、自己の「要求領域」に含まれるならば、一応合意を成立させることが可能である（とりわけ、取引費用・交渉費用が小さい場合）。自己の最低受忍水準以下の提案をすることは定義上考えられないので[109]、もしも仮に、夫婦の要求領域が、図Ⅳ（a）『夫婦間に交渉領域のない場合』の図のような関係となっていると、お互いの要求の間にギャップが存在するので、合意可能な提案がなされることはありえない。この場合、ミディエイターの説得や、夫婦相互間の説得活動（広義の交渉）によって、夫婦のどちらか、ないし、双方が自己の効用・選好構造を修正して（価値判断の修正）、このギャップを埋める方向に歩み寄らないかぎり合意が成立することはありえない。
　もしも双方が価値（効用・選好構造）の点で歩み寄って、図Ⅳ（b）『夫婦の最低受忍水準が接する場合』で示されるように、双方の最低受忍水準が接するようになったならば、この接点の選択肢の提案がなされた場合のみ合意が成立する可能性が存在することになる（合意可能な唯一の点）。

---

[109]　これ以上は譲れない線が最低受忍水準である。

73

しかも，この点（選択肢）は，パレート最適な選択肢でもある。なぜなら，この点以外のどの選択肢を採っても，夫婦の少なくともどちらかがこの点の場合より不利益を被ることになるからである（後述参照）。

以上に対して，本件離婚調停の場合には，『夫の無差別曲線』と『妻の無差別曲線』とを重ね合わせてみると，図Ⅳ（c）『夫婦の無差別曲線』で図示されるような関係にあることが分かるとしよう。この場合には，双方の最低受忍水準を示す無差別曲線が交差しているので，その重なった領域（交渉領域（ZOPA））内のどの点（選択肢）であっても，一応紛争当事者間で合意の成立する可能性が存在することが分かる。すなわち，財産分与だけの争点の時には合意の可能性は存在しないように見えたが，実はそれは，夫婦がお互いに子の監護権が相手にゆきそうだと考えていたので財産分与割合に関する最低受忍水準が高かったために過ぎず，面接交渉権まで交渉対象として考慮に入れると交渉領域が存在していた（合意可能性が存在していた）ことが判明したのである。

先にも述べたように，ミディエイターの最初の仕事は，紛争当事者の話を良く聞いて，紛争当事者の感情をクール・ダウンさせ，話合いの雰囲気を作り出すとともに，事案と紛争当事者の要求を良く吟味して，この交渉領域が紛争当事者間に存在しないかどうかを見抜くことである。これは，複数争点間の「トレイドオフ」の関係を分析する過程である。この交渉領域が存在するならば，その内のどの選択肢で合意するかという形で交渉をしてゆくことになる。なお，これ以降では，紛争当事者の効用・選好構造（最大希求水準や最低受忍水準などの価値判断内容）を修正して交渉領域を作り出し，あるいは，それをより広くして合意の成立の可能性を高める話合いを含めた交渉を「広義の交渉」と呼び，それに対して，「交渉領域」内の点（選択肢）からの選択のための話合いに限定した交渉を「狭義の交渉」と呼ぶことにする。

Ⅲ〔合意内容〕 では，このように，紛争当事者への事実のレヴェル・価値のレヴェルでの説得や，争点の追加によって紛争当事者間に交渉領域が発見されたとして，その交渉領域内で，どのように交渉（狭義の交渉）が進められるべきであろうか。交渉領域内のどの選択肢で合意することが最も合理的なのであろうか。ある選択肢αに対して，別の選択肢βをとると，夫も妻も自己にとっ

〔6〕 紛争解決へ向けての交渉過程

図V 紛争領域（曲線）

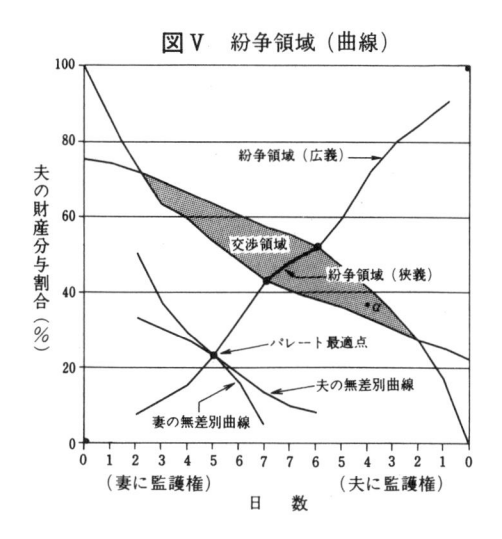

（縦軸：夫の財産分与割合（％）、横軸：日数、妻に監護権／夫に監護権）

図中ラベル：紛争領域（広義）、交渉領域、紛争領域（狭義）、*α、パレート最適点、夫の無差別曲線、妻の無差別曲線

て，より望ましい結果が得られるなら，選択肢βはより妥当性の高い選択肢であるといえる（パレート改善）。また，たとえ選択肢βが，一方当事者にとってのみより有利であっても，他方当事者に選択肢αよりも不利な地位を強いるものでないなら，選択肢βはより適切な選択肢であるといえよう（パレート改善）。そして，もしもそのような選択肢βが存在しないならば（選択肢αはパレート最適[110]），夫婦間にこれ以上は譲歩以外に取引の余地がない。このようなパレート最適な選択肢の集合を，譲歩以外の取引の余地がないという意味で「紛争領域」と呼ぶことにする。

　以上の点を図示すると，**図V『紛争領域（曲線)』**となる。すなわち，まず，お互いの無差別曲線が接する点においては，夫婦はどちらも，相手に不利益を

（110）　パレート最適とはこのように，ある選択肢に対して，それ以外の実行可能な選択肢で，一方が選好し，他方も拒否しない選択肢が存在しないことである。言い換えると，ある選択肢αの代わりに，他の選択肢βを採用した場合，選択肢αの採用の時より利益を受ける者はいるが，不利益を被る者がいない場合，選択肢βは選択肢αよりパレート改善可能であると言い，そのような選択肢βが存在しないとき，選択肢αはパレート最適であると言う。

第1章　民事紛争解決のシステム

与えないかぎり自己により有利な選択肢を選ぶことはできないので，この点はパレート最適である（パレート最適点）。このような夫婦の無差別曲線の接点の集合（パレート最適な選択肢の集合）を「（広義の）紛争領域」と呼ぶことにする。「紛争領域」と呼ぶのは，この線上の点から自己により有利な選択肢を相手に呑まそうとすることは，相手に現状よりも不利益を強いることになり，それは紛争行為と言えるであろうからである(111)。次に，この広義の紛争領域上で，交渉領域内の選択肢の集合を「（狭義の）紛争領域」と呼ぶことにする。ところで，交渉領域内の点，例えば選択肢 a はパレート最適ではない。ゆえに，パレート最適の定義から，どちらの紛争当事者とも選択肢 a よりも不利にすることがなく，しかも，少なくともどちらかはより有利となり得る選択肢が狭義の紛争領域内にあるはずである。ゆえに，この選択肢 a は解決案として適切ではないこと（効率的でないこと）が分かる。

　以上の分析から，交渉領域が紛争当事者間に発見された後の交渉においては，狭義の紛争領域を発見するように努めることが，紛争当事者としては合理的な話合い交渉であることになり，ミディエイターにとっては，この狭義の紛争領域を見抜くように努め，狭義の紛争領域内の選択肢で合意が成立するよう紛争当事者間交渉を導くことが期待されているということができよう。この役割を紛争解決の（パレート的）効率化と呼ぶことができよう。このように，できるだけ両紛争当事者により不満の少ない解決を図るという第三介入者の役割としては，当該事件の解決策の選択肢のうち，少なくともパレート最適な選択肢を見出す努力（これは「共通の利益」の探求である）をするべきであると考えられる(112)。これは，「異なる利害をしっかり組み合わせよ(113)」ということであ

---

(111)　Kenneth E. Boulding, *Conflict and Defence: A General Theory*, 1962, K.E. ボールディング『紛争の一般理論』（内田忠夫・衛藤瀋吉（訳）ダイヤモンド社 1971）19頁参照。

(112)　1個のオレンジをめぐる姉妹の喧嘩の寓話（Roger Fisher & William Ury, *Getting to Yes*, Houghton Mifflin Co., 1981. フィッシャー・ユーリー『ハーバード流交渉術』（金山宣夫・浅井和子（訳）TBSブリタニカ 1982, 88頁）も，中身と皮を二つの争点として交渉していれば交渉領域が発生し，その上でパレート最適

〔6〕 紛争解決へ向けての交渉過程

る。なお，Raiffa はこのようにして，「効率的 (efficient)」な解決を導く第三介入者を「合意の彫琢者 (contract embelisher)」と呼んでいる[114]。

なお，この狭義の紛争領域の中のどれが適切な解決策となるかについては，ゲイムの理論において分析が数学的になされている。例えば，交渉決裂の事態での夫婦それぞれの効用（保証水準ないし威嚇値 (threat value)）を $x(0), y(0)$ とし（交渉決裂の場合に採り得る最善の代替的選択肢（BATNA：Best Alternative to a Negotiated Agreement）が保証水準となる），交渉領域内の任意の選択肢wをとるときの夫婦それぞれの効用を $x(\mathrm{w})$, $y(\mathrm{w})$ とするとき，η を，

$$\eta = (x(\mathrm{w}) - x(0)) \times (y(\mathrm{w}) - y(0))$$

として，この η を最大にする選択肢Sがナッシュによって最適解であると提唱されている。この「ナッシュ交渉解」は，パレート最適等の諸条件を満たす[115]が，この基本的な発想は，紛争当事者の保証水準[116]を基準として，合意によって各人の得る利益の「積」が最大となるべきであるということである。なぜ「積」をとるのかを比喩的に言えば，「和」では，全体の利益のために紛争当事者の一人に利益ゼロを強いることも起こり得る点で個人の平等の観点から妥当でなく，これに対して「積」をとれば一人の利益が極端に少なくなると，全体の「積」が減ることになり，「和」による不当な結果を避けることができるからである。その他，様々な考え方が提唱されているが，当面の分析には関連性が薄いので，ここではこれ以上触れないことにする。ナッシュ交渉解は，①誰かに不利益を課すことなしに他の内容の合意へ変更できないという「パ

な解決選択肢探求をしていれば最も妥当な解決が得られた事案であったといえる。

(113) フィッシャー・ユーリー前掲書注 (112)，訳書113頁。

(114) Raiffa, *supra* note (81), p. 221.

(115) 詳しくは，Michael Bacharach, *Economics and Theory of Games*, 1976, M. バカラック『経済学のためのゲーム理論』（鈴木光男・是枝正啓 (訳) 東洋経済新報社 1981）117—122頁，小林・前掲書注(104)28頁以下参照。

(116) 本文の用語を用いると，最低受忍水準がほぼ対応する言葉である。ただし，厳密ではない。

第1章　民事紛争解決のシステム

レート最適性」の基準，②交渉当事者の効用（満足度）の基準点（原点）や尺度を変えても同じ結果となるという「効用の個人間比較の排除」の基準，③実現可能な内容が交渉者の間で対称であれば交渉者の利得が等しくなるという「対称性」の基準，及び④当事者が選択しない不要な合意内容が実行不可能となっても元の合意が選ばれるという「不適切な代替案からの独立性」の基準，の4つを満たす唯一のものである[117]。

3）　協調的交渉

以上では，ゲイムの理論を利用して，「合理的」交渉の分析をしてきたが，現実の交渉過程には，

　　　　$α$：自己の要求自体の不確実性・自己の事実の認識や価値判断の不確定性
　　　　$β$：相手の要求や，事実の認識・価値判断についての予測の不確実性
　　　　$γ$：第三介入者の価値判断や事実の認識についての予測の不確実性
　　　　$δ$：三者が相互に「予測の予期」をしつつ交渉を進めるという構造

などが存在するので多重構造の不確実性が生じている。

このような意味で，多重構造の不確実性が交渉過程を取り巻いているというのが現実であろう[118]。逆に言えば，このような多層構造の不確実性ゆえに紛争が紛争として顕現しているのだということになろう。

このような紛争過程における紛争解決にとって最も重要な点は，原点に立ち帰って，紛争当事者間の相互理解と信頼を回復するよう努めることであろう。

紛争当事者の交渉戦略の視点からみて，この「協調行動喚起戦略」はどのようなものであろうか。この点については，筆者には核軍縮における「緊張緩和の漸進的交互行為（GRIT）」と呼ばれる考え方[119]が大いに参考になると思われ

　　（117）　詳しくは，佐伯胖『「きめ方」の論理：社会的決定理論への招待』（東京大学出版会 1980）200—221頁参照。

　　（118）　さらに，ゲイムの理論の前提する「合理性」の観念自体も問題となろう。

　　（119）　Charles E. Osgood, *An Alternatiue to War or Surrender*, University of Illinois Press, 1962. チャールズ・オスグッド『戦争と平和の心理学』（田中靖政・南博（訳）岩波新書 1968）。「グリット」については本書第3章も参照。

〔6〕 紛争解決へ向けての交渉過程

るので，その内容を，私人間紛争に置き換え，若干の修正をして紹介してみることにする。

　これは，紛争激化・相互不信のエスカレイションという「恐怖の悪循環過程」に対して，その心理的な動力学のモメントを逆転させる「逆向きの軍備競争」として理解される。すなわち，紛争当事者間の緊張緩和の性格を持った，《漸進的・交互的・一方的発議（一方的主導権）》であり，交渉が成功する機会が増加するような相互信頼の協調的空気を一方的主導権の発動によって徐々に作り上げてゆくことである。具体的な内容としては，

1．一方的主導権による発議の内容（何らかの意味での譲歩の提案）は自己の交渉力を大きく損なうものであってはならない。相手のフリー・ライディングを許すものであってはならない。
2．一方的主導権による発議の手続（提案の仕方など）は自己の交渉力を大きく損なうものであってはならない。
3．一方的主導権は，その提案に対応して相手から得られる交互行為の程度に応じて段階的に危険を冒すものでなくてはならない。
4．一方的主導権は，対象とするイッシューの範囲の点でも，それに対する提案の内容においても多様性に富んだものでなくてはならない。
5．一方的主導権は，紛争当事者間の緊張の緩和と相互信頼の回復という意図に偽りのないことを明示するものでなくてはならない。
6．一方的主導権は，その実行前に適当な間隔を置いて予告され，紛争解決への努力の一環であることを明示しなくてはならない。
7．提案に際して，一方的主導権は何らかの形で明示された，相手方からなされるべき緊張緩和の意図を持った交互行為の要請を包含すべきである。
8．提案した一方的主導権は，相手方による事前の交互行為の公約の有無とは関係なく実行されなければならない。

---

　(120)　多くの場合,紛争当事者間に協力的対話を回復することが,問題解決の中心である。このため実例に即したテクニックの例が, Raiffa, *supra* note(81), pp. 337-343 に紹介されている。

第1章　民事紛争解決のシステム

9．一方的主導権の努力は，短期的な紛争の激化とかかわりなく，相当の期間継続されなくてはならない。
10．一方的主導権は，あらゆる可能な場所で，相互的自己利益，相互的自制，そして，共同企画のあらゆる機会を利用するものでなくてはならない。
11．一方的主導権の内容は，できるだけ明確かつ実証可能で，相手が，その遵守を確認できるものでなくてはならない。

等からなる。

　この考え方の背景をひとことで言えば，自己の交渉力を大きく損なうことのない限度で，具体的かつ段階的な行動（譲歩）を一方的に行うことによって「誠意」を示し，相互信頼を回復するよう努める戦略である[120]。紛争が平和的かつ有効に解決されたケースの多くを分析すると，この「緊張緩和の漸進的交互行為（GRIT）」のモデルが妥当すると言われている。

〔7〕 具体例：メイン州ポートランドにおける生活紛争解決手続

1 はじめに

アメリカ合衆国メイン州の少額裁判所の手続にはミディエイション（mediation）が組み込まれており，相当の成果を挙げていると報告されている。そして，最近では，離婚事件においても，ミディエイションの前置を必要的とするための立法が成立している[(121)]。そこで，1984年8月4日から9日までメイン州ポートランドにおける少額調停・少額裁判手続及び離婚調停手続の実態調査を行った。本稿は，その調査結果の報告として，少額事件解決手続の実態を中心に論じるものである。

調査においては，『裁判所調停サーヴィス（Court Mediation Service）』のディレクター（Director）であるクラーク氏（Mr. Lincoln H. Clark）の協力を得て，少額裁判所のトライアル（trial），少額事件調停，離婚調停等のセッションを傍聴するとともに，裁判官，ミディエイターに面談してその実際の運用の把握に努めた。

2 制度の概要

［管 轄］

メイン州ポートランドの少額裁判所は，州の地方裁判所（district court）の中にあり，設立当初の事物管轄の上限は50ドルであったが，その後引き上げられ，

---

(121) Public Law 1983, Ch. 813, effective July 23, 1984, 19 M.R.S.A. §214, 581 & 752. この法律により，当事者間に争いのある事件（contested cases）で子供（minor children）の含まれているものの場合には，正式の裁判に先立って調停を受けることが必要的（mandatory）となった。この制度改革を受けて「裁判所調停サーヴィス」の最近（1986年）の活動の重点は，少額事件調停から，離婚調停に移ってきている。ミディエイターの人数も16人から57人へと増加しているとともに，調停を開始した事件数も1984年の1,435件から1985年の4,618件へと激増している。

第1章　民事紛争解決のシステム

少額裁判所に調停制度が組み込まれた時（1977年）に800ドルとなっていた。その後，さらに1,000ドルとなり，現在（1986年）では1,400ドルにまで引き上げられている。不動産に関する事件についての管轄は有しないが，債権取立等の金銭請求に限定されず，動産の返還，契約の取消・無効，物の修理や取替え等の請求も少額裁判所に申し立てることができる。当事者が厳格な形式の審理と厳格な証拠法の適用を望む場合には，この上限以下の価額の請求を通常裁判所に提起することもできる。なお，この上限には，利息や訴訟費用は含まれない。

［費　用］

申立手数料（filing fee）は10ドルである。それに加えて，書式（form）の代金や，書記官が内容証明郵便（certified mail）によって被告に送達できなかった場合に原告の15日以内の申立てにより執行官（sheriff）による送達をした場合のその送達料などの諸手数料も支払う必要がある。これらは，敗訴者負担の原則により，例えば原告勝訴の場合は被告の負担に帰する。また，これらの費用を負担することのできない原告に対しては，申立てにより，手数料支払免除を許可することができる。

［窓口相談］

訴えの申立ての際に，申立窓口において，少額裁判の訴状書式（small claim statement of claim form）への記載に関して裁判所書記官（court clerk）のアドヴァイスを受けることができる。しかし，法律問題についての相談（legal advice）を受けることはできない。

［弁護士代理］

メイン州の少額裁判所においては，当事者の双方とも弁護士に代理されることができ，これは，少額事件調停においても同様である。少額事件調停においてまで弁護士の代理・立会いが認められる理由についてミディエイターたちに聞いたところ，まず現実問題として訴訟代理人弁護士の立会いは紛争解決にとって有益であるとのことであった。すなわち，弁護士の立会いによって紛争の感情的要素（emotional involvement）が冷却され，当事者の理性が回復され，合理的な紛争解決を導くとのことであった。現実にも，われわれの傍聴したある失敗した離婚調停の後に，担当していたミディエイターが失敗の原因のひと

〔7〕 具体例：メイン州ポートランドにおける生活紛争解決手続

つとして，代理人が当事者から十分な信頼を勝ち得ていなかったために，当事者の意思決定への影響力(control)が弱かったことを挙げていた。また，他のミディエイターは，メイン州の少額裁判所では大企業が当事者となって代理人を立ててくることが割合少ないので，この点に問題を感じたことはあまりないと述べていた。さらに，前述の事物管轄の上限が1,400ドルであることも，それが一般的には，かなり深刻な紛争まで包含する価額であることから弁護士の関与を正当化できると指摘する有力な裁判官もいた。少額裁判と少額調停をセットにして考え，少額裁判自体が代理人を許可しているなら，少額調停においても代理人は許可されるべきで，一方では許可し，他方では禁止することは不合理であろうと述べるミディエイターもいた。われわれにとって印象深かった点は，メイン州での裁判所に組み込まれた調停制度構築の立役者であるクラーク氏が，調停制度設立の立法を州議会に通すには弁護士（会）の協力が必要で，この政治的配慮も働いていたと指摘した点であった[122]。そもそも，メイン州の少額調停制度の設立当初は，カウンティ（郡）の弁護士会(The Cumberland County Bar Association)をスポンサーとしていたのであった[123]。

なお弁護士代理の原則が少額裁判所にも適用される。ただし，法人(corporation)・組合（partnership）・行政庁（governmental entity）は弁護士以外のものによって代理されることができる。

離婚調停においても弁護士の代理が認められている[124]。ミディエイターによると，家族法の知識のある弁護士が代理していた方が，離婚調停は公平な結論に到達しやすいとの印象を持っていると指摘されていた。

---

[122] ちなみに，隣のニュー・ハンプシャー州でも調停制度を設立しようとしており，その際に関与しているポートランドのミディエイターの一人が，同様の理由から，弁護士の代理を許可する制度にするようアドヴァイスしたとのことであった。

[123] その他，The Maine Council for the Humanities and Public Policyなど，いくつかの私的基金からの援助も受けていた。

[124] 例えばカリフォルニア州では，離婚調停で弁護士が代理することは禁止されている。

第1章　民事紛争解決のシステム

［少額調停］

　現在では，地方裁判所においても控訴裁判所（superior court）においても調停サーヴィスを受けることができる。少額裁判所の手続における調停が，メイン州の裁判所手続への調停組込みの発端であった。

　まず，少額裁判の期日において，当事者名読み上げ（calendar call）の前に，裁判官が調停制度の紹介と推薦を行い，希望者が出ればその事件を調停に回す。調停失敗の時には，裁判所に回付され，そこではその事件を優先してトライアル期日を入れる扱いである。法廷には通常1名のミディエイターが詰めており[125]，当事者が申し出ると，そのミディエイターが両当事者を連れて法廷の外に出て，空いている法廷や裁判官室等の室や廊下の机などの場所で調停を行う。

　調停が成立すると，調停調書が裁判官に提出され，それが承認（approve）されると調停調書には判決と同一の効力が与えられる。また，上級審に不服申立てをすることができなくなる。実際上，裁判官は調停調書をほとんど常に承認しているが，万一調停内容が不適当であると判断した場合には，あらためて少額事件として裁判を行うことができる。

［審理形式］

　少額裁判の審理形式は，他の州と同様に手続の厳格性が緩和されている。伝聞証拠（hearsay evidence）排除などの厳格な証拠法則は適用されない。ただし，両当事者に代理人が付いている場合には，主尋問，反対尋問等の交互尋問的な順序で進められ，その様子はわれわれの傍聴した感じではかなり通常裁判所手続に近いと思われた。手続は公開である。証人に召喚令状（subpoena）を発して召喚することもできる。憲法上保障された陪審を受ける権利については，原告の少額裁判所への申立てによって放棄されたものと看做される。

［判　決］

　判決は，審理後直ちに言い渡されることも，審理後しばらくたって裁判所から郵送されることもある（後者を take a case under advisement と表現する）。判

　（125）　われわれが調査した際には，クラーク氏の好意により，2名から3名のミディエイターが詰めて，われわれの少額事件調停傍聴の機会を確保してくれた。

〔7〕 具体例：メイン州ポートランドにおける生活紛争解決手続

決において裁判官は，分割払いの命令（installment payment order）を職権で出すこともできる。なお，被告も1,400ドル以下の請求を原告に対して有している場合には，少額裁判所に反訴の形で提起することもできる。相殺の抗弁も提出できる。

［不服申立て］

アメリカ合衆国では第一審裁判所のみが事実審であるのが通常であり，メイン州の少額裁判所も事実審として最終審であるが，法律問題についてならば上訴して争うこともできる。不服申立てをする用意のある当事者は，書記官に予め申し出て審理の模様を磁気テープに録音してもらうことができる。それを上訴において利用するにはテープ起こし（transcript）が必要であるが，その反訳費用は基本料25ドルで，あと1頁ごとに若干の手数料が必要である。上訴期間は判決の言渡し（entry of the judgment）の後10日以内である。ただし，特段の事情がある場合には，この期間を裁判官は30日まで延長できる。上訴は，控訴裁判所に対して申し立てるが，手続的には少額裁判手続の行われたのと同じ場所の地方裁判所の書記官に対して控訴状（notice of appeal）を提出して申し立てる。控訴料は25ドルである。

［執　行］

判決後30日以上経過しても任意履行がなされない場合，ないし，不服申立てがなされない場合には，判決の強制執行をすることができる。強制執行は，書記官に対して書面で財産開示手続（disclosure hearing）の申立てをして行う。申立手数料は5ドルである。書記官は当事者に対して，債務者が財産と収入を開示するための期日を内容証明郵便により通知する。書記官が債務者に通知することができなかった場合には，債権者は15日以内に交付送達（personal service）の申立てをすることができる。債権者は交付送達の手数料を執行官事務所（sheriff's office）に払い込む必要がある。財産開示手続において，債務者は宣誓の下に自己の財産と収入を陳述しなければならない。裁判所は，債務者の支払能力に応じて一括払いないし分割払いによって支払うべき旨の判断をする。支払能力がないと判断した場合には裁判所は手続を終了する。その場合には，債権者は6ヵ月以上経過すれば再び財産開示手続を申し立てることができる。

85

命じられた支払いに債務者が応じなかった場合，賃金差押がなされるか，あるいは裁判所侮辱罪として処罰される。

［典型的事件］

少額裁判所のパンフレットは以下の三つを少額事件の典型として挙げている。

　a) 家屋賃貸借解約の際に家屋賃貸人が敷金（security deposit）の返還を拒んだため，賃借人が訴えるケイス，

　b) 隣人間で境界の塀を設置・管理する費用を折半する合意をしたが，一方の隣人が支払いを拒否したので，他方の隣人が訴えるケイス，

　c) 購入した自動車に欠陥があったのに，販売店が修繕や代金返還を拒んだので，購入者が訴えるケイス。

3　少額裁判手続の概要

［期日の開始］

メイン州の少額裁判所の期日は，管轄区により週に数回から月に数回の範囲で開かれる。正当の事由（good reason）がある場合，例えば，本人ないし重要な証人が病気などによって期日に出頭できなくなった場合には，書記官に通知して期日の延期（continuance）を申し立てることができる。

期日において，裁判所から，ミディエイターによる調停の参加を勧誘する。書記官は，当事者名の読み上げ（calendar call, calling the docket）によって当事者出頭の有無を確認する。

期日に原告ないし原告・被告双方が出頭しない場合には却下（dismiss）され，被告のみが出頭しない場合には，裁判所は原告側の証拠調べをした後に，請求に理由があると認められれば原告勝訴の欠席判決を言い渡す。

［振分け］

裁判官の調停の勧誘の仕方は，裁判官のパースナリティとポリシーによって大きく異なる。ほとんどの裁判官はミディエイションが任意（voluntary）であることを強調するが，中にはルーティンとしてミディエイションに事件を回す裁判官もいるようである。少額裁判所のパンフレットにもミディエイションのことが説明されているためか，われわれが傍聴した際には，極めてスムーズに

〔7〕 具体例：メイン州ポートランドにおける生活紛争解決手続

当事者が名乗り出てミディエイターとともに法廷を出て行った。McEwenの報告した例によると，

　　裁判官：法廷にはミディエイターが来ています。あなたがたはミディエイターと事件について話し合いをすることができますよ。
　　原　告：（頷いて，法廷を出て行く）
　　被　告：（裁判官席の前に立ち続けている）
　　裁判官：原告と一緒に行ってみなさい。ミディエイターが説明してくれるでしょう。ミディエイションをしても別に何も損はしません。合意が成立しなかったら，ここに戻って審理を受けることができるのです。

というような形で勧誘しており，当事者をミディエイションへ行かせる方向の裁判所によるプレッシャーはある程度認められる。

当事者の側からのイニシアティヴによるように見える場合でも，それが必ずしもミディエイションの意味を十分に理解した上でのものとは限らないと言われている。McEwenの報告する別の例では，裁判官の一般的な説明とミディエイションの勧誘の後，誰も出て来ないので，事件名が読み上げられて，

　　裁判官：裁判官席へ近づきなさい。仲裁（arbitration）を受ける気はありませんか？
　　被　告：私にはあります。
　　裁判官：（原告に向かって）あなたはどうです？
　　原　告：（明らかに意味が呑み込めていない。）
　　裁判官：つまり，快適な部屋に座って，相手と話し合うのですよ。合意すれば，それを私に提出して承認を受けるのです。
　　原　告：戻ってこれるのですか？
　　裁判官：はい，合意に達しないなら，審理に入ります。

というように，ミディエイションと仲裁とを裁判官も区別せずに使っている。McEwenは，これらの例から，ミディエイションへ行くか否かの振分けは，事件のスクリーニング機能を持っていない。むしろ，ランダムに事件がミディエイションと裁判とに振り分けられているようだと述べている[126]。

---

(126) この点は，さらに，統計的検定によって検証している。

第1章　民事紛争解決のシステム

　裁判手続の場合，原告と被告が法廷内の裁判官席の前の当事者用のテイブルの前に立ち，宣誓をして，まず原告が陳述し，その後被告が陳述するという順序で審理が進められる。証拠として，証人や契約書，領収書，写真等を準備する当事者が多い。これは，少額裁判所のパンフレット等による教示が行き届いているためであろう。

　手続の形式性や証拠法則は緩和されている。しかし，われわれの傍聴したある交通事故の事件では，両当事者それぞれを弁護士が代理していたためもあって，かなりフォーマルに交互尋問（cross examination）を行っており，尋問事項について相手からの異議（objection）も提出され，裁判官によってそれが認容（sustain）されたりしていた。

　また，判決もその場で出すことはあまり見かけず，大抵の場合に追って判決を言い渡すとされていた。ただ，他の交通事故のケースでは（両当事者に弁護士が代理していた），黒板に図を描いて事故の模様を審理していたが，途中で被告から抗弁が出た途端，われわれの目からも明らかに理由のある抗弁事由であったためか，裁判官は即座に被告勝訴の判決をその場で言い渡していた。この事件の場合，被告とすべきものを誤ったケースであり，その裁判官によると，このような場合，原告にとっては他の正しい被告を訴えればよいのでその場で判決を言い渡しても当事者間に争いが生じたり裁判官に危害が及んだりする心配がないので，そうしたとのことであった。

4　少額調停制度の概要

［調停組織］

　4M.R.S.A.§18に基づき，メイン州最高裁判所長官（Chief Justice）は『裁判所調停委員会（The Court Mediation Committee）』を1988年6月30日までの3年間の任期で組織して，調停制度の中核組織である『裁判所調停サーヴィス（The Court Mediation Service）』の活動をモニターしている。

　『裁判所調停委員会』のメンバーは，議長がメイン州の最高裁判所長官（V.L. McKusick）で，委員としては，高等裁判所裁判官一名（K.V. Lipez），地方裁判所と行政裁判所の裁判官三名（B.M.Devine: Chief Judge, District Court・R.W.

〔7〕 具体例：メイン州ポートランドにおける生活紛争解決手続

Donovan: Judge, District Court・D.A. Cleaves: Judge, Administrative Court)，メイン州裁判所事務総長(D.R.Baggett: State Court Administrator)，『裁判所調停サーヴィス』のディレクター（L.H. Clark: Director, Court Mediation Service）から構成される。

『裁判所調停サーヴィス』の組織は，ディレクターと副ディレクター（J. Orbeton）の指揮監督の下に，ミディエイターを八つの地域（region）に分けて配し，それぞれに支部長（regional coordinator）を一人ずつ置いている。

ミディエイターのリクルートのために『裁判所調停委員選抜委員会（The Court Mediator's Selection Committee)』を設けている。メンバーは，議長として一名の裁判官，それに裁判所事務総長と『裁判所調停サーヴィス』のディレクターの合計三名である。ミディエイターの選抜，訓練，評価をその仕事とする。

［ミディエイター］

ミディエイターはメイン州裁判所の正規の職員でもなければ，メイン州の司法省の正規の職員でもない，裁判所とは特別請負契約（independent contractor）の関係にある。

ミディエイター候補者のプールは1985年現在200名を超えている。われわれにディレクターのクラーク氏は，候補者には事欠かないと言っていた。アメリカ社会には，交渉術やミディエイションの技術への需要が大きいようであり，しかも，伝統的にヴォランティアの気風も高いので，このように希望者は多いようである。

ミディエイターの選別におけるポリシーは「良きミディエイターは作られるより生まれつきだ」という点である。候補者は各地域の支部長が，面接と調停セッションの傍聴を通じてその適性を判断する。その上で，『裁判所調停委員選抜委員会』の面接がなされて最終的に採用の可否が決定される。われわれが訪問した時期（1984年）からミディエイターの数はずっと増加しているので，若干古い記録となるが，当時，クラーク氏は，原則として法律家と女性は避けるようにしていると語っていた。ただし，『裁判所調停サーヴィス』のジェイン・オービトンさんは女性の若い弁護士であるが，メイン州最高のミディエイター

第1章 民事紛争解決のシステム

としての評価を勝ちえていた[127]。

　ミディエイターの訓練は基本的には「徒弟制（apprenticeship）」でなされる。単独でミディエイションをする前に，経験を積んだミディエイターと共同調停（co-mediation）を行って技術をみがく。さらに，定期的に州のミディエイターの集会を開催し，また，地域ごとに非公式の集会を開催して情報交換と技術の交換を行う。ハンドブック（Mediator's Handbook）も用意されている。最近クラーク氏に聞いたところでは，熟練したミディエイターと組ませた場合よりも，同じくらいの力のミディエイター同士で組ませた場合の方が，訓練生は調停が早く上手になるという統計結果を得ており，興味深いとのことであった。

　ミディエイターの評価が最も困難な仕事であるが，調停成功率の比較はもとより，離婚調停などで弁護士がついている場合には，その弁護士に調停評価書式に評価を記入してもらってそれを判断材料としたりもしている。

　ミディエイターの性別と出自を1985年7月付のパンフレットのリストから見ると，全員である56名中男性28名，女性28名であり，ちょうど半々である[128]。これは，われわれの1984年夏の調査以降に女性のミディエイターが激増したことを意味する。教育程度を見ると，Ph.D.取得者が25％[129]，修士号取得者44％，大学卒業者28％，不明3％であり，著しく高学歴階層中心であることが分かる。大学の専門については，不明が55％もあるので有意性は薄いが，教育学部19％，神学9％，法学4％，心理学4％，経済学4％，その他となっている。教育学部と神学が目立つとともに，社会科学系統の専門がほとんどであることも特徴といえよう。職業[130]では，大学教授18％，会社幹部16％，カウンセラー14％，教師14％，等が目立つ。その他，弁護士が2名，市長経験者2名，教育関係事務員4名，牧師2名なども目につく。職業としては教育関係者の割合が高いこ

---

　(127)　彼女は，われわれが訪問した当時（1984年夏）は，唯一の女性ミディエイターであった。

　(128)　ただし，名前による判別であるので，若干の誤差があると思われる。

　(129)　J.D.等も含む。

　(130)　退職者は，退職前の職業。

〔7〕 具体例：メイン州ポートランドにおける生活紛争解決手続

とが特徴といえよう。全体としてまとめると，性差はなく，著しい高学歴者で，社会科学系中心の教育者中心であることになる。メイン州ポートランドの裁判所内調停制度は，上層階級によって構成され運営されている制度であると総括できよう。

ミディエイターに支払われる手数料は，半日50ドル，1日75ドルであり，これは，退職裁判官の手当ての75％以下という基準によっている。

［広報活動］

『裁判所調停サーヴィス』では社会的な支持と利用を喚起するための積極的な広報活動を展開している。議会，裁判官，弁護士，裁判所書記官，将来ミディエイターになるかもしれない人々，および一般市民を対象として様々な広報活動を行っている。例えば，新聞，テレビ，ラジオからのインタヴューに応じる形等のマス・メディア利用による各種広報活動を行っている[131]。また，地方の各種組織・団体に赴いての講演なども行っている。

［実績・統計］[132]

処理事件数の統計

表Ⅰ　家族関係以外の事件（少額事件と借家事件）の調停事件数

年度	総　　数	調停成立	裁判所へ回付	未　済	その他
1981	505(390：115)	318(252：66)	149(110：39)	38(28：10)	ND
1982	629(536： 93)	381(327：54)	177(144：33)	71(65： 6)	ND
1983	879	534	256	ND	89
1984	880	541	248	ND	91
1985	961	491	410	25	35

(131) われわれの手元にあるものとしては，例えば，*Bowdoin Alumni Magazine* の "Mediation: Better Justice for All?" と題する記事，*Press Herald* 紙の1982年12月31日付，1983年9月15日付，1984年3月6日付，1984年7月9日付の記事，"Humanists as Mediators: An Experiment in the Courts of Maine," 66 *A. B. A. J.* 576, "The Maine Court Mediation Service," *Maine Bar Bulletin,* vol. 15, No. 3, pp. 84ff.等がある。

(132) 以下の統計は，Court Mediation Service, *Mediation in Maine: Five*

第1章　民事紛争解決のシステム

表II　家族事件の調停事件数

年度	総　数	調停成立	裁判所へ回付	未　済	その他
1981	130	68	36	26	ND
1982	83	47	19	17	ND
1983	281	143	43	ND	95
1984	464	232	67	ND	165
1985	3,334	1,606	667	376	685

＊ミディエイションは，財産開示手続，控訴裁判所においても用いられているが，その割合は全体の5％－6％（1983年度（Fiscal Yearは7月1日から翌年6月30日まで））なので省略した。（NDは該当なし。）

①　表Iの家族関係以外の事件とは少額事件と借家事件を意味する。事件数は1981年度から1983年度まで順調に伸びてきたが，1984年度に足踏みをした。しかし，1985年度にまた盛り返している。離婚事件の新しい立法による影響が一般事件に及んだものであろう。ミディエイションによる解決率と裁判所への回付率は，1981年度から1984年度までほぼ60％対30％であったが，1985年度には50％対40％と調停成功率が若干低下している。ミディエイターを大増員したことによる質の低下であろうか。今後の推移を見るまでは結論することができないようである。全体的に，借家事件も含めた広義の少額事件における調停成功率は50％を超えており，かなり成功しているといえる。

②　表IIの家族事件においては，1985年度の激増が目に付くが，既に述べたように離婚事件で子供が関係する事件でのミディエイションを必要的とする法改正の影響である。合意の成功率は，ほぼ一貫して50％前後である。1985年度が若干低いのは，上記①で述べたと同じく，ミディエイターの大増員による質の低下によるのであろうか。裁判への回付率は，ほぼ15％から25％である。離婚事件における当事者の感情的対立や争点の多さを考えると，過半数を解決し

Years of Progress, 1982, State of Maine Judicial Department, *Annual Report Executive Summary 1983,* 1983, Court Mediation Service, *Annual Report F.Y. 1985,* 1985等によった。

〔7〕 具体例：メイン州ポートランドにおける生活紛争解決手続
ているのは相当の成果といえよう。

表Ⅲ　調停制度の費用支出（単位ドル）

	1981年度	1982年度
人　件　費	16,809	14,462
旅　　　費	1,869	879
印　刷　費	80	0
合　　計	18,759	15,341
調 停 事 件 数	655	724
1件当たり費用	28.6	21.2
合意成立事件数	399	434
1 件 解 決 費 用	47.0	35.4

③　表Ⅲの調停制度の費用支出から見て取れるように，ミディエイションによる紛争解決費用は，一件当たり35ドルから50ドルと計算することができる。ただし，裁判所に回付された事件も，当然ながらミディエイションにおける話合いの影響を受けているのであるから，この数字からのみ費用を判断することはできないであろう。また，前記①と②で見たように，1985年度から事件数もミディエイターの数も急激に増加しているので，現在では若干古い統計となっているといえよう。しかし，裁判所に付属する調停制度の費用の一応の目安とはなると思われるので紹介した。

〔将来への展望と問題点〕

従来法律上の問題点として，ミディエイターがセッション中に知り得た秘密やプライヴァシーの保護の問題が存在した。また，ミディエイションによって得た情報を当事者は後の訴訟で証拠として援用できるか等の問題も存在した。これらの問題点は，ミディエイションを行う公的および私的紛争解決センターすべてにおいて問題とされていたものである。メイン州においては，この点は，メイン州最高裁判所（Supreme Judicial Court）がメイン州証拠規則（Maine Rules of Evidence）のルール408を1985年に改正して解決した。すなわち，

① 和解的交渉（compromise negotiation）における行為（conduct）ないし陳

第1章 民事紛争解決のシステム

述（statement）の証拠

② 裁判所に支援された（court-sponsored）家族関係調停のセッションで当事者またはミディエイターによってなされた行為または陳述の証拠

はすべてその証拠能力（admissibility：証拠の許容性）を否定された。

制度の将来に関しては，まず，ミディエイションの重心が，設立当初の少額事件から，家族関係の紛争解決へと移動してきていることを指摘できよう。

次に，メイン州の家族法の改正による影響で，1985年に規模が急成長したための混乱と非効率が若干生じているようであり，この点の解決が迫られている。

第三点としては，事件のスクリーニングの問題解決が迫られている点を指摘できよう。どのような事件がミディエイションに適するのかの研究による事件の振分け基準の作成と，効率的な振分け手続の構築が急がれているとされる[133]。

5 少額事件調停の手続

期日に法廷で調停を裁判官から勧められて，同意した当事者は，ミディエイターに伴われて法廷を後にする。空いている法廷や空き部屋，あるいは裁判所の廊下にある机と椅子に席をとって調停を始める。

〔開始段階〕

まず，ミディエイターが簡単に自己紹介し，ミディエイターとしての自分の役割を説明する。即ち，判断を下す権限はなく，単に中立的な立場から，紛争当事者間の話合いを助けて公正・公平な紛争解決へと導くことが役割であると知らせる。ゆえに，和解案のサジェスチョンをする場合にも，それには何らの法的拘束力もないことを両当事者に確認する。さらに，話合いにおける会話内容は裁判所に対しては秘密（confidential）とされ，後に合意が整わなくて法廷での裁判に復帰した場合にもそれを援用することはできないことを注意する。それゆえリラックスして話合うよう勧める。さらに，ミディエイションの進行手順を説明する。

---

(133) Cf. Court Mediation Service, *Annual Report, F.Y. 1985,* 1985.

〔7〕 具体例：メイン州ポートランドにおける生活紛争解決手続

〔原告側陳述〕

まず，原告側が自己の請求と主張を陳述する。この際に，ミディエイターは適宜質問をして事案の把握に努めている。証拠等は必ずしもこの段階では提出させるわけではない。

〔被告側陳述〕

次に，被告側が，原告側の請求と主張に対する認否と反駁を行う。この場合にミディエイターが適宜質問を行うのは原告側の陳述の際と同様である。

〔三者間の話合い〕

三者間で適宜質疑応答を繰り返し，証拠等の取調べも行いつつ紛争解決へと進めてゆく。

ミディエイターは，法的請求に直接関連する争点以外の背後の紛争事実関係も顧慮するが，ポートランドのミディエイションの場合は，他のNJCや裁判所内調停の審理と較べると，そういったサイド・イッシューの追求はあまり深くやらない傾向があるようだと言われている。事実，1ケースにかける時間も30分以内で比較的短い[134]。われわれの傍聴した印象でも，法的争点に比較的絞って話合いを進めていた感じがする。

ミディエイターは，いわゆる「足して2で割る（split the difference）」解決を示唆するかどうかについて，事案にもよるが，あまりしないと言っていた。ただし，この点は，ミディエイターによるようで，われわれの傍聴したミディエイションにおいては，積極的に中間的な解決案を次々と提示していた。

コーカス（caucus）については，原則としてしないとのことであった。例外的に行った場合として，当事者が不当な内容の合意をしようとしているときに，

---

(134) 統計によると，1981年度で少額事件調停が平均33分（レインジは5分から2時間）である。1982年度は，平均26分（レインジは5分から2時間）である。McEwenらの調査では，平均25.7分である。これらに対して，裁判審理は，McEwenらの調査では平均14.4分であった。なお，離婚事件の調停は，1981年度の平均が2時間45分（レインジは10分から8時間）であり，1982年度の平均は2時間15分（レインジは20分から7時間）であった。

法や事実についての誤解をしているかもしれないように思える当事者に対して行った経験や，離婚調停で，夫が極めて攻撃的で妻が萎縮してしまい，円滑な話合いができなかったときにコーカスで妻の言い分を聞き出した経験などを聞くことができた。

　裁判所に戻ったらどのような判決を出されるであろうかという点の指摘をミディエイターがするかどうかについては，次のような返事であった。あるミディエイターは，かつてはいつも裁判官はどう判断するであろうかということを当事者に指摘していたが，その後，これは訴訟代理人の発想であり，ミディエイターとしてはなすべきでないと考えるようになった。そこで，どうしても裁判所の判断（法適用の結論）を考慮して欲しい時には，当事者に代理人がいる場合には，その者に，

「裁判所はどう判断するでしょうかね。」

と聞くようにしていると言っていた。つまり，代理人を通じて裁判所の判断（法）を顧慮させるとのことであった。別のミディエイターは，やはり当事者に裁判所の判断がどうなるかに注意を向けさせる必要は常にあるであろうし，それは，代理人の立場で判決予測をすることとは異なるであろうと述べ，自分としては例えば，

「いいですか，裁判になれば，あなたは勝つかもしれないし負けるかもしれない，あるいは中間的判決になるかもしれない。すべて証拠やその他もろもろに依りますよ。」

と言うようにして，裁判所という第三者に判断を下させる場合のリスクを考慮するように仕向けていると述べていた。

〔合　意〕

　合意に達すると，ミディエイション用の書式に合意内容を記入し，両当事者のサインを得ることで，合意を書面化して裁判所の承認を求める。承認がおりれば，そして，ほとんど必ず承認が出て調停は手続が終了する。なお，既に述べたように，少額裁判においても，執行における財産開示手続においても，分割払いの判決をすることができるが，ミディエイターによると，調停の場合の方が圧倒的に分割払いの解決になることが多いとのことであった[135]。合意に達

〔7〕 具体例：メイン州ポートランドにおける生活紛争解決手続

しない場合，次回期日にセッションを続行することもある。合意に達する見込みがないようであれば裁判所に戻して裁判手続を行う。

6 最近の法社会学調査の結果から

最近，McEwen と Maiman が，ポートランドの少額調停と少額裁判について詳しい実態調査を行い，詳細な統計的分析をして興味深い結果を報告している[136]。その内容を簡略紹介してポートランドの少額紛争処理制度の機能の概要をみることにする。

〔振分け（ルート・セレクション）〕

前述のように，ミディエイションに行くか裁判に行くかは原則として当事者の意思による。そのことから，ミディエイションに行った事件類型と裁判へ行った事件類型との間に何らかの差異が認められるかを調査したところ，まず当事者の性格・事件の性質等の点では何ら差異は認められないという結論に達している。また，紛争当事者間に従来長期的な関係があったとか，現在進行中の関係があるというような要素も，意外なことに，ミディエイションへ行くか裁判を選ぶかにはほとんど影響を与えていない。わずかに，当事者が自己の権利の存否を明確に確信していて，訴訟の目的が単に取立てのみであるような場合には若干ミディエイションよりも裁判へ行く傾向が認められるとされる。

裁判になった場合に被告が勝訴する率を比較すると，始めから裁判を選んでいた場合（17%）に比べて，ミディエイションが失敗して裁判に戻った事件の場合（39%）において圧倒的に被告の勝訴率が高い。このことは，原告に理由がないような事件でまで双方の妥協によって解決することを避けて，ミディエイターが事件を裁判所へ戻していることを窺わせる。McEwen と Maiman は，

---

(135) McEwen & Maiman, "Small Claims Mediation in Maine: An Empirical Assessment," 33 *Me. L. Rev.* 237, 252 (1981) 参照。

(136) McEwen & Maiman, *id.,* McEwen & Maiman, "Mediation in Small Claims Court: Achieving Compliance Through Consent," 18 *Law & Soc'y Rev.* 11 (1984).

この点の若干の状況証拠を挙げている。
〔ミディエイションの成否と事件類型〕
　ミディエイションへ来た事件の内で，最も合意に達しやすい類型は，不払いに陥っている代金の取立事件（調停成功率85％）と売買（private sales）（同83％）であるとの結果を得ている。この一見意外に見える結論に対して，McEwenとMaimanは，
　① 債務者は明らかに債務を認めているのだが，全部を一度に払う能力がない場合で，分割払いとすることで双方とも和解できる場合，
　② 債務者は債務を否定するが，商品の欠陥等による修理代や損害賠償債権などの反対債権を有していて，妥協の余地が多くある場合，
等の事案が多いからではなかろうかと指摘している。
　逆に最も合意に達しにくい事件類型は，交通事故紛争であるという結果を得ている(同41％)。理由として，事件が事実上も法律上も複雑であり，かつ，当事者間に激しい感情的対立が予想される類型であるからだろうと指摘している。
〔ミディエイションの成否と当事者〕
　最も合意の成立しやすい類型は，原告側がビジネス（業者）で被告側が個人である類型であり(調停成功率94％)，二番目に成立しやすいのは，借家人が賃貸人を訴えた事件類型である（同83％）という。逆に最も合意の成立しにくい類型は，賃貸人が借家人を訴えた事件類型である（同50％）という。当事者間に面識や継続的関係のない事件とそれらが存在する事件との間では合意の成立する率に統計的に有意な差がなかった。このことは，前述の，ルート・セレクションにおける結論と合わせて，社会的紐帯の弱くなった現代の都市の大衆社会においても調停が利用され得ること，そして成果をあげ得ることを示唆するものであり，興味深い結果といえる。
〔判決とミディエイション〕
　① 裁判の場合とミディエイションの場合の１件当たりの審理時間は，裁判が平均14分で，ミディエイションが平均26分である。
　② 紛争解決の内容としては，前述のように，分割払いの条項が付く率がミディエイションの方で高い点と，サイド・イッシューについての合意も若干な

〔7〕 具体例：メイン州ポートランドにおける生活紛争解決手続
がらより多く含まれる点で差異があるが，一般に言われる「裁判はオール・オア・ナッシングで，ミディエイションは足して2で割る解決だ」と言うほどの極端な差異はなく，裁判の判決もある程度中間的であり，ミディエイションの結論もある程度は白か黒か的な面を有している。

③ 紛争解決の内容に対する主観的な評価として，それが「公平」であると感じたかどうかの調査の結果，ミディエイションの方が，判決の場合よりも高い評価を得ている。

④ 紛争解決の実効性の検証として，履行率を比べると，やはりミディエイションの方が判決の場合よりも高い履行率を示している。

この③と④の結論と前述のルート・セレクションの調査結果とを，より詳しく統計的に厳格に分析をして，その結果，ミディエイションにおける話合い交渉が当事者に主観的満足感と「義務」の意識をもたらし，高い履行率を結果しているのであろうと述べている。

7　事例紹介

1) 少額裁判手続
〔牽引車離脱事件〕

訴外Aが車でワゴンを牽引して片側二車線の道路を走行中に，連結部が壊れてワゴンが離脱して反対斜線へ走って行った。ちょうどそのとき反対斜線を前から走って来た被告Y（男）が，ワゴンを避けようとして中央寄りの車線（追越車線）から脇の外側の車線（走行車線）へ変更した。たまたま外側の車線上をYの後方から走っていたX（男）が追突して損害を被った。そこでXからYに対してこの追突事故の責任はYにあるとして損害賠償請求をした事案である。

両当事者ともに代理人が付いていて，審理ではかなり形式的な交互尋問などをしていた。黒板に道路と車の位置を記入して議論していたが，どうも事故の責任はYではなくAの方にあるようだということが分かってきたとき，被告側代理人が訴えはYではなくAを被告とするべきであると申し立てた。裁判官は即座にこの申立てを容れて，その場で被告勝訴の判決を言い渡した。

審理時間は午前11時からの20分間であった。

第1章　民事紛争解決のシステム

〈コメント〉

両当事者に代理人が付き、かつ、交互尋問的に進められ、しかも、最後は法律判断（誰が責任を負うべきか）によって決着している点、われわれの傍聴したアメリカの少額裁判手続の中では、割合と通常手続に近い部類に属するであろうという印象を持った。

2）少額調停手続

〔自動車取戻手数料請求事件〕

原告Xは20代後半ぐらいの白人の男性で、被告Yは初老の白人女性である。双方とも代理人は付いていない。請求額は101ドル55セントである。事案は、訴外Aが訴外Bから車をローンで購入したが不払いに陥った。そこでXが当該自動車の取戻しを行った。Xはその際の費用と手数料を請求している。

当初は、ミディエイターもなぜYが被告となっているのか理解できないでいたが、いろいろと質問をしたり、当事者間で話し合っている間に、Yが自動車の購入のローンのクレジット会社Cの代理人で、XはYに頼まれて自動車の引取りをしてきたものであると主張していることが分かってきた。YはXに依頼をした覚えはないと主張している。にもかかわらず、Yはなぜか25ドルなら払うと言っている。

そのうちに、問題はYがXに当該自動車の取戻しを依頼したものであるのか、それともXが勝手に取り戻してきたに過ぎないのか、であることが判明してきた。Xは、YからAの住所や自動車に関する記録を受け取ったのであるから、依頼されなかったわけはないと主張するが、Yは他の人Dに自動車を取って来てもらったと主張した。しばらく話し合っているうちに、DはXが取り戻して来て置いておいた場所からさらにYのもとまで自動車を持って来たものらしいことが明らかとなってきた。Xは、Xが取戻しに行くのに対してYが「いいわ、よろしくね」と言ったと主張するが、Yはただ見に行くだけだと考えて「取って来てはだめよ」と言ったでしょ、と反論している。

ミディエイターは、そろそろ和解へ持ち込もうと、双方の弱みを指摘し始めた。Yに対しては、見て来るだけであることをちゃんと確認するべきであったし、その機会もあったはずだと指摘し、Xに対しては、委任されたのかどうか

〔7〕 具体例：メイン州ポートランドにおける生活紛争解決手続

もっとしっかり確認するべきであったと指摘した。Xは，従来のクレジット会社Cとの取引やYとの付合いから当然委任されたものであると考えたと反論している。Yの方は，35ドルまでなら出すと言い出したが，Xは拒否する。その理由は，手数料の45ドルと裁判費用（送達費用等）の15ドルの和である60ドルを主張したからである。ミディエイターは送達はもっと安い方法があったのだから，安い方で計算するべきでしょうと指摘した。

そのとき，Yが早口で「40ドルではどう？」とも「50ドルではどう？」とも聞こえる形で提案した。Xは50ドルと聞いて「よし50ドルならOKだ」と言ったが，Yは「40ドルと言ったのよ」と反論した。ミディエイターは「じゃあ中をとって45ドルではどうですか」と言ったが，どうもYは本当はさっき「50ドル」と言っていたらしく，遂に折れて50ドル支払うと述べて合意が成立した。合意書面に和解内容を書き込み，両当事者間がサインをしてミディエイションは成功した。その場でYは小切手（check）を切ってXに渡した。

経過時間は，午前10時20分から50分までの30分間であった。

〈分　析〉

ミディエイターは，本件の後，筆者にYはXに委任していたと見るべきであるように思うと述べた。最後の詰めの段階での40ドルと50ドルの選択のところはどのように解釈するべきであろうか。Yの曖昧な発音を利用して強引に自己の要求水準に持ち込んだXが上手だったと見るべきか，あるいは，Yはほぼ和解する意思を固めていてわざと曖昧に発音をして，事実上Xに選択権を与えたのであろうか。

もし，後者であるとするなら，Yは，50ドル支払ってもいいと考えていたが，一気に一方的に譲歩してしまうのは面子の点でいやであるので，曖昧性を利用して一方的譲歩の形を避けようとしたことになろう。このような金額の交渉では，額の提案の仕方が金額以上に重要な意味を持ってくることもある点を考えると興味ある事例ということができる。

また，もし，前者であるとするなら，Xは，相手自身の失言を抜かりなく利用して自己の要求に相手をコミットさせる形に持ち込んで譲歩を引き出したことになり，この解釈も興味深いと思われる。

第1章　民事紛争解決のシステム

さて，ミディエイターの45ドルの提案は，典型的な「足して2で割る」式のものであるが，本件のようにかなり審理が進んだ段階の場合，両当事者にとって40ドルも50ドルも金額自体はそれほど大きな違いとは意識されなくなっていたであろうとともに，事実上40ドルも50ドルも当事者間の「交渉領域」の中に入っていたと考えられるから，本件では結局45ドルの合意にはならなかったが，不適切な提案と評価するべきであろうとは思われない。

審理時間としては，30分であるから，ポートランドの調停としては平均的なものといえよう。

〔コイン投げ事件〕

原告Xは若いヒスパニックの男性で，被告Yは初老の白人男性（エンジニア）である。双方とも代理人は付いていない。請求は900ドルであった。事案は，4ヵ月ほど以前の交通事故である。信号機の故障していた交差点で衝突したものである。Xの請求額の根拠は，車の修理代金1,300ドルから転売代金400ドルを差し引いた残りの900ドルであり（Xは保険に入っていない），逆に，Yは事故の損害が775ドルで，転売代金125ドルを差し引いた残りの650ドルを反訴として主張している。ただし，この反訴については，送達未了であった。

争点は二つあり，ひとつはYが交差点に進入する際に一時停止をしたか否かである。Yは停止したと主張し，警察官の調書を証拠として持っていると述べるとともに，メイン州法によれば右側優先であるから自分が正しいとも主張した。この州法の援用について，ミディエイターは特に否定的態度はとらなかったが，あまり重視しないで話合いを進めていった。

もうひとつの争点は，本件事故では，そもそもどちらの車が突っ込んだのかである。両当事者とも相手の車が自分の車に突っ込んで来たと主張している。Xが事故の現場写真の一部を証拠として示し，本件に関する刑事事件では自分が無罪となったことも述べた。Yは，その刑事事件は自分が欠席したための欠席判決に過ぎないと反論した。

原告側の陳述，被告側の陳述，両当事者間の話合いとミディエイターの釈明によって大概上記のような事実関係と争点が分かってきたところから，ミディエイターは和解への努力を積極的に開始した。

〔7〕 具体例：メイン州ポートランドにおける生活紛争解決手続

　まず，Y提出の警察官の調書にサッと目を通してみて，どうもYの意図とは反対に，YがXの車に突っ込んだように記載されていることに気づき，その点を指摘した上で，
　「YとXの請求の差額である300ドルをYが支払うことで合意しませんか。これが公平（fair）に適うと思いますが。」
と持ちかけた。これに対しては，XもYも即座に拒絶した。
　そこで，ミディエイターは，両者から譲歩を引き出すべく，
　「お互いにもう少し注意をしていたら，この事故は防げたのではないですかね。」
と問いかけた。これに対しては，XもYも意外と素直に，
　「はい，そのとおりでしょう。」
と答えた。その返事を得て，
　「お互いに，もっと注意していれば事故は防げたと言うのですから，おふたりの間で損害を折半する意味で，請求の差額である300ドルということでは合意できませんか。」
と再び譲歩を求めた。これに対して，Yが，
　「どうして差額が300ドルになるんでしょうか。私の請求は650ドルですよ。」
と問い返したので，若干虚を衝かれた感じのミディエイターは，三者間で請求額の確認作業を行うことにした。その結果，Xの請求額は900ドル，Yの請求額は648ドル，であると確認され，
　「差額は252ドルですが，どうですか。」
とまた聞いた。
　両当事者とも返事をしないので，こんどはXの提出する証拠写真を調べることになった。その写真を見ると，面白いことに今度は，Xの意図とは逆にXの方がYの車に突っかけたような傷跡が写っていた。そこで，
　「Xの証拠はYに有利ですし，Yの証拠はXに有利であると思われます。そこを考慮すると，差額の252ドルを折半してYがXに126ドル支払うというのが公平に適うと思いませんか。」
と言った。

第1章 民事紛争解決のシステム

これに対して，今度はXの方が，それでは不足であると拒絶した。ミディエイターが，

「では，いくら欲しいのですか。」

と尋ねると，

「500ドルです。」

と答えた。Yの方は，

「そんなことを言うのなら裁判に戻る。」

と憤慨した。ミディエイターが，

「あなたはいくらまでなら出すのですか。」

と問うと，

「250ドルが限度です。」

と答えた。再びミディエイターが，両者の間をとって，

「じゃあ，250ドルたす500ドルの半分の375ドルではどうです。」

と執拗に食い下がった。遂にXは，

「まあいいでしょう。」

と譲歩した。Yは，

「金額が問題なのではないのです。私は，自分の正しさを裁判所に認めて欲しいのです。」

と述べてかなり激しい不満を表明した。ミディエイターが，

「でも，裁判所は警察の調書を重視すると思いますよ。するとどうなりますか。あなたは，いくらなら同意しますか。」

と重ねて説得すると，Yは，

「350ドルまでは譲歩しましょう。」

とやっと譲歩した。これを聞いてXは，

「私は既に500ドルから375ドルまで125ドルも譲歩している。Yとしてはあとたったの25ドルの譲歩ですむでしょう。しかも，当初の請求からみれば，私は，900ドルから500ドルへとさらに400ドルも譲歩したあとなのですよ。」

とYを非難した。ミディエイターが，

「それを言うなら，Yは自分の当初の650ドルの請求をすべて放棄して逆に350

〔7〕 具体例：メイン州ポートランドにおける生活紛争解決手続

ドルを払うと言っていることになりますよ。」
となじると，Xは，
　「じゃあ，裁判に戻るよ。」
と言い返した。ミディエイターは笑いながら，
　「375ドルと350ドルのたった25ドルの差にすぎないんだよ。」
となだめた。
　いい加減けりをつけたくなった様子のYが，
　「じゃあ，コインでも投げるかい。」
と言い出すと，Xも，
　「いいだろう。」
ということになった。ミディエイターが，
　「いいんだな。」
と確認してコインをトスした。結果はXが買って375ドルで決着することになった。全員で保険約款を確認した上で和解調停に両当事者がサインをし，XとYは握手をして別れた。
　経過時間は，午前9時10分から10時20分までの70分であった。

〈分　析〉

　このミディエイションにはいくつかの特徴が見られる。その中でも，とりわけ，
　①　ミディエイターが極めて積極的に，ほとんど執拗なまでに「足して2で割る」形式の和解案を提案し続けている。しかも，その説得の理由付けとして，「公平（fair）」という観念を何度も用いていたこと，
　②　最後は，コインのトスという極めてユニークな形でけりがついたこと，
などが注目されるであろう。
　①の点については，両当事者の要求の真ん中が，当事者間の「交渉領域」の中に入っている確率の最も高いであろうと通常は予想される点であるから，その意味では効率的であるとも言える。しかし，これほど執拗に和解内容を提示してゆくことには，若干違和感を感じることも否定できない。当事者の紛争解決へのイニシアティヴの尊重という側面が薄れてしまっているような印象を

持ったことも確かである。また，その根拠である「公平」の観念自体が極めて曖昧であるため，「法律によらざる解決」という以上の積極的意味を見出しにくいように思われる。そして，この事件を傍聴して感じたことは，このようなミディエイターの機能は，ほとんど「仲裁（arbitration）」と言ってよいくらいではないかという点であった。ミティエイションに比べると，仲裁においては第三介入者に自己の判断を紛争当事者に対して強制する権能がある点で決定的に異なると考えられているが，そして，その点はそのとおりではあるが，このセッションの途中でミディエイターが，

「裁判所に行ったら警察官の調書は重視されますよ。」

と言ったことを思い起こすまでもなく，ミディエイターの説得が当事者に有する影響力は裁判手続が背後にあるためにかなりの程度仲裁に近づいていると言えるのではないかと思われる。

ただ，にもかかわらず，このミディエイションが全体として，妥当な結論を得たと評価できるように思われるのは，事件自体が，交通事故という，ポートランドの調停の中では最も困難で複雑な事案であり，日本においても，不法行為等の損害賠償訴訟においてはその「非訟的性格」が指摘され，白黒的判断より，公平と条理による裁量的判断がなされるべきであると主張されており，事実，裁判所によってもある程度そのように取り扱われている類型の紛争であったからであろうか。損害賠償請求においていわゆる「心証割合による賠償額の認定」が利用されたり，「寄与度」の認定による中間的判決がなされるのも，また，過失相殺という制度が用意されているのも，そのような考慮の表れであるといえよう。

②の点については，選択肢（350ドルか375ドルか）が両方とも一応妥当な範囲内に収まっていて，かつ，当事者にとっても，「交渉領域」の中にあり，しかも，選択肢が当事者から見てそれほど大きな差がないと判断されているような場合である本件においては，極めてうまく機能したと言えよう。コインの表裏の確率は二分の一である。本件では以下の意味で，この確率というものの性質を二重の意味でうまく利用したものということができると考えられる。

まず，第一に，本件最終段階における当事者の様子を見ていると，どうも，

〔7〕 具体例：メイン州ポートランドにおける生活紛争解決手続

当事者間では金額自体が問題であったというより，どちらもこれ以上相手の前で譲歩することが癪にさわるだけの状態であるように思えた。この点は，XまたはYが25ドルを譲歩して，相手の主張である350ドルまたは375ドルに同意する場合と，コインをトスする場合を比べてみるとよくわかるであろう。前者の場合は，どちらか一方が，「一方的」に差額の25ドルを譲歩することになるのに対し，後者のトスの場合は，トスに同意し，まだトスを実行する前の段階では，双方ともが，二分の一の確率で25ドルを譲歩していることになり，期待値としては，双方とも12ドル50セントずつ公平に譲歩していることになるのである。すなわち，事前（ex ante）の平等な譲歩を双方がしたことになる。当事者は，確定的・一方的に譲歩することで主観的に面子を潰したり，弱腰に出たことで交渉力を減少させる[137]代わりに，トスにより確率という不確実性を利用することで，一見双方とも自己の請求に直接の譲歩を加えず，しかも実質的には期待値として公平に譲歩をなしていることになるのである。なお，ここで再確認するべきことは，トスを上げる前の前提で以上の議論をしてきたが，ここでの交渉はトスへの同意で終了しており，トスの結果がどちらとなろうと，上記の双方が12ドル50セントずつ公平な譲歩をしたことになるという事実には何らの影響をも与えない点である[138]。

---

[137] この場合は最終段階なのでその後の交渉力の喪失をそれほど心配する必要はないであろうが，今後も取引があることが予想されるような場合には，弱腰の印象を与えることは交渉力の大きな喪失となるであろう。

[138] この点は，感性として釈然としない向きもあるであろうが，この点こそが「期待値」の持つ性質であり，真の意味の「合理性」の本質がここに存在するのである。このような「籤」や「確率」と合理性の問題について興味深い示唆を与えてくれるものとして，ダグラス・ホフスタッター「メタマジックゲーム：宝クジ，みんなが協調すれば損しない」《サイエンス》1983年8月号（1983）13—19頁，同「数学ゲーム」《サイエンス》1983年11月号（1983）135—137頁を参照。特に，11月号137頁の第一段目。また，「法の経済分析（Law and Economics）」においても，規範的（normative）な結論の正当化根拠として「事前の同意（ex ante consent）」が議論されることがある。例えば，ポズナー（Richard A. Posner）は，自己の擁護する「富

第1章　民事紛争解決のシステム

　第二に，人間は，確実なものを不確実なものより大きく評価する傾向があり（リスク回避），たとえミディエイターが本件で間をとって365ドルの和解案を提示していたとしても，この選択肢の確実な12ドル50セントの譲歩の意味(効用)は，トスにおける期待値としての12ドル50セントの譲歩の意味（効用）より大きな譲歩と感じられて，同意へのハードルはより高くなっていたであろう点でも，本件は確率をうまく利用していると言えるのである。

の最大化(wealth maximization)」やカルドア・ヒックス基準(補償原理)（Kaldor＝Hicks Standard)」が，合理的（rational）な人々による「事前の同意」の得られうるものであるから，単に功利主義的（utilitarianism）立場から正当化されうるのみならず(しかも，功利主義よりも優れたものであるとする)，カント主義者(Kantian)や自由主義者（libertarian）の立場に立っても正当化されうるものである（「パレート基準」より適用範囲が広い分だけ優れているとする）と説く。その根拠は，ある政策を採用するとき，「期待値（expected value）」の享受の意味での「事前の補償(ex ante compensation)」が存在する場合には，事前の同意がなされる（擬制できる）であろうから，たとえ一部の者が事後的(ex post)には不利益を被ることになっても，その政策は正当化されるからであるとする。この点に関しては，Richard A. Posner, Jules L. Coleman, Ronald M. Dworkin, Anthony T. Kronman らの間で烈しい議論がなされている。*Hofstra Law Review,* vol. 8 (1980)や *Journal of Legal Studies,* vol. 9 (1980)での議論を参照。

第2章　裁判による民事紛争解決
——立法事実と正当化責任を中心として——

〔1〕　はじめに

　1987年2月21日，カリフォーニア州に住む6歳の男子ジェレミイ・ストウンが行方不明となり，4日後にサクラメント川のデルタ地帯で全裸の絞殺死体で発見された。3月4日，殺人事件として捜査中の警察に臨床心理学者から電話が入り，以下のことを告げた。すなわち，1980年代初め，彼はショーン・メルトンという患者を治療していたが，治療の際メルトンは「若い男の子を川のデルタ地帯に連れ込んでいたずらをし，置去りにするという幻想」を語っていた。皮肉なことにその電話の20分後に当のメルトンが警察署に姿を現し，自分の行った「探偵活動の成果」を報告しようとした。警察は，ヴィデオで記録を取りつつメルトンを取り調べたが，その取調べ中メルトンは，犯人しか知りえない事実を語るとともに，奇妙な二重人格を示した。結局，警察はメルトンを犯人として逮捕した[1]。

　この臨床心理学者の通報が，精神病セラピストの間で議論を呼んだ。すなわち，この通報はセラピストの負う守秘義務の違反となるか，それとも，社会防衛上むしろ通報すべき義務を負っていたのかについて，話題となったのである。バークリィの臨床心理学者クリストファー・トウリィが述べるように，「正しい行動をとりたいと思うが，何が正しい行動であるかはたやすくはわからない」

　（1）　Kathy Bodovitz, "Judge Orders a Trial in Killing of Vallejo Boy," *San Francisco Chronicle*, June 20, 1987.

のである。トウリィもかつて，子供にいたずらをするという幻想を語る患者を治療したが，その患者は衝動を克服した。「もし，通報していたら，彼の職業も結婚も破壊されていただろう[2]。」精神病セラピストの直面するこのディレンマは，カリフォーニア州においては，単に職業倫理の問題としてだけではなく，法律上の問題でもある。1974年の Tarasoff v. Regents of University of California の判決[3]およびその再度の考案 (rehearing) での判決[4]でカリフォーニア州最高裁判所は，一定の場合には，セラピストは守秘義務を破り，患者の危険性から第三者を保護するための合理的対策を講ずべき法律上の義務を負う旨の判断を示した。この判例法は，1985年に，責任範囲を相当程度縮減する形で立法化された。

本稿は，この，職業上の守秘義務を絶対視する固定観念を破って画期的と評される一方，精神病治療医・臨床心理学者・法律家等の間で賛否の大議論を引き起こし，全米の注目の的となったタラソフ判決と，その後の立法を紹介・分析することを通じて，裁判による合理的な法の進化における社会科学や自然科学の役割を論じようとするものである。〔2〕では，立法・司法による法の創造・修正についての「法の進化論モデル」を構築して，立法事実としての社会科学や自然科学の役割を論じ，〔3〕では，訴訟における立法事実の収集と手続保障の問題を検討し，さらに進んで，「正当化責任（burden of justification）」の概念を導入して裁判における法的価値判断についての訴訟法理論の構築を試みる。このようにして，訴訟における立法事実としての社会科学（および自然科学）の成果の取扱いを論じた上で，〔4〕では，タラソフ事件における議論を「法の経済分析（law and economics）」の手法で分析し，〔5〕では，タラソフ判決の社会的影響についての法社会学的調査の結果を紹介・分析する。

（ 2 ） Ruthe Stein, "A Therapist's Dilemma: When to Call in the Cops," *San Francisco Chronicle*, March 18, 1987.

（ 3 ） Tarasoff v. Regents of University of California, 529 P. 2d 553, 118 Cal. Rptr. 129 (1974).

（ 4 ） Tarasoff v. Regents of University of California, 17 Cal. 3d 425, 551 P. 2d 334, 131 Cal. Rptr. 14 (1976).

〔2〕 法のダイナミックスと合理性

1 法の進化論モデル

1）裁判の法創造機能

　裁判による法の創造を認めるか否か，判例は法源であるか，そして，先例拘束力は認められるか，という相互に密接に関連する問題は，洋の東西を問わず古くから議論がなされてきた。判例法国である英米では，先例拘束力を肯定し，従って判例は法源となるのが原則である。裁判の法創造機能も一定限度で肯定する立場が有力であるといえる。他方，制定法国である日本では，これらの問題に否定的に解するのが多数である。

　日本について法制度的に見るとき，まず裁判所法10条3号は「憲法その他の法令の解釈適用について，意見が前に最高裁判所のした裁判に反するとき」小法廷では裁判をすることができない旨規定している。次いで上告理由につき，刑事訴訟法405条2号は「最高裁判所の判例と相反する判断をしたこと」を，そして，同条3号は「最高裁判所の判例がない場合に，大審院若しくは上告裁判所たる高等裁判所の判例又はこの法律施行後の控訴裁判所たる高等裁判所の判例と相反する判断をしたこと」を上告理由としている。また，民事訴訟法は，直接に判例違反を上告理由として規定してはいないが，民事訴訟規則48条で，「判決に法令の違背があることを上告の理由とするについて，判決が最高裁判所又は大審院若しくは上告裁判所である高等裁判所の判例と相反する判断をしたことを主張するときは，その判例を具体的に示さなければならない」と規定している〔現行民事訴訟法第318条に規定する上告受理の申立て参照〕。これらの規定により，判例の法源性が認められていると解するか，それとも判例の法源的機能が認められるに過ぎないと見るかについては意見が分かれており，後者の方が通説であるといえる[5]。他方，「大阪国際空港公害訴訟上告審判決」

（5）東孝行「判例の法源的機能論序説」民商法雑誌99巻3号（1988）1頁，3－6頁参照。

第2章　裁判による民事紛争解決

(最判昭和56年12月16日民集35巻10号1369頁,判例時報1025号39頁)での反対意見で団藤重光裁判官は,「判例による法形成は,英米法のような判例法国において典型的にみられるものであるが,わが国のような成文法国においても決して相容れないものではない。法は生き物であり,社会の発展に応じて,展開して行くべき性質のものである。法が社会的適応性を失ったときは,死物と化する。法につねに活力を与えて行くのは,裁判所の使命でなければならない」と指摘している。乾教授の民事法分野での裁判官による法創造の整理によれば,現実にも,戦前では根抵当,譲渡担保,信義誠実の原則や権利濫用禁止の法理,婚姻予約等の分野で法の創造を行ってきたとともに,戦後でも,仮登記担保,安全配慮義務,利息制限法等の分野での判例で法の創造を行っている(6)。

　事実認識の問題として,日本においても判例には一定限度の先例拘束力が存在しており,その意味で判例は一定限度の法源的機能を有しており,法の成長の視点から見れば裁判による法の創造がなされていることは争いえないものである。しかも,それら裁判によって創造された法の多くが学説上も支持されていること,仮登記担保法のようにいくつかの場合その後立法化されたことも争いえない事実である。これらの事実を評価して,判例に先例拘束力はなく事実上拘束するに過ぎないとか,判例は法源ではないが法源的機能を制度的に保障されているとかと解釈することは,問題を単に「法源」や「先例拘束力」という言葉をどのように定義するかという瑣末な問題にすり替えただけのことであ

---

(6)　乾昭三「日本民事法における裁判官による法創造」天野和夫・P.アーレンス・J.L.ジョーウェル・王叔文（編）『裁判による法創造：現代社会における裁判の機能』（晃洋書房1989）345頁,349―351頁。天野和夫「裁判官による法創造とその政策的機能」同前3頁,6頁も,裁判による法の創造を認めざるをえないという認識は,「今日の法律家にとってごく一般的な理解に属するであろう」と述べている。また,田尾桃二「判例の先例拘束力について」判例時報830号（1976）12頁は,判例集登載の最高裁判例には,①抽象的一般的な法理を宣言する判例,②具体的な事実関係の下における法理を明らかにする「事例判例」,③事例判例よりも抽象性・一般性が大きいが,①の判例ほどではない「場合判例」を分類でき,それぞれにおいて先例としての意義,拘束力にはかなり違いがあると分析している。

る。まして，上記の場合が裁判による法創造であることを否定し，これらは法の「解釈」であると主張することは詭弁以外の何ものでもなかろう。真の問題は，社会的事実として裁判による法創造がなされていることを正視したうえで，それは違法なものとして今後禁止されなければならないのか，それとも一定限度においては社会的紛争解決制度たる法制度が機能する上で不可避なものであるのか，不可避であるとするなら，それをどのようにコントロウルすることが社会的に望ましいのかを確定することである。

裁判官も社会の構成員たる「人間」であることを否定し，かつ，裁判所を判決三段論法という論理計算だけを行う機械に過ぎないと考える者を除けば，今から1世紀以上も前にホームズ判事が卓見したように「法の成長とは，その実質において立法的であり」[7]，裁判が不可避的に法創造機能を有することを疑う者は現在ではほとんどいないであろう。

裁判所も，社会的政策決定の一翼を担っており，それゆえ，裁判過程も，相対立する種々の社会的利益の調整の過程であるという意味で，補助的にせよ政治過程の一部なのである。もちろん，ちょうどホームズ判事が司法消極主義者でもあったことから推測されるように[8]，裁判の法創造機能を認めることと司法消極主義とは全く異なる次元の問題である[9]。ここでの問題は，事実認識として，裁判所に法創造機能が不可避であるのならば，それをどのように規整するのが妥当・適切であるのか，である。そのためには，まず，裁判による法の創

---

(7) Oliver Wendell Holms, Jr., *The Common Law*, Little Brown, 1881, p. 35.

(8) Cf. Benjamin Kaplan, "Encounters with O.W. Holmes, Jr.," 96 *Harv. L. Rev.* 1828, 1847 (1983).

(9) 他方，社会科学や自然科学などの立法事実としての利用については，連邦最高裁判所のリベラル派の判事と保守派の判事とでは差異が見られ，リベラル派の裁判官の方が社会科学等の利用についてより積極的であると言われている。Cf. Chester A. Newland, "Innovation in Judicial Techniques: The Brandeis Opinion," 42 *Southwestern Social Science Quarterly* 22, 24 (1961), Paul L. Rosen, *The Supreme Court and Social Science*, U. of Illinois Press, 1972, pp. 211-224.

第2章　裁判による民事紛争解決

造・修正の構造を明らかにしなくてはならないであろう。

2) 立法事実論アプローチ

「法」に対する呪術的神秘主義の立場を取る者を除いては、法が人間社会の所産であり、社会のニーズに応じて人間の手によって形成・発展させられるものであること、即ち、ソウシャル・エンジニアリングの道具であることを否定する者は、今ではそれほど多くはないであろう[10]。合衆国連邦最高裁判所も、古くからこの見地を前提としていたと言える。

例えば、歯科医の宣伝広告を制限するオレゴン州法の合憲性の争われた Semler v. Oregon State Board of Dental Examiners[11]においてヒューズ長官は、「州は全ての同様の職種を同様に扱わなければならないわけでもなく、また、全ての害悪を同時に、かつ同様の方法で攻撃しなくてはならないわけでもない、」ゆえに、歯科医のみを対象とする当該立法も平等保護条項(equal protection clause)に違反しておらず、さらには、当該立法は立法者の正当な政策判断の権限内であり、適法手続条項 (due process clause) にも違反していない、と判示している。また、眼科医 (ophthalmologist)・検眼師 (optometrist) の免許・宣伝等を規整するオクラホマ州法の合憲性が争われた Williamson v. Lee

---

(10) Cf. Roscoe Pound, *Interpretations of Legal History*, Macmillan, 1923, pp. 152-165; Yehezdel Dror, *Public Policymaking Reexamined*, Chandler, 1968, p. 181; William C. Louthan, *The Politics of Justice: A Study in Law, Social Science, and Public Policy*, Kennikat Press, 1979, p. 28; Robert Samuel Summers, *Instrumentalism and American Legal Theory*, Cornell U. P., 1982, esp. pp. 268-281; Rachael N. Pine, "Speculation and Reality: The Role of Facts in Judicial Protection of Fundamental Rights," 136 *U. Pa. L. Rev.* 655, 658-668 (1988); John Monahan & Laurens Walker, "Social Authority: Obtaining, Evaluating, and Establishing Social Science in Law," 134 *U. Pa. L. Rev.* 477 (1986), note 2 at p. 477.

(11) 55 S. Ct. 570, 294 U. S. 608 (1935).同旨の判例として、例えば、United States v. Carolene Products Co., 58 S. Ct. 778, 304 U. S. 144 (1938); Katzenbach v. Morgan, 86 S. Ct. 1717, 384 U. S. 641 (1966)などがある。

〔2〕 法のダイナミックスと合理性

Optical of Oklahoma[12]においてダグラス判事が，「……改革は，立法者にとって最も緊急を要すると思われる問題をその対象とすることにより，一歩一歩進めればよいのである，」ゆえに，平等保護条項に違反しておらず，また，「矯正を必要とする害悪が存在し，かつ，当該特定の立法手段がその害悪を矯正するための合理的方法であると考えられたならば十分である」から，当該立法は適法手続条項にも違反しない，と判示した[13]。

これらの判旨は，ソウシャル・エンジニアリングの考え方を前提として初めて十分な理解ができるものである。すなわち，立法者は，社会に生じた諸問題に対して，その政策判断に沿う解決を実現するために法を定立するのであり，その際には，最も緊急を要すると思われる問題から順次，適切・合理的であると思われる法的手段を用いて攻撃してゆけばよい，と述べているのである。言い換えれば，社会的プロブレム・ソルヴィングのプロセスのひとつとして法現象をとらえ，社会的選択（social choice）の結果たる社会政策を実現する道具として法を把握しているのである。

また，これらの判決のほとんどは，O'Gorman & Young v. Hartford Fire Ins, Co.[14]以来連邦最高裁判所が採用している「立法事実論アプローチ」と「合憲性の推定理論（presumptive constitutionality）」に関するものである[15]。例えば，プラスチック製の回収不能・再使用不能な容器でミルクを販売することを

---

(12) 75 S. Ct. 461, 348 U.S. 483 (1955).

(13) 同旨の判例として，例えば，有名な City of New Orleans v. Dukes, 96 S. Ct. 2513, 427 U. S. 297 (1976)や Katzenbach v. Morgan, 86 S. Ct. 1717などがある。

(14) 282 U.S. 251 (1931).

(15) 合憲性の推定および立法事実論については，芦部信喜「合憲性推定の原則と立法事実の司法審査：アメリカの理論・実態とその意義」清宮博士退職記念『憲法の諸問題』(1963年)（芦部信喜『憲法訴訟の理論』(有斐閣1973) 117頁以下所収），時國康夫「憲法事実：特に憲法事実たる立法事実について」法曹時報15巻5号22頁（1963），同「憲法訴訟における立法事実論の位置づけ」Law School 25号15頁 (1980)，江橋崇「立法事実論」芦部編『講座憲法訴訟』第2巻（有斐閣1987) 69頁等参照。

第2章　裁判による民事紛争解決

禁止したミネソタ州法の合憲性が争われた Minnesota v. Clover Leaf Creamy Co.[16]で、ブレナン判事の多数意見は、「……州は、立法判断の正しさについて裁判所を説得することを要求されてはいない。むしろ、立法判断〔の合理性〕を争う側が、政府の意思決定者が明らかに〔容器の〕分類の根拠とする立法事実が正しいものであるとは、合理的に認識しえなかったことについて、裁判所を確信させなくてはならない」と、伝統的な立法事実論アプローチと合憲性の推定理論をまず宣言し、続く立法の不合理性[17]の検討の過程で先の Semler v. Oregon State Board of Dental Examiners や New Orleans v. Dukes 等を引用している。

ここでいう「立法事実の合理性」の基準は、周知の「合理的基礎テスト(rational basis test)」である。これは、Massachusetts Board of Retirement v. Murgia[18]が定式化するように、「州の正当な政策利益(interest)を促進することとの間に合理的な関連性を有するか否か」であり[19]、基本的人権の侵害が問題である場合等の例外を除いては、州法の合憲性を争う側が、立法判断には合理的基礎が欠けていることにつき裁判所を説得しなければならない[20]。

---

　(16)　101 S. Ct. 715, 449 U.S. 456, 66 L. Ed. 2d 659 (1981). なおこの引用部分は、Vance v. Bradley, 99 S. Ct. 939, 949, 440 U.S. 93, 111 (1979)での White 裁判官による多数意見からの引用である。

　(17)　合憲性の推定のゆえに、「合理性」の検討ではなく「不合理性」の検討である。

　(18)　427 U. S. 307, 96 S. Ct. 2562, 49 L. Ed. 2d 520 (1976).

　(19)　最近の同旨の判例として、City of New Orleans v. Dukes, 96 S. Ct. 2513, 2517; Vance v. Bradley, 99 S. Ct. 939, 943, 440 U.S. 93, 59 L. Ed. 2d 171 (1979); Minn. v. Clover Leaf Creamery Co., 101 S. Ct. 715, 722など参照。

　(20)　芦部信喜・前掲注(12)142頁は、「言論・思想の自由の優越的地位の理論が認められるようになってからは、修正1条の自由を制限する法律を支持する側が、『極めて強い正当化の理由の存在』を現実的な、単なる仮定的ではない事実上の基礎を示して証明しなくてはならなくなった」と分析している。この点を端的に判示する最近の連邦最高裁判所判例として、City of New Orleans v. Dukes, 96 S. Ct. 2513,

〔2〕 法のダイナミックスと合理性

このように，法をソウシャル・エンジニアリングの道具と考える見地と立法事実論が密接に関連していると推測されるとともに，まさにこのことの中に，法の合理性を検討するための鍵が潜んでいると考えられる[21]。

この点に関しては，基本的人権，具体的には，憲法修正第一条の言論の自由 (freedom of speech) の侵害が問題となった Va. Pharmacy Bd. v. Va. Consumer Council[22]が，示唆的である。その経歴上，経験科学・社会科学への造詣が深く，経験的データに基づく理由付けを積極的にすることで知られるブラックマン判事[23]が，多数意見を書いている。免許を受けた薬剤師に対し処方薬の価格についての宣伝広告を禁止したヴァジニア州法の合憲性が争われた事件

2516f.では，制定法による差別も，それが，基本的人権 (fundamental personal rights) を妨害したり，人種・国籍等のもともと疑わしい区別に基づいていたりする場合を除けば，一般的に合憲性の推定が働く，と判断されている。Cf. Ronald D. Rotunda, John E. Nowak & J. Nelson Young, *Treatise on Constitutional Law: Substance and Procedure*, West Pub. Co., 1986, vol. 2, pp. 322-335; Mobile v. Bolden, 446 U. S. 55 (1980); Harris v. McRae, 448 U. S. 297 (1980).

なお，合憲性推定の場合に，「挙証責任」の用語が一般的に用いられているが，これは本来，判決事実 (adjudicative fact) についての用語であり，立法事実 (legislative fact) の場合にもそのまま用いるのは誤解を導くおそれがあり，注意を要すると思われる。このコンテキストにおける「挙証責任」の用語法については，内野正幸「法律の違憲審査における『挙証責任』」芦部還暦『憲法訴訟と人権の理論』(有斐閣1985) 317頁以下参照。立法事実は政策的価値判断の合理的基礎を構成するものであり，法律判断の正当化のコンテキストで論じられるべきものであるので，本文では「証明」の語を避け，「説得」の語を用いておいた。

(21) 芦部信喜・前掲注(12)134頁で，「推定の原則は合理性の基準を意味する」と述べていることを参照。法をソウシャル・エンジニアリングの道具とみなす発想は，すでにエアリッヒにおいて見られる点につき，マンフレート・レービンダー (吉野正三郎・水野五郎共訳)「エールリッヒから見た裁判官による法形成」立命館法学1988年5・6号670頁参照。

(22) 425 U. S. 748 (1975).

(23) Cf. Steven R. Schlesinger & Janet Nesse, "Justice Harry Blackmun and

で，まず，同一の薬が極めて大きく異なる価格で販売されているという事実を確定し[24]，その後，宣伝の禁止による価格に関する情報の流布の停止が与える社会的不利益について統計的なデイタを用いて考察し[25]，その結果，「処方薬の価格情報の抑制〔の不利益〕を最も深刻に受けるのは，貧しい人びと，病気の人びと，そしてとりわけ年老いた人びとである」と認定した。他方，宣伝広告禁止の立法理由で示される種々の目的の合理性も認めた上で，フリー・マーケットの適性化（効率化）機能（市場的規整）に任せるという選択肢と，行政的規制を行うという選択肢との間の社会的選択をすべきものは，連邦最高裁判所でもヴァジッニア州の立法者でもなく，その判断は憲法修正第1条に求めなければならない，と判示し，州法を違憲と判断した原審判断を維持した。

ここで顕著な方法論は，法律を違憲であるとして廃止する上で，経済学・統計学・社会学等の理論やデイタを立法事実として利用して，具体的な法規整がその正当な政策目標を追求する上での合理的な手段であるか否かを考察している点である。この点を理論的に再構成するのが次の課題である。

3）法の合理性と進化

確かに訴訟制度は，司法・立法・行政という三権分立の建前等からくる憲法的制約や，個別の紛争解決を主たる制度目的とするという裁判の建前からくる制約の枠内で機能しなければならないものである。従って，裁判による法創造・政策形成的機能の許容範囲は立法のそれよりも狭いものたらざるを得ないであろう。しかし他方では，立法制度が，現実に生じている社会問題のすべてを確実に認識し，かつ，将来起こりうべき社会問題のすべてを正確に予測し，しかも，その問題の解決のために最も妥当な政策判断と最も合理的な解決策の選択

Empirical Jurisprudence," 29 *Am. U.L. Rev.* 405 (1980) 406頁の注(3)によると，ブラックマン判事は，ハーヴァード・カレッジで数学の学位を取得しており，ロー・スクール卒業後も数量的方法に関係の深い税法分野で実務を行い，その後，メイヨウ・クリニックの顧問として10年ほど医師と親しく交際して，科学の領域への造詣を深めていた，と報告されている。

(24) Va. Pharmacy Bd. v. Va. Consumer Council, 425 U. S. 748, 754.

(25) *Id*., p. 748f. and Footnote (18).

〔2〕 法のダイナミックスと合理性

を個別具体的に行って立法をすること（完璧な法の制定）が，現実問題として不可能であることも明らかであろう。立法にはこのような意味で完璧な法を定立することが不可能である以上，ある程度抽象的一般的な法を定立しておき，具体的問題の解決における法の具体化を司法に委ねたり，あるいは，その抽象的一般的法を，将来起こりうべき新たな問題の解決の際の「政策的指針」として具体的な法を創造することを司法に委ねたりすることは，社会経済的に見て合理的な戦略であるだけではなく，実践的な社会規整としては不可避なものである。また，社会の変化に対応して法の修正が必要となったときに，立法過程における徹底した議論に基づく制定法の定立までの間，差し当たりに暫定的政策判断をすることを司法に委ね，その意味で先例に法源的機能を認めることも合理的な戦略である。三権分立の建前が司法によるこのような法創造・政策形成機能を禁止していると考えることは，事実認識として社会の現実に対する無理解であり，規範意識として誤れる概念法学であるとの謗りを免れえないであろう[26]。

---

(26) 田中成明「裁判の正統性：実体的正義と手続保障」『講座民事訴訟① 民事紛争と訴訟』（弘文堂1984）85頁，90頁はこの点に関して，「権力分立制や民主制と本質的に相容れないことを根拠に裁判による法創造・政策形成の正統性を一般的に疑問視ないし否定することは，裁判所も含めてすべての公権力機関が各々独自の仕方で社会各層の要求・意見を汲みあげ，それらを全体として公権力機関相互の抑制・均衡関係によって調整しつつ，一定の公共政策が形成・実施され，さらにそれが社会各層の要求・意見とのフィードバックの中で修正されてゆくという，現代の政治過程の動態を無視した形式論であり，到底支持しがたいものである」と述べている。さらに，田中成明「裁判による法形成」鈴木忠一・三ケ月章（監修）『新・実務民事訴訟講座1：判決手続通論Ⅰ』（日本評論社1981）49頁は，「裁判所が一定の範囲内で積極的に独自の法形成作用を営まないことには，その法適用機関としての責務すら適切に果たすことができなくなるのである。以上のように，裁判による法形成の制度的正統性を承認すること自体は，何ら民主制とも権力分立制とも矛盾するものではない」と述べ，同60頁では裁判による法形成に期待されるところの大きい場合を列挙している。中村治朗『裁判の客観性をめぐって』（有斐閣1970）118―131頁も参照。

第2章　裁判による民事紛争解決

　以上のように，裁判所もまた法創造的機能を有し，法がソウシャル・エンジニアリングの道具であるならば，立法も司法も程度こそ異なるにせよ法創造・政策形成機能を共有している限度で，同じソウシャル・エンジニアリングのための社会的制度であることになる。そして両者は，その法形成・法修正作用における同種の「合理性」を構造的にも機能的にも追求すべきことになろう。そして，この「合理性」の構造は，立法事実論アプローチの中に示唆されていると考えられるのである。

　この見地からすれば，諸社会制度ならびに社会の中に生じる諸問題に対して，可能な法的規整手段の諸選択肢の中から，最も効率的に作用し，最も公正・公平な結果をもたらすもの，ないしは，社会の多数の人びとによってそのような規整であると信じられたものが[27]，立法・司法を通じ法として実現されることが，合理的な法の形成・発展であると言うべきことになると考えられる。そして，社会の変化——願わくは「進歩」——により不必要となった法が廃止され，あるいは，非効率・不公正に機能するようになってしまった法が修正・改正されて，新たな社会条件の中での効率性と公平性とを回復することが，合理的な法の発展であると言うべきことになろう。

　この過程を進化論における「自然選択による最適者生存」になぞらえれば，「法規範の社会選択による最適法の実現」といえることになり，「環境への適応度」には「社会ニーズへの法の対応度」を対置することができるであろう[28]。この意味で，いわば「法の進化論モデル」を構築できることになる。これを図式化したのが図Ⅰである。なお，行政の問題は本稿の対象から外れるので，以下では省略する。

　法の社会的機能は，(A)のように，立法による法の施行と司法による法の解釈・適用とを通じて社会政策を実現すること（社会の規整）である。これが従来のプロトタイプとしての法のモデルであったといえよう。そして，その極端な形として，司法における法の解釈適用においては，立法のアウトプットとしての

---

　(27)　Cf. Lawrence M. Friedman, "On Legal Development," 24 *Rutgers L. Rev.* 11, 29-30 (1969).

〔2〕 法のダイナミックスと合理性

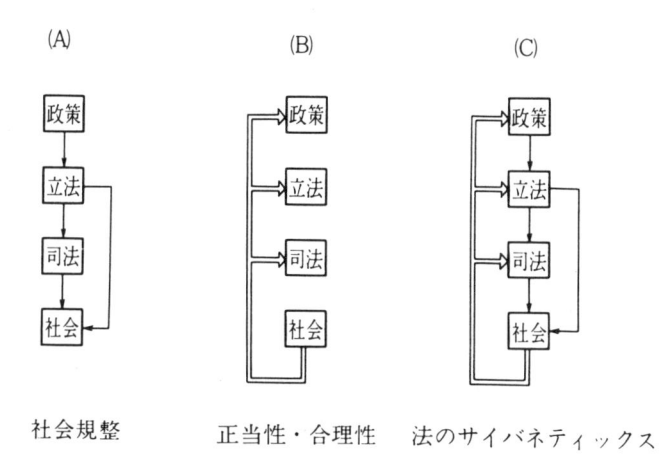

図I　法のダイナミックス

(A)　　　　　(B)　　　　　(C)

社会規整　　正当性・合理性　　法のサイバネティックス

制定法に何等新しい情報を付加すること（意味の持込み）もないとする立場が，最もプリミティヴな三権分立の観念につながるであろう。しかし，法の解釈適用において司法が法創造・政策形成的機能を現実には含有しているとともに，法が社会的問題解決制度のひとつとして機能するためにはある程度それは不可避であることも事実である。言い換えれば，(A)のなかの司法による社会規整は，

---

(28) 先例拘束の原則など法の「硬直性」が，法の安定性を保障し，進化におけるDNAの安定性に対応する機能を果たすことになる。アメリカ法学の進化論的思考様式の伝統については，Jack Hirshleifer, "Evolutionary Models in Economics and Law: Cooperation versus Conflict Strategies," 4 *Res. in Law & Econ*. 1 (1982); E. Donald Elliott, "Holms and Evolution: Legal Process as Artificial Intelligence," 13 *J. Legal Stud*. 113 (1984); E. D. Elliott, "The Evolutionary Tradition in Jurisprudence," 85 *Colum. L. Rev*. 38 (1985); Herbert Hovenkamp, "Evolutionary Models in Jurisprudence,"64 *Tex. L. Rev*. 645 (1985)等を参照。進化論を自然科学から社会科学に至る分野のパラダイムとして再構成しようとする意欲的かつユニークな文献として，Ervin Laszlo, *Evolution: The Grand Synthesis*, New Science Libraly, 1987がある。また，R. Dawkins, *The Selfish Gene*, Oxford U. P., 1976も参照。

第2章　裁判による民事紛争解決

司法が法創造・政策形成的機能を有する限度で司法独自の社会規整である。

では，これら立法や司法の行う社会規整の正当性はどのような構造を持つのであろうか。まず，社会規整の正当性をすべて立法機関だけの責任とすることには無理があろう。そして，政策の決定も立法機関が行うものとするのが公式の建前ではあるが，現実には，議会における政治過程のみならず，より広く社会内の種々の政治プロセスおよびその間の相互作用のアウトプットとして政策が形成されているとみる方が事実に近いであろう。このような種々の政治プロセスは，それが民主主義的プロセスである限りアウトプットの正当性の淵源となるものである。そして，このような民主主義的プロセスの正当性付与機能は司法固有の社会規整についても当てはまるものである[29]。まずそれは，限られた限度内ではあるが，個別具体的事件の解決としての判決の正当性に当てはまるであろう。手続保障と自己責任による裁判の正当化であるとか[30]，対論の過程としての訴訟過程自体の価値というとき[31]，当事者を中心とする利害関係人による民主主義的プロセスの正当性付与機能がその背後には意識されているであろう。また，民主主義的プロセスの正当性付与機能は，法源的機能を持つ先例としての判決の正当性についても当てはまる。制定法に従ったことのみによって，悪法を適用した社会的に不当な判決をも正しいと評価する立場は，現

---

(29) Cf. John Bell, *Policy Arguments in Judicial Decisions*, Clarendon Press, 1983, pp. 226-246, esp. p. 245. 吉野正三郎「裁判による法形成と裁判官の役割」立命館法学1988年5・6号1045頁，1077頁が，「法形成型訴訟においては，立法事実を提出することにより，法廷における弁論の内容と質を，立法府たる国会における討論に相当するほどのレベルまで引き上げ，裁判の結果に民主的正当性を付与するのに寄与する」と述べていることも参照。

(30) 新堂幸司『民事訴訟法』（筑摩書房，第二版1980）406—407頁，田中成明・前掲注（26）72頁参照。

(31) 例えば，井上治典「民事訴訟の役割」『基本法学8　紛争』（岩波書店1983）153頁，165頁は，「手続過程そのものが普遍的価値を持ち，そのような手続が保障されたがゆえに，その帰結も『正しい』ものになる，という考え方」を提示している。いわゆる「第三の波」の論者が強調する考え方である。

〔2〕 法のダイナミックスと合理性

代では多数の支持を受けうるものではないであろう。言い換えると，裁判においても，社会的妥当性ということをある程度直接に考慮しなくてはならないのである。このように，裁判の正当性も，正しい事実認定と所与の法とによってのみならず，当事者・利害関係人，潜在的当事者，潜在的利害関係人，そして，広く社会からの支持によっても与えられなければならないものである[32]。

以上をまとめると，政策決定・立法・司法という法過程のダイナミックスにおける法の正当性・合理性は，(B)に示されるように，社会に規定されるのが民主主義社会の公準である。それゆえ，法現象の全体的ダイナミックスは，(C)のように，法による社会規整と社会による法・政策の規定（正当性付与）とがサイバネティックス的なフィードバック回路を形成していることになる[33]。この回路を修正・改正を繰り返しつつ流れ続けることで，法はいわば「螺旋的」に進化してゆくのである。

そしてこのように，法の進化を，法の社会ニーズへの適応過程ととらえれば，立法・司法の合理性は，次のようなものとして把握されるであろう。

第一　そのアウトプットとしての制定法・判例法が，インプットとしての新しい社会状況により良く対応していること

第二　アウトプットがより進化した法であることを担保するシステムが，法システム（立法・司法）にビルトインされていること

このような，立法・司法の合理性の保障システムのひとつとして，社会科学（および自然科学）の立法事実としての利用を位置付けるのが，図IIである。これは，法的価値判断の構造とそこでの正当化の構造をプロブレム・ソルヴィングのプロセスとして図式化するものである[34]。

まず，社会に生じた問題が人びとに認識されてメカニズムはその作動を始める。社会問題の解決策として法的規整の諸選択肢が考案され，それぞれのもた

---

(32)　田中成明『裁判をめぐる法と政治』（有斐閣1979）120－126頁，田中成明・前掲注(26) 110－113頁参照。

(33)　中野貞一郎「裁判の合理化」阪大法学145・146号（1988）1頁，田中成明・前掲注(26) 75頁参照。

123

第 2 章　裁判による民事紛争解決

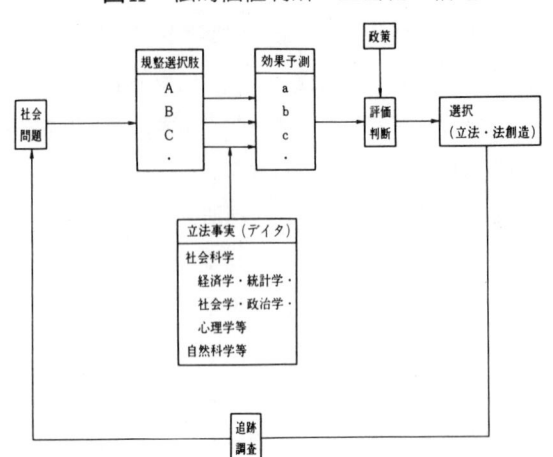

図II　法的価値判断・正当化の構造

```
                                           政策
                                            ↓
        規整選択肢    効果予測
         A            a        評価       選択
 社会    B            b   →   判断   →   (立法・法創造)
 問題    C            c
         ・           ・
                ↑
            立法事実（データ）
            社会科学
              経済学・統計学・
              社会学・政治学・
              心理学等
            自然科学等
                ↑
            追跡
            調査
```

らす効果についての予測が，社会科学（および自然科学）を立法事実として利用することでなされる。このプロセスの合理性は，正に，社会科学の理論と発見に依存している。まず，価値判断が社会的選択としてなされて政策(ポリシー)が決定され，その上で社会科学（および自然科学）の予測に基づき，各選択肢が，社会的公正等の政策を実現する上での効率性の観点から評価され，最適であると判断されたものが選択されて法となる。この効率性の判断においては，コスト・ベニフィット分析の手法が重要である。この判断が正しければ，法は社会に受容されるであろうし，もし誤っていれば，この法は「悪法」として社会から拒絶され，新たな社会問題となるであろう。法定立後の現実の機能について追跡調査がなされ，さらなる修正・改正（「悪法」の「淘汰」）へと繋がる。

---

(34)　太田勝造『裁判における証明論の基礎：事実認定と証明責任のベイズ論的再構成』（弘文堂1982）132頁で紹介された正当化の基本構造と「あとがき」（289頁以下）で示された決定理論の基本構造を参照。また，平井宜雄『法政策学：法的意思決定および法制度設計の理論と技法』（有斐閣1987）45頁の「意思決定」の概念規定（定義2・1）および205—206頁の「法的意思決定の過程と技法」（第5章第2節）も参照。Cf. Summers, *Instrumentalism and American Legal Theory, supra* note (10); Hovenkamp, *supra* note (28), p. 143.

〔2〕 法のダイナミックスと合理性

このメカニズムがマクロに作用するのが,立法による法の進化であり,ミクロに作用するのが,判例法による法の進化であると言うことができよう。

このプロセスの正当性は政策の正当性に由来し,政策の正当性はその実体的正義（公平・公正等）とその手続的正義（民主主義的政治過程,司法の適法手続等）に依存する[35]。そして,改めて言うまでもなく,このプロセスの合理性は,立法事実としての社会科学（および自然科学）に依存する。

このプロセスが正しく機能するための条件としては,次のものを挙げることができよう。

① 問題認識の適切性：何がどのように社会で問題となっているのかについての客観的で正確な理解が出発点である。

② 政策決定の正当性の保障：社会的意思決定過程としての政策決定過程が民主主義的正当性を有し,かつ,決定される政策内容が社会的正義・公正に適うものであることが必要である。

③ 法的規整の選択肢の網羅：先入観念・固定観念にとらわれた選択肢の検討に陥らないように努める必要があろう。

④ 効果予測の正確性：社会科学の成果の効率的利用に努め,単なる見込み判断（スペキュレイション）でない,事実によって基礎付けられた判断をすることが不可欠である。

---

(35) 吉野正三郎・前掲注(29)1059—1060頁は「法形成型訴訟では,訴訟当事者と法的に同じ立場や利害関係を有する訴訟外の第三者に対しても裁判の事実的効果が及ぶために,彼等の要求や意見を訴訟において反映させる訴訟手続上の配慮が必要となる」と述べている。その通りであると思うが,ただ,「法形成型訴訟」と「法適用型訴訟」を区別し,両者を二者択一的に対比させて観念することは若干ミスリーディングであろう。現実の訴訟においては,法形成と法適用とは連続しており,いわゆる現代型訴訟やハード・ケイスに限らず,いわゆる伝来型訴訟やルーティン・ケイスにおいても法創造・政策形成の契機は存在している。その限度において,すべての訴訟の場合に,事実上判決に利害を有するものたちの要求や意見を訴訟にできるだけ反映させること（いわば外部性の内部化）は民主主義的正当性の見地から望ましいことである。田中成明・前掲注(26)109頁参照。

第2章　裁判による民事紛争解決

⑤　追跡調査による批判的再検討：ひとたびなされた法律判断を物神化することなく，法を常にテンタティヴなものととらえて批判的再検討を行い，より良い法の実現に努力する。この点は，立法者，そしてそれ以上に裁判所にとって，利用可能な情報が常に限られていること，言い換えれば，立法者も裁判所も必然的に不確実性下の意思決定を強いられていることに鑑みると，一層重要であることが認識される。この意味では，判決にせよ，判例法（あるいは先例）にせよ，制定法にせよ，現実世界で機能する法は常に「差し当たりの暫定的なもの」でしかないことを肝に銘じておかなければならない[36]。

このように考えると，法の合理的発展（進化）のためには，社会科学・自然科学の成果の利用のみならず，そもそも法律家には社会科学的発想と素質が要求されていることになる[37]。

---

[36]　裁判所は立法部・行政部などの協力・支持がなければ，その政策目標を実効的に達成することができない点につき田中成明・前掲書注(32)274頁参照。しかし，法が暫定的な存在であるからこそ裁判による法の創造が必要とされるのである。この点に関して，中村治朗・前掲書注(26)125頁の「裁判官による法の創造は，その本質上，一挙に正しい解決，終着点に到達するということはほとんど不可能であり，試行錯誤（trial and error）の過程を辿らざるをえないのである。……後に続く者の叡知を信じてあえて誤るかもしれない道を切り開く創造の勇気と努力なくしては，法の不断の生成・発展はありえない。この場合，裁判官には，そのような任務が課せられているというべきなのである。」との主張には滋味掬すべきものがあると言うべきである。

[37]　アメリカ合衆国のロー・スクールにおいて現在では，統計学や社会学，経済学等の社会科学が積極的に教えられている点につき, The Subcommittee on Law, Committee on Training in Statistics for Selected Professions, American Statistical Association, *When Lawyers Count*, Washington, D.C., 1983 (cited in Noreen L. Channels, *Social Science Methods in the Legal Process*, Rowman & Allanheld, 1985, p. 1), Robert Cooter & Thomas Ulen, *Law and Economics*, Scott Foresman, 1988, PREFACE（クーター・ユーレン（太田勝造訳）『法と経済

〔2〕 法のダイナミックスと合理性

なお，このモデルは，政策の具体的内容自体（正当性や正義の個別具体的内容）にはコミットしていないことを確認しておきたい。また，ある社会的状況に対して唯一絶対の最適解が存在することを前提していないことも確認しておきたい。正義や最適性の具体的内容は，社会と歴史に対して相対的である。さらにそれは，価値判断の資料とされた情報の質と量の制約も受けている。それぞれの社会の各時代において相対的により正当であると承認されうる政策が存在し，その政策に対して相対的により適切であると判断されうる諸選択肢が存在するとき，不完全情報という意味で不確実な現実の中でも，その諸選択肢の中で最も優れたものが選択されて社会を規整する法となることを保障するための条件を分析したのが，上記の法の進化論モデルなのである。

つぎの2では具体例として，タラソフ判決とその1985年の立法化にこのモデルをあてはめて分析することにする。

2 タラソフ判決と1985年立法

1) タラソフ判決

タラソフ事件の経緯[38]を若干簡略化して述べると，ほぼ以下の通りである。カリフォーニア大学バークリィ校で造船技術を学んでいたインドからの留学生プロセンジット・ポッダーが，タチアナ・タラソフに愛を拒絶されたことを悩んで，バークリィの学生保険センターに精神病治療とカウンセリングを求めた。ポッダーのタチアナに対する病理的な執着と，銃を入手しようという意思とを発見して，センターの臨床心理学者（psychologist）ムーア博士と精神病治療医（psychiatrist）ゴールド博士・ヤンデル博士は，ポッダーがタチアナに対して危険な人物であると鑑定し，バークリィのキャンパス・ポリスにその旨の通知を口頭ならびに書面をもって行い，カリフォーニア州民事収監法（Civil Com-

---

学』（商事法務研究会1990）「まえがき」）などを参照。

 (38) 判旨（Tarasoff. v. Regents of University of California, 17 Cal. 3d 425, 430-433）と，Alan A. Stone, "The Tarasoff Decisions: Suing Psychotherapists to Safeguard Society," 90 Harv. L. Rev. 358, 358-361 (1976) を参考に要約した。

第2章　裁判による民事紛争解決

mitment Statute) に基づく保護収監を求めた。

　警察は、ポッダーを収監して取り調べたが、上記バークリィの精神病の専門家の判定にもかかわらず、彼が理性的で安全であると結論を下し、タチアナにはもう近づかないと誓約させて解放した。ちなみに、当時、タチアナは夏休みを利用してブラジル旅行中であった。

　ところが、ポッダーは、解放後、警察から何の連絡も受けていないタチアナの弟に近づき、彼女の帰国の日取りを聞き出した。精神病セラピスト (psychotherapist)[39]へのカウンセリングから2カ月後、タチアナが帰国するや直ちにポッダーは彼女の家に押しかけ、彼女を銃で撃ちナイフで刺して殺した。

　そこで、タチアナの遺族が、彼女の殺人死は、バークリィの精神病セラピストたちが彼女自身に危険を警告するのを怠ったために発生したとして、カリフォルニア大学 (Regents of University of California)、精神病セラピスト、キャンパス・ポリスを被告として損害賠償を求めたのが本件である[40]。

　第一審（事実審）・第二審ともに敗訴した原告タラソフの上告に対して、カリフォルニア州最高裁判所は、医師の法的責任を認める判断を下した（1974年第一タラソフ判決）[41]。判旨によれば、精神科医と患者との間には「特別関係 (special relationship)」が生じており、この特別関係に基づき医師はタチアナに対して警告をなす義務 (duty to warn) を負っていたと判断し、キャンパス・ポリスも責任を負う場合があると判示した。

---

　(39)　精神病治療医 (psychiatrist) は、医学部 (medical school: graduate level) を卒業したメディカル・ドクター (M.D.) である。臨床心理学者 (psychologist) は、心理学の博士号 (Ph.D.) を持つ者である。M.D.か否かを問わず、精神病の治療やカウンセリングに従事する者を本稿では、精神病セラピスト (psychotherapist, therapist) と呼んでおく。

　(40)　ちなみに、Stone, *supra* note (38)によると、ポッダーは、精神異常を主張した刑事訴訟 (People v. Poddar, 26 Cal. App. 3d 438, 103 Cal. Rptr. 84 (1972), People v. Poddar, 16 Cal. 3d 750, 518 P. 2d 342 (1974)) に破れ、刑に服した後、故国インドに帰って、幸福な結婚をしているとのことである。

　(41)　Tarasoff v. Regents of University of California, 529 P. 2d 553.

〔2〕 法のダイナミックスと合理性

　この第一タラソフ判決に対して，再度の考案(rehearing)の申立てが，多くの精神病セラピストのアミカス・ブリーフ（amicus brief）[42]を添えてなされた。極めて異例なことに，最高裁判所は，この申立てを容れて，1976年に第二タラソフ判決[43]を言い渡した。最高裁判所は，今度は，ポッダーと警察の間には「特別関係」は存在していなかったとのみ述べて，それ以上の理由は付さずに警察の責任を否定する一方，精神病セラピストとその患者との間には「特別関係」が成立すると判断した。そして，この「特別関係」に基づき医師には患者の危険性から第三者を保護するために「合理的対策（reasonable care）」を講ずべき法律上の義務があり，本件では，単に警察に連絡をして収監を要請するのみでは「合理的な対策」を講じたとは言えず，タチアナ本人ないしその家族に警告をなすべきであったと述べた。

　以上が，裁判による法の創造の形でタラソフ・ドクトリンが形成された経緯である。先の法の進化論モデルにあてはめてみると，このタラソフ・ドクトリンの合理性は，主として，デイタとして提出されたアミカス・ブリーフの意見が事実に即しているのか，それとも，それに対する判決多数意見の検討およびその依拠するフレミング教授の分析[44]の方が真実に近いのか，にかかっている

---

　(42) Motion of American Psychiatric Association, Area VI of the Assembly of the American Psychiatric Association, Northern California Psychiatric Society, California State Psychological Association, San Francisco Psychoanalytic Institute and Society, California Society for Clinical Social Work, National Association of Social Workers, Golden Gate Chapter, and California Hospital Association for Leave to File Brief Amicus Curiae and Brief Amicus Curiae in Support of Petition for Rehearing, Tarasoff I, 13 Cal. 3d 177, 529 P. 2d 553, 118 Cal. Rptr. 129 (1974).これは，Daniel J. Givelber, William J. Bowers & Carolyn L. Blitch, "Tarasoff, Myth and Reality: An Empirical Study of Private Law in Action," 1984 *Wis. L. Rev.* 443 (1984)による。

　(43) Tarasoff v. Regents of University of California, 17 Cal. 3d 425.破棄差戻。なお，後に和解している。

　(44) John G. Fleming & Bruce Maximov, "The Patient or His Victim: The Therapist's Dilemma," 62 *Cal. L. Rev.* 1025 (1974).

図Ⅲ　タラソフ判決での価値判断・正当化の構造

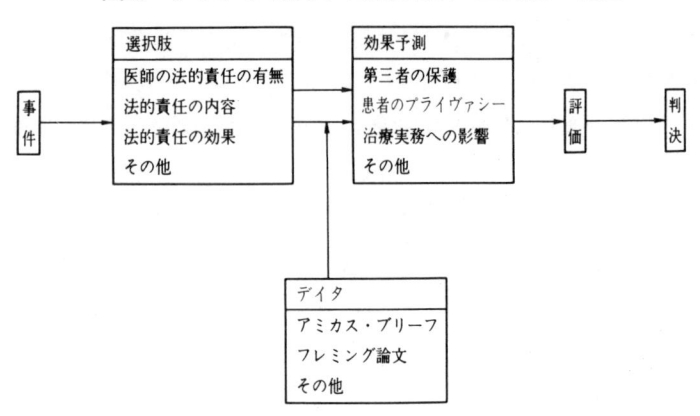

```
           ┌──────────────────┐    ┌──────────────────┐
           │ 選択肢            │    │ 効果予測          │
   ┌───┐   │ 医師の法的責任の有無│    │ 第三者の保護      │   ┌──┐    ┌──┐
   │事 │──▶│ 法的責任の内容    │──▶│ 患者のプライヴァシー│──▶│評 │───▶│判 │
   │件 │   │ 法的責任の効果    │    │ 治療実務への影響  │   │価 │    │決 │
   └───┘   │ その他            │    │ その他            │   └──┘    └──┘
           └──────────────────┘    └──────────────────┘
                                          ▲
                                  ┌──────────────┐
                                  │ デイタ        │
                                  │ アミカス・ブリーフ│
                                  │ フレミング論文 │
                                  │ その他        │
                                  └──────────────┘
```

といえるであろう。

　先の，法的価値判断と正当化の構造にあてはめて図式化すれば，図Ⅲのようになろう。事件が裁判所に持ち込まれ，裁判所は医師の法的責任の有無，法的責任の内容たる要件・効果等の法的規整策を選択しなければならなくなる。そのためには，種々の法的規整の選択肢につき，第三者の保護，患者のプライヴァシーへの影響，治療実務への影響，その他の社会的効果を立法事実たるデイタから判断しなければならない。その予測される社会的効果に対して，効率性や社会的正義・公正等の観点から政策的価値評価を下して，最も妥当で合理的な法的規整を選択し，それを基準に判決をしなければならない。当事者の手続保障がなされていると仮定すれば，判決の正当性は，立法事実に基づく法的規整の社会的効果予測の正しさに主として依存することになる。

　この効果予測における議論の対立は，法の経済分析の手法で分析すると極めて明瞭となる。この点は，後に〔**4**〕において行うことにする。

　2）1985年立法

　タラソフ判決は，制定法で認められている医師と患者の間の守秘義務（confidentiality）と免責特権（immunity）に対する例外を裁判所が判例法の形で形成したものとして受け取られ，かつ，その内容も「精神科医が，第三者に対して警告をなす法的義務（duty to warn）を負う」という形で喧伝され，精神病セラピストや法律家の間で議論，とりわけ批判を呼んだ。しかし，判例法の内容につ

[2] 法のダイナミックスと合理性

いてのこのような理解は，若干ミスリーディングであると言わざるをえないであろう。

危険状態に陥っている者を第三者が積極的に救助すべき義務，いわゆる「積極的保護義務（affirmative duty）」についての判例法によれば，原則としてこのような義務は存在しないが，例外として「特別関係（special relationship）」の存在する場合には積極的保護義務が存在するとされているのであり[45]，これは不法行為（torts）のリステイトメント[46]にも規定されているのである。しかも，タラソフ判決の判旨が述べるように，伝染性の病気の患者の治療の場合には，第三者を保護するため警告等をなす義務を医師に認める判例が既に存在しており，その意味では，タラソフ判決が医師と患者の間の守秘義務の例外を初めて突然肯定したものではないのである[47]。

また，タラソフ判決が認めた義務は，「第三者に警告をなす義務」という特定行為をすべき義務ではなく，「合理的対策（reasonable care）を講ずべき義務」であった。ゆえに，精神科医の有する強制的保護収容処置の権限[48]の発動や警察等への通報で十分な場合も考えられるのである。もちろん，判旨は，具体

---

(45) Tarasoff v. Regents of University of California, 17 Cal. 3d 425, p. 436f.; Fleming & Maximov, *supra* note (44), Part I (pp. 1026-1031).

(46) *Restatement (Second) of Torts*, §315 (1965).後述〔3〕1参照。なお，その他，医者と患者の間の守秘義務の制定法上の規定と，その例外規定については，Fleming & Maximov, *supra* note (31), pp. 1033-1037, 1061-1064を参照。彼等の分析によれば，守秘義務を規定する制定法の規定から読み取れる一般原則は，守秘義務が絶対的ではなく，守秘義務を破るべき場合を特定して規定している，ということであった（*id.*, p. 1064）。

(47) Fleming & Maximov, *supra* note (44), Shlomo Twersk, "Notes: Affirmative Duty After Tarasoff," 11 *Hofstra L. Rev.* 1013 (1983).

(48) Stone, *supra* note (38), p. 359f. and Foot note 9 at p. 360によれば，ほとんどの州が免許を受けた医師に緊急事態での強制的保護収容を開始する権限を認めているが（cf. Fleming & Maximov, *supra* note (44), p. 1036, Foot note 48)，カリフォーニア州では精神病治療医のこの権限を制限している。

な義務の内容を述べておらず，かつ，結果的にはキャンパス・ポリスへの通報では不十分であると判断したものであるから，ある程度，判決の側にも不正確な解釈への責任があるといえる。

この若干曖昧な義務の範囲については，その後の判例である程度明確化が図られている。まず，Hedlund v. Superior Court[49]では，患者の暴力の目標が子供を持つ女性であった場合に，臨床心理学者が子供に対しても損害賠償の責任を負うかが争われた。事案によれば，スティーヴン・ウィルスンが臨床心理学者ボニー・ヘドランドとピーター・エヴァソウルにラニータ・ウィルソンの肉体への重大な危害の意思を表明したが，警告はなされなかった。1979年4月9日スティーヴンはショットガンでラニータを撃ち，重傷を負わせた。その際，彼女は，隣に坐っていた2歳の男子ダリルの上に身を投げ出して庇った。それで彼は軽傷ですんだが，重大な精神的苦痛と心理的トラウマを受けたとして訴えていた。グロウディン判事[50]の多数意見（4対3）は，患者の危害意思の直接の対象のみでなく，予見可能性と特定可能性のある者（foreseeable and identifiable）に対しても保護義務は及ぶ，と判示して，ダリルに対する医師の責任を認めた。

この特定可能性の範囲については，Thompson v. County of Alameda[51]によって，若干の制限が課されている。アラメダ・カウンティは，裁判所の命令でその収容施設に少年犯ジェイムズを収監していた。彼を24時間に限ってその母親のもとへ仮出所させたところ，その時間中に，彼は，原告トムプソン夫妻の子供を母親の家の車庫の中で殺害した。判決によれば，アラメダ・カウンティは，彼が「潜伏性で，極めて危険かつ暴力的傾向を幼い子供に対して持っており」，かつ，彼が「もし解放されたならば，近隣に住む幼い子供の生命を奪うという意思を表示していたこと」を知っていた。ただ，ジェイムズは，被害者と

---

(49) 34 Cal. 3d 695, 194 Cal. Rptr. 805, 669 P. 2d 41 (1983).

(50) 1986年11月の選挙の際のカリフォルニア州最高裁判所判事の国民審査（Reconfirmation）で，最高裁判所長官のロウズ・バード女史（Chief Justice Rose Elizabeth Bird）とともに地位を追われた3名のリベラル判事の中の1人である。

(51) 27 Cal. 3d 741, 167 Cal. Rptr. 70, 614 P. 2d 728 (1980).

〔2〕 法のダイナミックスと合理性

してどの子供を目標とするかについては何等の示唆も与えていなかった。仮出所に際して何等の警告もなされなかった。判決では，この場合の威嚇の対象は，効率的に警告をなしうるような特定可能な個人ないしグループではなく，単に「近隣の子供」という不特定多数人であったから，アラメダ・カウンティは警告をなすべき義務を負わない，と判断された[52]。

一方，Jablonski v. United States[53]では，第九巡回区[54]の連邦控訴裁判所 (United States Court of Appeals, Nineth Circuit) がカリフォーニア州法を適用す

---

(52) この，効率的に警告をなしうる程度に対象が特定可能であるか，の問題にとって興味深いニュースが，Wallace Turner, "Unusual Sentence Stir Legal Dispute," *New York Times*, August 27, 1987にある。これまで2回ほど子供への「いたずら」の前科のあるリチャード・ベイトマンに対して，3回目の犯行の刑罰としてドロシー・ベイカー判事が，3インチ四方以上の大きさの字で書かれた「危険な性犯罪者——子供は近寄るべからず」とのサインを自宅の玄関のドアに掲示し，車を運転する際にもその車に掲示することを命じたが，法律家の間で，残酷で異常な刑罰ではないかとの物議を呼んでいる，とのことである。

他方，カリフォーニア州では，59歳のラリー・シングルトンという，15歳の少女を強姦し，その手首を切り落として放置した犯人が，14年の刑期に対し8年終えたところで仮出獄許可を得て出獄しようとしたところ，解放先となりそうなコミュニティがこぞってヒステリックに反対して政治問題にまでなった。サン・フランシスコ市長ファインシュタイン女史，コントラ・コスタ・カウンティ，サン・マテオ・カウンティ等は裁判所に訴えてまでシングルトンを入れまいとし，下級審ではその旨の判決を得ていた。これらはすべて上訴審で覆されたが，コミュニティのシングルトンへの反発は強く，シングルトンは行き場がなくなり，保護の警察官とともにホテル等を渡り歩かざるを得なくなっていた (*San Francisco Chronicle*, March 17, May 13 (editorial), 15, 20, 26, 1987, etc.)。

社会防衛と人権が相克する事例であるが，他方，タラソフ原則が適用されると，これらの犯罪者が再び事件を起こした場合に，警察は被害者から損害賠償を要求されるおそれが生じることになるわけである。

(53) 712 F. 2d 391 (1983).

(54) アラスカ州，アリゾナ州，カリフォーニア州，アイダホ州，モンタナ州，

133

る際，予見可能性・特定可能性の点で若干柔軟な判断を示した。事案は，メリンダ・キンボールが，同棲していたフィリップ・ジャブロンスキに殺害されたので，メリンダの子供メガン・ジャブロンスキが，タラソフ・ドクトリンに基づき，ロマ・リンダ退役軍人会病院（Veterans Administration Hospital）は警告をなす義務を怠ったとして合衆国政府を訴えた事件である。ジャブロンスキには，前科があったと同時に，1968年におけるエル・パソの陸軍病院での治療記録によれば，妻に対する殺人の傾向があった。さらに，メリンダの母親パールスに対する強姦や性的威嚇の試みもなされていた。担当医のコピロフ博士は，警察からジャブロンスキの前科とパールスへの攻撃未遂についての報告は受けていたが，陸軍病院の治療記録の取寄せは怠っていた。ジャブロンスキは，特定の危害意思の威嚇を医師に告白してはいなかった。判決では，同棲中の女性メリンダは，Thompson事件での近隣の子供の場合よりも，危害の目標として相当程度特定されており，Tarasoff事件とThompson事件との中間に位置付けられる，と判示し，原告勝訴の原審判断を肯定した。

なお，Bellah v. Greenson[55]では，危害の対象が自分自身，即ち自殺の場合には，自殺した少女の両親への警告の義務は生じない，と判断された[56]。

このようなタラソフ・ドクトリンは，その後，ニュー・ジャージ州（McIntosh v. Milano）[57]，オハイオ州（Leverett v. Ohio）[58]，ネブラスカ州（Lipari v. Sears Roebuck & Co.）[59]，ジョージア州（Bradley Center v. Wessner）[60]，ノウス・

ネヴァダ州，オレゴン州，ワシントン州，ハワイ州を担当の巡回区である。

(55) 81 Cal. App. 3d 614, 146 Cal. Rptr. 535 (1978).

(56) 自殺未遂の患者が精神病治療医を訴えた訴訟の被告医師側の視点からの記録として，Sara C. Charles & Eugene Kennedy, *Defendant: A Psychiatrist on Trial for Medical Malpractice*, Vintage Books, 1985があり，医療過誤責任保険の危機等の資料も収録されている。

(57) 168 N. J. Supp. 466, 403 A. 2d 500 (1979).

(58) 61 Ohio App. 2d 35, 399 N. E. 2d 106 (1978).

(59) 497 F. Supp. 185 (1980).

(60) 250 Ga. 199, 296 S. E. 2d 693 (1982).

キャロライナ州 (Pangburn v. Saad)[61], ミシガン州 (Davis v. Dr. Young-Oh Lhim[62], Knight v. Michigan[63], Chrite v. United States)[64]などの州で判例法として採用された。

タラソフ判決に対しては，ウェクスラーの論文[65]のような賛成の議論もなされたが，多くは，ハーヴァードのアラン・ストウンの論文[66]に代表されるような反対の立場からの批判であった[67]。ただし，1984年に公表されたアメリカ精神病治療学会の，同じストウンを議長とする「精神病治療と法」評議会の報告

---

(61)　73 N. C. App. 336, 326 S. E. 2d 365 (1985). ノウス・キャロライナでのタラソフ原則の採用については，Chris Michael Kallianos, "Psychiatrists' Liability to Third Parties for Harmful Acts Committed by Dangerous Patients," 64 *N C. L. Rev*. 1534 (1986)を参照。

(62)　124 Mich. App. 291, 335 N. W. 2d 481 (1983).

(63)　99 Mich. App. 226, 297 N. W. 2d 889 (1980).

(64)　564 F. Supp. 341 (1983). 他に，ワシントン州 (Petersen v. State, 671 P. 2d 230 (Wash. 1983))，ヴァモーント州 (Peck v. Counseling Service of Addison County, 499 A. 2d 422 (Vt. 1985))，カンザス州 (Durflinger v. Artiles, 673 P. 2d 86 (Kan. 1983))，アラスカ州 (Division of Corrections v. Neakok, 721 P. 2d 1121 (Alaska 1986))，アリゾナ州 (Cooke v. Berlin, 735 P. 2d 830 (Ariz. App. 1987))なども採用している。また，Ginger Mayer McClarren, "The Psychiatric Duty to Warn: Walking a Tightrope of Uncertainty," 56 *Cin. L. Rev.* 269 (1987)が，カリフォーニア州での1984年の立法の挫折と1985年の立法の成立，および，ミネソウタ州，ニュー・ハムプシャー州，ケンタッキィ州，カンザス州の立法を紹介している。

(65)　David B. Wexler, "Victimology and Mental Health Law: An Agenda," 66 *Va. L. Rev*. 681 (1980). 彼は，従来の「暴力的行動の個人的病理学 (individual pathology) モデル」よりも適切な「暴力行動の相互的病理学 (interactional pathology) モデル」の採用をタラソフ判決が促進するので，精神病治療にとって判決は有益である，と主張している。

(66)　Stone, *supra* note (38).

(67)　*E.g.*, Steven Andrew Heimberg, M.D., "Status of the Emergency Room

書は，精神病セラピストの側の従来の立場からの若干の軌道修正を行っている。すなわち，「……当評議会のメンバーは，多分この『法的義務不存在 (no duty)』の立場が不適当であり，一定の状況下においては，精神病治療医が法的責任を負うべきであることにつき，見解の一致に達した。そのような状況としては，例えば，患者が他者に対する重大な危害の危険を有していることを知っていたにもかかわらず，精神病治療医が何等の行動をもとらなかったような場合である」[68]と述べている。

また，タラソフ判決は，法社会学的関心の対象ともなり，スタンフォード・ロー・レヴューに掲載されたワイズの調査[69]と，ウィスコンシン・ロー・レヴューに掲載されたギヴェルバー・ボウワース・ブリッチ等による調査[70]がなされている。

カリフォルニア州での立法の動きは，1978年に，72時間の強制治療ないし適切な当局への収監要請で精神病セラピストは義務を果たしたことになる，との内容のアッセンブリ・ビル（法案）が提出されたが，結果的には立法にまで至らなかった。

Psychotherapist: Privacy Rites," 30 *U.C.L.A.L. Rev.* 1316 (1983); Joseph J. Cocozza & Henry J. Steadman, "The Failure of Psychiatric Predictions of Dangerousness: Clear and Convincing Evidence," 29 *Rutgers L. Rev.* 1084 (1976) William J. Winslade, "After Tarasoff: Therapist Liability and Patient Confidentiality," in L. Everstine & D.S. Everstine (eds.), *Psychotherapy and the Law*, Grune & Stratton, 1986, p. 207, etc.

(68) Official Actions, "Council on Psychiatry and Law," 141 *American Journal of Psychiatry* 487, 488 (1984). これは，John Monahan & Laurens Walker, *Social Science in Law: Cases and Materials*, Foundation Press, 1985, p. 204の引用による。

(69) Toni Pryor Wise, "Where the Public Peril Begins: A Survey of Psychotherapists to Determine the Effects of Tarasoff," 31 *Stan. L. Rev.* 165 (1978).

(70) Givelber, Bowers & Blitch, *supra* note (42).

〔2〕 法のダイナミックスと合理性

　以上の，精神病学会・法律学会・法社会学会・立法化の動き等を受けて，カリフォーニア州で1985年には遂に立法化がなされた。すなわち，1985年2月28日に州下院議員マカリスタとフィランテとによって提出された法案（Assembly Bill No. 1133）の議会通過と1985年9月17日の州知事の認証とによって，カリフォーニア州民法典（Civil Code）の第43・92条（追加条）として制定法化された。

民法第43・92条
 (a) 証拠法（Evidence Code）の第1010節で定義される精神病セラピスト（psychotherapist）が，その患者の威嚇した暴力的行動（threatened violent behavior）について警告をなして（warn）保護することを怠り，あるいは，その患者の暴力的行動を予測し，警告をなし，保護することを怠った場合においても，その精神病セラピストの側の金銭上の賠償責任（monetary liability）も，その精神病セラピストに対する訴訟原因（cause of action）も生じない。

　　ただし，合理的に特定しうる被害者の身体に対する暴力の重大な威嚇（serious threat）を，患者が精神病セラピストに対して通知（communicate）した場合には，この限りではない。
 (b) 前項但書に特定されたところの限定的状況下での，警告をなし保護をすべき義務が生じる場合においても，精神病セラピストが被害者および警察（law enforcement agency）に対し，その威嚇を通知するための合理的努力（reasonable effort）をなすことにより，その義務は果たされる（be discharged）。

　タラソフ判決が，「患者の第三者に対する暴力の重大な危険を判定し，または，その職業上の標準に基づき危険を判定すべきである場合には」，精神病セラピストは，「合理的対策を講ずべき義務を負う」と，極めて広く法的責任を認めていたのに比べると，この立法では，患者が現実に威嚇を通知した場合に限定し，義務の内容も，被害者と警察への通知の努力，と特定化している点が注目される。しかも，証明責任を転換して（但書），責任を一層縮減している。

　この責任範囲の限定と義務の特定化の合理性の有無は，立法に至るまでの利

害関係を有する団体・学者の間の議論と，タラソフ判決の社会的影響についての法社会学的調査の結果とが，どれだけ事実に基づくしっかりしたものであるか，立法の際の資料としてそれらがどれだけ十分に考慮されたか，に依存しているであろう。

　先の，法的価値判断と正当化の構造にあてはめて図式化すれば，図IVのようになろう。タラソフ・ルールの適否が立法における課題であり，法的責任の有無，法的責任の内容等の法的規整の選択肢から立法者は選択をする。そのために，法的規整の選択肢の有する社会的効果（治療の委縮の危険，保険料の高騰の危険，濫訴の弊害，患者の不安，プライヴァシーの保護，守秘義務違反による濫訴の危険，その他）を立法事実たるデイタを基礎として予測する。このようにして予測された社会的効果に対して，効率性や社会的正義・公正の観点から政策的価値評価を下して最も妥当で合理的な法的規整を選択し立法化する。立法プロセスが民主主義的であると仮定するなら，立法の正当性は，立法事実に基づく法的規整の社会的効果予測の正しさに主として依存することになる。

　タラソフ判決の社会的影響についてポジティヴ，ネガティヴの予測がなされ，それらをいわば「仮定して」賛否の議論がなされていたことに鑑みると，とりわけても，法社会学調査の成果の内容が立法資料となり，立法事実として十分に検討され，考慮されることが，この立法の合理性を支えるものとなるはずで

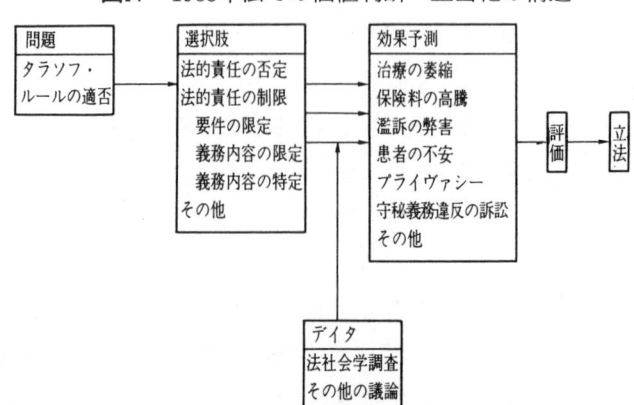

図IV　1985年法での価値判断・正当化の構造

ある。この法社会学調査の内容については，後に〔5〕で検討することにする。

なお，1985年以降，1987年6月までに，カリフォーニア州の他に六つの州でタラソフ・ドクトリンが立法化されたと報告されている[71]。

〔3〕 訴訟での社会科学と正当化責任

1 訴訟における立法事実

1） 立法事実の収集

(a) 訴訟で解釈・適用される法は，制定法・判例法を問わず，常に多かれ少なかれ曖昧性・多義性を内在させている。言語自体が曖昧性・多義性を有している以上，これは言語的手段で伝達される法の宿命であろう。さらには，時として，とりわけ新しい社会現象の発生した場合等には，「法の欠缺」が生じることがある。

また，たとえ，制定法・判例法がその適用上は問題がない程度に明確・一義的であったとしても，そのことは，法の合理性や法の妥当性を必ずしも保障しているわけではない。当該法の規整対象たる特定の社会事象に対する認識の過誤や，法的規整の諸選択肢のもたらす効果についての予測の誤りから不合理・不適切な法が形成されることもありうる。さらには，不適切な政治的圧力や権威主義的独善によって，当該社会では正当・妥当であると認められることの難しい法が形成されることもありうるであろう。

法の形成・改正の時点においては合理的かつ妥当であったとしても，その後の社会構造・経済構造の変化・発展により，法の内容がもはや社会の規整手段としては合理的に作用しなくなっている場合や，社会の文化や価値観の変化・進歩により法がもはや正当・妥当であるとは承認されなくなっている場合もありうるであろう。

裁判の役割は，第一義的には法に基づく紛争の妥当・公正な解決であり，第二義的には，この個別の紛争処理を通じて社会政策の実施，ひいては，より良

---

(71) Stein, *supra* note (2).

第 2 章　裁判による民事紛争解決

い社会の実現であろう。そして，法の訴訟における役割が，事件の解決のための価値判断基準の提供であるなら，もし，適用さるべき法に，前述のような欠缺・曖昧性・多義性・不合理性・不当性がある場合には，法はそのままではその役割を果たすことができないことになる。このような場合，少なくとも立法による法の創造・修正が実現されるまでは，訴訟を通じて，その欠缺を埋める形で法が創造され，その曖昧性・多義性ができるだけ明確化・一義化され，不合理・不当な法が修正・改正されなくてはならないであろう。現代という急激な社会的・技術的・政治的・経済的変革の時代においては，そして，立法化までに長い時間のかかる現状においては，この裁判による法の創造・修正は，その重要性をことさらに増しているであろう。

訴訟における法の創造・修正に際して，裁判官が肘掛椅子に腰掛け夜空の星を眺めて瞑想に耽れば「正しい法」の天啓を受けうると信じることのできるナイーヴな時代ではなかろう。また，当事者（その訴訟代理人弁護士）・裁判所が口角泡を飛ばして議論をすれば紛争はおのずから適切に解決されると本気で信じる法律家や社会科学者は稀であろう。ホームズ判事が，「法の合理的研究をするのは，訓詁学の人であると現在では考えられているかも知れないが，将来においては，統計学を修めた人や経済学をマスターした人でなくてはならない」[72]と述べたのは，今から90年余りも前のことなのである。

　(b)　訴訟制度がその社会的使命を適切に果たすために法の創造・修正を行う場合には，さきの法の進化論モデルで示したように，立法事実をその審理の対象として組み込まなければならないと考えられる。即ち，その政策決定の正当性を保障するためには，その判例法によって影響を被りうる者の意見に可能なかぎり耳を傾ける必要があり，その法的規整の合理性の保障のためには社会

---

　(72)　Oliver Wendell Holmes, "In The Path of the Law," 10 *Harv. L. Rev.* 457, 469 (1897).これは意訳である。また，法の修正が必要となる場合につき，Summers, *supra* note (10), pp. 83-86参照。ホームズ判事の法思想とその現代的意義については，松浦好治「法道具主義と人間の尊厳：ホウムズの法思想と現代」今井弘道（編）『法思想史的地平』（昭和堂1990）161頁参照。

〔3〕 訴訟での社会科学と正当化責任

科学や自然科学の成果と方法とを立法事実として最大限利用しなければならないと考えられる。この意味では,「裁判官は法を知る」という19世紀的ファラシーは克服されなければならず,代わって,当事者と裁判所は立法事実を基礎とする法律上の議論を通じて,妥当な法の解釈・法の創造を行う,という原則が採用されなければならないことになる。この新しい原則は,「当事者と裁判所は一緒に法を創る」と要約することが許されよう[73]。

利害関係者がその意見を裁判に反映させるということは,「法の経済分析」の用語を類推して表現すれば「外部性（externalities）の内部化（internalization）」ということができよう。民主主義的プロセスの観点から表現すれば,言論のフォーラムのひとつとしての裁判手続への「参加（participation）」のチャネルを開くことを意味する。そのためのメカニズムとして,まず,合衆国訴訟法にはアミカスの制度（裁判所の友）がある。タラソフ裁判においても,精神病セラピストの多くの団体がアミカス・ブリーフを提出していたことは,既に述べた。日本では,専門家の鑑定書が,時として,このような機能を果たしているであろう。

その他,社会の利害関係者の意見に耳を傾けるメカニズムとしては,種々の訴訟参加の制度が考慮の対象となりうる。公立学校における人種隔離廃止（desegrigation）のためのバス通学が問題となった Crawford v. Board of Education[74]での具体的バス通学計画の作成段階に,バス通学制度反対の立場の団体 Bustop と中立の立場を標榜する BEST（Better Education for Students

---

(73) 吉野正三郎・前掲注(29)1073頁は「『裁判所は法を知る』という法諺は,『裁判所は当事者と共に法を知る』という法諺にとってかわるべきで」あるとしていることや,田中成明・前掲注(26)72頁が,「裁判による法形成の適正な在り方も,究極的にはこのような当事者主義的手続への参加保障と関連づけて考察されねばならないのである」と述べていること,井上治典・前掲注(31)が,「具体的な法または法規範は,……当事者の自律的な紛争活動のなかから次第にかたちづくられていく［のであり］,……その過程で働く当事者のイニシアティヴの重要性をあらためて確認しておく必要がある」と述べている点などを参照。

(74) 17 Cal. 3d 280, 130 Cal. Rptr. 724, 551 P. 2d 28 (1976).

第2章 裁判による民事紛争解決

Today) の団体が参加 (intervention) を申し立てた。伝統的な訴訟参加の枠組では認められないであろうこれらの参加が最終的には双方とも認められた[75]。イーゼル教授によれば、バス通学計画の実行可能性と実効性のためには反対者も含めて多くの関係者の参加による話合いが必要であり、裁判所の判断はこの見地から正当なものであると評価している[76]。

このバス通学計画作成過程は、ほとんどタウン・ミーティングと呼べるような手続であり、異なる立場の諸団体・諸個人が交渉しあい妥協しあって計画を練る作業が裁判所の主宰の下に行われており、それは司法過程というよりは行政的ないし立法的過程であった。人種隔離廃止の問題のように、高度に政治的かつ社会政策的で、単に過去の事実に基づき現在の権利関係を確定するという伝統的な司法の機能を超え、将来の社会構造を計画・立案するという作業を裁判所が引き受けること自体、異例ではある。しかし、具体的事件の判決が判例法ないし法源的機能を有する先例として将来の社会関係を直接・間接に規整するものである以上、程度の差は大きく存在するにせよ、司法制度はある程度立法政策機関として機能せざるを得ず、具体的事件の関係者以外の利害関係者の意見を参考とする必要性を否定することはできないであろう。

日本の場合を考えて見ても、前述のように判例の法源的機能は一定の範囲で制度的に保障されており（裁判所法10条、民事訴訟法318条）など、現実にも法源的機能を果たしている。裁判所の中でもとりわけ法令解釈の統一の役割を担う最高裁判所は、その意味で法の解釈適用そして法の修正・創造において社会的影響を考慮することが望ましいのであり、社会の実態についての社会科学の成果や国民各層の意見に対して、中立性を損わない程度において耳を傾ける必要がある[77]。そのためには、専門家の鑑定書や利害関係者・団体からの意見書

---

(75) Bustop につき、Bustop v. Superior Court, 69 Cal. App. 3d 66, 137 Cal. Rptr. 739 (1977)を参照。BEST については、Stephen C. Yeazell, "Intervention and the Idea of Litigation: A Commentary on the Los Angeles School Case," 25 *U.C.L.A.L. Rev.* 244, 259f. (1977)参照。

(76) Yeazell, *id.*, pp. 256-259.

(77) この点に関し、中村治朗・前掲書注 (26) 213頁の注(11)が、「裁判官は、

〔3〕 訴訟での社会科学と正当化責任

などを訴訟において合衆国のアミカス・ブリーフ的に活用して，間接的な形ではあるが利害関係人の「参加」の機会を認めることが望ましいと考えられる。また，前記のような制度的保障のない下級審裁判所の場合も，その判決ないし判決群が社会活動・経済活動に大きな影響を事実上与えることも多い。従って，一般的に裁判所が判決をする際にそのような社会的影響に一切眼を閉ざして法の解釈を行うことは現在では許されないであろう。やはり，鑑定書や意見書などを合衆国のアミカス・ブリーフ的に活用することが望ましいと考えられる。

他方，バス通学計画作成過程におけるこのような訴訟の第三者の意見の聴取が非公開で，あるいは一方当事者に開示されずに行われれば，裁判の中立性が問題となるであろうことも明らかである。例えば，Bradley v. Milliken[78]ではまさにこの点が争われた。ミシガン州のバス通学計画の訴訟過程で裁判所が訴訟外で多くの利害関係者との話合いをしたことが違法であるとして，裁判官の忌避が申し立てられた。この申立ては認められなかったが，裁判所の役割を考えるうえでは参考となろう。とりわけ，裁判所の時間的・財政的・制度的制約に鑑みるとき，司法による法政策的活動の限界が明らかとなろう。

利害関係者の参加という，法の創造・修正過程の民主主義的正当性の確保の点で，裁判所には限界があり，立法過程には劣るのである[79]。法の創造・修正

法の解釈・適用にあたって社会の真の要求するところにこたえるためには，いわゆる社会の声に耳を傾けなければならないが，そのような声は，必ずしも法廷における弁論の中に盛りつくせるものではないから，裁判官に対する社会的要望の反映の道は，これを開いておかなければならない。」と述べていることが参考になろう。

(78) 426 F. Supp. 929 (1977).

(79) Kenneth Culp Davis, "Judicial, Legislative, and Administrative Lawmaking: A Proposed Research Service for the Supreme Court," 71 *Minn. L. Rev*. 1 (1986).先に〔2〕1 1)でその一部を紹介した，合憲性推定の諸判例も，まさにこの点を主要な根拠のひとつとしている。訴訟における社会科学の利用について4件の訴訟事件を取り上げて詳細なケース・スタディーを行い，法創造・政策形成的機能に関して司法の服する種々の制約と問題点を分析する研究として，Donald L. Horowitz, *The Courts and Social Policy*, The Brookings Institution, 1977があり

を通じて，司法制度は立法制度を補完するが，代替することまではできないのである。

　　(c)　立法事実の訴訟における取扱いについては，「裁判所は法を適用する」という過度に単純なモデルと，「裁判官は法を知る」という誤ったドグマのゆえに，未だ明確な理論化も制度化も行われていないといえる。ここでは，主張責任・証明責任，弁論主義，自由心証という，判決事実（adjudicative fact）についての理論を参考としつつ考察することにする。

　訴訟における判決事実の取扱いを，デイタ収集とデイタ処理の二つのフェイスに分類すれば，主張責任，証拠の申出はデイタ収集の問題であり，自白の拘束，自由心証，証明責任はデイタ処理の問題となる。弁論主義のもとでは，デイタ収集の面では全面的に当事者の責任と権能とする一方，デイタ処理の面では主として裁判所に委ね，例外として，当事者の合意ないし一致した主張事実への裁判所のデイタ処理は認めないという形（自白の拘束）で当事者のイニシアティヴを認めている[80]。

　立法事実については，それを法の解釈・適用の一環であるととらえれば，「裁判官は法を知る」の建前から，デイタ収集・デイタ処理の全面で裁判所の専権ということになろう。しかし，裁判所がリーガル・リサーチをして出てくるのは，適用法条，関連裁判例，立法資料，学説等が中心であり，立法事実としての社会科学や社会の実態は必ずしも十分には出てこない。また，実際上も，多数の事件を抱えた裁判官や，裁判所のスタッフの充実度を考えた場合，立法事実の収集の責任を裁判所に課しても十分には機能し得ず，結局，当事者（代理人）の提出するものに限定されてしまうのが通常となろう。とすれば，立法事

　参考となる。Abram Chayes, "The Role of the Judge in Public Law Litigation," 89 *Harv. L. Rev.* 1281 (1976)も参照。

　(80)　自白の自白者への拘束たる撤回の禁止は，信義則等で正当化されるであろう。また，主要事実についての主張責任の制度も，裁判所のデイタ処理を制約する機能を有する。立法事実の収集に関する日本の議論については，前掲注(15)の諸文献参照。

〔3〕 訴訟での社会科学と正当化責任

実の収集について，職権探知主義か弁論主義かという idée fixe にとらわれた議論をしても十分ではあるまい。

　立法事実の収集の問題について示唆に富むのは，他ならぬ立法事実概念の提唱者[81]デイヴィス教授の最近の論稿である[82]。

　まず，上記のように，立法事実のデイタ収集の面で，裁判所は立法部や行政部に劣るゆえ，司法の法創造・修正機能は立法・行政より劣るとする[83]。それゆえ，裁判所は法の創造・修正に際して慎重でなくてはならない[84]。しかし，法の創造・修正が裁判所の社会的役割の遂行上不可避である以上，裁判所は，できるだけ立法事実の収集に努める責任を負うことになる。デイヴィス教授の示唆する方法としては以下(i)〜(iii)の三つがある。

　(i) ブランダイス・ブリーフ[85]や専門家鑑定等による立法事実収集が奨励さ

---

(81) Kenneth Culp Davis, "An Approach to Problems of Evidence in the Administrative Process," 55 *Harv. L. Rev.* 364 (1942).

(82) Kenneth Culp Davis, "Facts in Lawmaking," 80 *Colum. L. Rev.* 931 (1980); Davis, *supra* note (79). また，連邦最高裁判所における資料収集についての調査に基づく提案として示唆に富む論稿として，Arthur S. Miller & Jerome A. Barron, "The Supreme Court, the Adversary System, and the Flow of Information to the Justices: A Preliminary Inquiry," 61 *Va. L. Rev.* 1187 (1975)がある。

(83) Davis, *supra* note (79), p. 1f. ただし，行政部・立法部が必ずしも司法部より立法事実の収集・分析の点で，その能力が優れている訳ではない点を実証的に研究したものとして，Michael A. Rebell & Arthur R. Block, *Educational Policy Making and the Courts: An Empirical Study of Judicial Activism*, University of Chicago Press, 1982を参照。

(84) Cf. Peggy C. Davis, "'There is a Book Out……': An Analysis of Judicial Absorption of Legislative Facts," 100 *Harv. L. Rev.* 1539, 1600 (1987).

(85) 周知のように，Muller v. Oregon, 208 U. S. 412, 28 S. Ct. 324, 52 L. Ed. 551 (1907)で Louis D. Brandeis が提出した有名なブリーフにちなんで，社会科学的事実を立法事実として提出する文書をこのように呼んでいる。なお，Monahan & Walker, *supra* note (68), pp. 5-8にブランダイス・ブリーフの一部が引用されている。興味深いことに，訴訟での社会科学の（立法事実としての）利用の最初として

れなければならない。この点で，弁護士は，科学者や専門家をもっと利用するよう努めるべきである[86]。

これは，芦部教授が1963年に，憲法訴訟について，「裁判官，とくに弁護士が，立法事実の重要性と社会科学的証拠の意義をあらためて認識する必要があろう」[87]と述べたことに一致する。裁判所も，法の創造・修正をしていること，あるいはせざるをえないことを正面から認めることが，問題の出発点でもあろう[88]。そして，裁判所は，第三者からもアミカス・ブリーフを収集するように努めるべきであろう[89]，とデイヴィス教授は述べる。

(ii) 最高裁判所は，科学や社会科学の専門家を雇用して裁判官を援助すべきである[90]。

この点については，合衆国の裁判所（裁判官）は，多少ではあるがこの方向に進み始めているといえる。サックスとデュエゼンドは，「控訴裁判所の判事の中には，クラークシップの期間中に予想される事件に関連性のある分野に学問的背景を有するロー・クラークを選んでいる者がいる。例えば，今期は生物学，次期は工学というように」[91]と報告している。

有名な，そして，その後の法律学と実務に大きな影響を与えたこのブリーフの内容は，各種専門家団体の単なる意見の収集等に過ぎず，真の意味では社会科学ではないのである。Cf. Rosen, *supra* note (9), pp. 84-87. 法律分野以外からブリーフを収集した点と社会科学志向の点でイノヴェイションだったといえるのである。ブランダイス・ブリーフの利用の実態につき，Thomas B. Marvell, *Appellate Courts and Lawyers: Information Gathering in the Adversary System*, Greenwood Press, 1978, p. 80f. 参照。

(86) Davis, *supra* note (79), p. 15. 先例変更における立法事実の重要性につき，Marvell, *supra* note (85), p. 155参照。

(87) 芦部信喜・前掲注(15)163頁。中村治朗・前掲書注 (26) 129頁注(7)も参照。立法事実利用が勝訴の確率を向上させる点につき，Marvell, *supra* note (85), p. 40参照。

(88) P. C. Davis, *supra* note (84), p. 1600.

(89) P. C. Davis, *id*.

(90) Davis, *supra* note (79), p. 15; Miller & Barron, *supra* note (82), p. 1240.

〔3〕 訴訟での社会科学と正当化責任

また，マーヴェルの調査によれば，多くの裁判官が，必要な情報を得るために，自分のロー・クラークを使って種々の専門家に個人的に連絡をとっている(92)。

さらには，陪審員の人数をどこまで縮小できるかにつき，5人では違憲であると判断した有名な Ballew v. Georgia(93)でのブラックマン判事の多数意見は，ブラックマン判事の多くの個人的リサーチによる社会科学デイタ（特にグループ・ダイナミックスについての研究成果）によって理由付けられている(94)。スティーヴンス判事も，Hazelwood v. United States(95)での反対意見のなかで，統計的推論について自分のロー・クラークのアドヴァイスを受けたと述べている(96)。

離婚時の子供の監護権についての法の修正の際に，多くの裁判官が独自にゴルトスティーン・フロイド・ソルニックの有名な *Beyond the Best Interests of the Child* を訴訟外で読み，多大な影響を受けていたことについて，P.C.デイヴィス教授が検討している(97)。

(iii) 裁判所の外に，裁判所の要請に基づいてリサーチを行う研究機関を設置すべきである(98)。

---

(91) Michael J. Saks & Richard Van Duizend, *The Use Of Scientific Evidence in Litigation*, National Center for State Courts, 1983, p. 97.

(92) Marvell, *supra* note (85), p. 99, note 34 at p. 346.

(93) 435 U. S. 223, 98 S. Ct. 1029, 55 L. Ed. 2d 234 (1978).

(94) Cf. Monohan & Walker, *supra* note (68), p. 488.

(95) 433 U. S. 299 (1977).

(96) *Id*., p. 318, note 5. 合衆国最高裁判所のその他の判事も社会科学の利用を行っている。Cf. Monahan & Walker, *supra* note (10), note 2 at p. 477, Rosen, *supra* note (9).

(97) P. C. Davis, *supra* note (84).

(98) Davis, *supra* note (79), p. 15. この提案は CRS の過大評価に基づくものであると批判するものとして，Reed Dickerson, "Statutes and Constitutions in an Age of Common Law." 48 *U. Pitt. L. Rev*. 773 (1987), Foot note 39 at p. 789がある。その他の批判として，Ann Woolhandler, "Rethinking the Judicial Reception

第2章　裁判による民事紛争解決

　ちなみに，合衆国議会（Congress）は，CRS（Congressional Research Service）という，このような性格の調査機関を有している[99]。1986年6月9日に判決された Bowen v. American Hospital Association[100]の審理の際に，最高裁判所のロー・クラークはCRSの援助を求め，CRSの名前を出すことなく，脚注の30でCRSの調査結果を引用している[101]。

　以上のデイヴィス提案のうち，弁護士・裁判官の立法事実収集に関する点は，日本でもそのままあてはまるであろう。ロー・クラークやCRSに関する提案は，合衆国独自のものであるが，最高裁判所調査官の活用や，他の行政官庁の協力を得ることなどにより，日本でもある程度その趣旨を追求しうる提案であると考える。

　(d)　立法事実の収集に関しては，その証拠法的問題点として，そもそも証拠法の規定の適用があるか否かが問題となろう。

　証拠の関連性の要件については，それが，主張された判決事実と証拠との関連性の必要性であるから，立法事実を直接には対象としていないといえる[102]。しかし，法的価値判断の合理性確保のために必要な資料であるか否かという意味で，立法事実とその訴訟の法的争点との間の関連性は必要であろう。ただし，このことは，その資料が当該法的争点についての立法事実であることと，定義上同じことではある。

　伝聞証拠の排除法則を適用すれば，ほとんどの立法事実は排除されてしまうおそれがある。原則として，伝聞証拠の排除法則は適用されるべきではないで

---

of Legislative Facts," 41 *Vand. L. Rev.* 111 (1988)も参照。

　(99)　Davis, *id*., p. 15f.

　(100)　106 S. Ct. 2101 (1986).

　(101)　Cf. Davis, *supra* note (79), p. 18.

　(102)　しかし，関連性の要件が伝聞証拠法則とともに社会科学的資料の訴訟への提出に対する大きな障害となっている。この点については，早川武夫「司法における社会科学：アメリカの法的思考の一つの傾向」『日本法哲学年報：法思考の問題』(1961)，［後に，早川『アメリカ司法と計量法学』（有斐閣1979）56頁以下に所収］を参照。

〔3〕 訴訟での社会科学と正当化責任

あろう[103]。反対尋問権の保障については，立法事実が専門家鑑定人の証言として訴訟に提出される場合には，反対尋問が必要であろう。日本の民事訴訟では伝聞証拠の排除法則は適用されないとともに，伝聞証拠法則それ自体の合理性には議論の余地も大きい。他方，出頭した専門家鑑定人が立法事実について証言する場合に反対尋問権を相手方に保障する必要があることは日本においても同様であろうと思われる。

社会科学の性格上，提出された資料が，社会科学の理論や成果であるといえるかどうかも，問題となりうるであろう。この点についての合衆国での議論は，判決事実の認定のための社会科学につき，多数の裁判所は，Frye v. United States[104]で示された「一般的認容テスト（general acceptance test, Frye test）」を採用しているとされる[105]。これは，その社会科学や科学的理論・発見が，その属する特定の学問領域で一般的に受け容れられているかどうかを問うものである。社会科学の性格上，このテストを適用するとほとんどが排除されてしまうとして，一般証拠法上の関連性テストを用いればよい，とする有力説もある[106]。日本では，この点は，自由心証の問題と位置付けられ，そのように処理されれば足りるであろう。

2） 立法事実の審理と手続保障

立法事実のデイタ処理に対応するものは，判決事実においては，自白と自由心証主義とである。この問題を考察するに先立って，まず，立法事実の性格を見ておこう。

---

(103) Cf. Davis, *supra* note (82), p. 941; Davis, *supra* note (79), p. 11.

(104) 293 F. 1013 (1923).

(105) Cf. Paul C. Giannelli, "The Admissibility of Novel Scientific Evidence: Frye v. United States, a Half-Century Later," 80 *Colum. L. Rev*. 197 (1980); P. C. Davis, *supra* note (84), p. 1594 etc.

(106) C. Wright & K. Graham, *Federal Practice and Procedure*, West Pub. Co., 1978, p. 87. ただし，Saltzburg, "Frye and Alternatives," 99 *F.R.D.* 208, 209 (1983)は，一般的認容テストも関連性テストも本質的に同じであるという。

第2章　裁判による民事紛争解決

　訴訟で問題となる事実には，大きく分けて次の三つがある。第一は判決事実，第二は立法事実，第三は経験則である。経験則は，一般的抽象的命題であり，多くの場合，立法事実と同じく，自然科学・社会科学の理論や結論であるが，訴訟での役割は，立法事実と異なり，判決事実の確定である。これは，ウォーカーとモナハンの分析する社会科学的分析枠組（social framework）にほぼ対応するであろう[107]。これらの性格上，立法事実と経験則の区別はときとして極めて不明確であり，他方，過失や正当事由のような一般条項を「事実」ととらえるかつての民事訴訟理論では，判決事実と立法事実の区別ができなくなるという極めて密接な相互関係にある。

　立法事実自体，多種多様な事実・理論の総称である。デイヴィス教授は，以下の六つのディメンションを立法事実に見ている。

　(i)　特殊・特定的⟷一般・普遍的
　(ii)　重大・中心的⟷背景・周辺的
　(iii)　争いのある　⟷争いのない
　(iv)　純　粋　　　⟷価値判断との混合
　(v)　証明可能　　⟷証明・反証不可能
　(vi)　当事者に関連⟷当事者に関連しない

そして，立法事実が左側の属性をすべて持つ場合には，デュー・プロセスの要請から，判決に先立って当事者にその立法事実についての意見を述べる機会を与えるべきであり，逆に，右側の属性をすべて持つ場合には，この機会を与えなくても構わないであろう，と論じている[108]。

　このような，立法事実のデイタ処理への当事者の手続保障についての問題としては，日本での「裁判所に顕著な事実」の概念に対応する「司法確知（judicial notice）」と手続保障の問題があり，連邦証拠規則（Federal Rules of Evidence）に関連する規定がある。

---

　(107)　Laurens Walker & John Monahan, "Social Frameworks: A New Use of Social Science in Law," 73 *Va. L. Rev.* 559 (1987).

　(108)　Davis, *supra* note (82), p. 932f. Cf. Karst, "Legislative Facts in Constitutional Litigation," 1960 *Sup. Ct. Rev.* 75, 84 (1960).

〔3〕 訴訟での社会科学と正当化責任

ルール201〔判決事実の司法確知〕

 (a) 〔ルールの適用範囲〕 このルールは，判決事実の司法確知についてのみ適用される。

  （中略）

 (e) 〔審理を受ける機会〕 当事者は，司法確知をすることの適否，および，確知された事柄の大意について，適時の申立てにより，審理を受ける権利を有する。事前の告知がなされなかった場合には，申立ては，司法確知の後においてもなすことができる。

このように，判決事実についてのみ規定しており，立法事実の司法確知にも審理を受けるための手続保障がなされるべきか否かについては規定されていない。諮問委員会の注釈（Advisory Committee's Note）は，立法事実の司法確知には制約が課されるべきではないとの立場をとっている。この点については，ABA（American Bar Association）の司法行為規約（Code of Judicial Conduct 1972）の規定が参考となる。

Canon 3A

 (4) 裁判所は，法律で認められた場合を除き，係属中または係属直前の訴訟に関する，訴訟外その他の資料につき，入手を試みることも，考慮に入れることも許されない。ただし，当事者に対して，アドヴァイスを求めた人物，アドヴァイスの内容を通知し，当事者に応答の適切な機会を与えた場合には，利害関係を持たない専門家にアドヴァイスを受けることができる[109]。

ここでは，判決事実への限定を規定してないことが注目される。マーヴェルによれば，この規約は，連邦裁判所ならびにほとんどの州の裁判所で採用されているといわれる[110]。ただし，12の州では，当事者への通知の要件を削除して採用している[111]。

---

 (109) Monahan & Walker, *supra* note (68), p. 113からの引用。

 (110) Marvell, *supra* note (85), p. 101.

 (111) Marvell, *id*.

第 2 章　裁判による民事紛争解決

　立法事実の司法確知の当事者への通知による手続保障の必要性は，一部の判例[112]・学説[113]においても認められている。

　この問題で興味深い判例として，Bulova Watch Company, Inc. v. K. Hattori & Co., Ltd[114]がある。ニュー・ヨークの時計会社が日本の服部時計店を相手に，不公正競争その他に基づく損害賠償をニュー・ヨークの連邦裁判所に訴えた事件で，被告服部時計店は管轄権不存在による却下を申し立てた。この申立ての当否の判断のために必要な立法事実の司法確知に際して，証拠法の権威でもあるワインスティーン裁判長は次のような配慮を行った。

　「大規模になされた司法確知に鑑み，裁判所は事前の覚書を出して，10日以内の申立てにより，司法確知を行うことの適否，および，確知される事柄の大意について，当事者が審理を受けられるように取り計らった。この手続は，連邦証拠規則のルール201(e)の精神に則ってなしたものである。」[115]

　判旨によれば，この手続は，裁判所が大きな誤りを犯す危険を防止し，当事者がたとえ敗訴したとしても，公正・公平な審理を受けたと満足できる可能性を高めるためのものである，とされる。結果的にも，判旨は，この手続に基づいて当事者双方が資料を提出し，それらが判決に役立った，と述べている。

---

　(112)　Finney v. Finney, 619 S. W. 2d 130 (1981). ただし，離婚の際の子供の監護権をめぐる訴訟で，まず管轄を否定した上で，たとえ管轄があったとしても司法確知しえない情報(児童心理学)を確知している違法があるという傍論である。In re J. and J. W., 365 A. 2d 521, 134 Vt. 480 (1976). これも，子供の監護権の訴訟で，証拠として提出されていない児童心理学文献を判断の基礎とした違法がある，と判示している。

　(113)　P. C. Davis, *supra* note (84), p. 1598; Davis, *supra* note (82), p. 943f.; K. C. Davis, "Judicial Notice," 1969 *Ariz. St. L. J.*, 513, 527, 531 (1969); Miller & Barron, *supra* note (82), p. 1236. 判決事実の司法確知の実務の検討と連邦証拠規則批判として，Dennis J. Turner, "Judicial Notice and Federal Rule of Evidence 201: A Rule Ready for Change," 45 *U. Pitt. L. Rev.* 181 (1983)がある。

　(114)　508 F. Supp. 1322 (1981).

　(115)　*Id*., p. 1328f.

〔3〕 訴訟での社会科学と正当化責任

　日本では，裁判所に顕著な事実について当事者が事前に意見を述べる機会の保障は規定されていないが，ワインスティーン判事が述べるように，より正しい判断，より公平な手続，より大きな当事者の満足，そして，不意打ち防止のために，場合により，このような事前・事後の通知・開示による当事者の手続保障が必要ではないかと考えられる。例えば，法律判断にとって重大な影響のある立法事実の場合などである。この場合の裁判所と両当事者との間の審理は，立法事実を材料とする法的価値判断をめぐるものであり，「法律上の議論」と呼ぶことができよう。

　立法事実に関する自白の拘束力は認めるべきではないであろう。立法事実の内容が，主として客観的な社会科学・自然科学の成果である以上，そして，それが判決理由となる以上，当事者の合意でその内容を決定することが妥当であるとは思われない。しかも，立法事実は，その後の事件に適用される，あるいは影響を与える判例法や先例の形成の合理的根拠となるものであるから，当該訴訟の当事者の処分権の外にあるというべきであり，この点からも，自白の拘束力を認めるべきではあるまい。合衆国における同旨の判例として, Mobile Oil Corp. v. Attorney General, 361 Mass. 401 (1972)がある（多数意見と反対意見の対比から）。

　自由心証についてはどうであろうか。立法事実の認定自体は判決事実の認定と同じ事実の確定であるから，自由心証が適用されることに問題はないであろう。他方，立法事実をその合理性の根拠として行われる法的価値判断，即ち，法の創造・修正それ自体は，自由心証の対象ではない。この価値判断機能は，裁判官の「人」と裁判所の「制度」に対して，憲法上信託されていると見るべきであろう。憲法を中心とする法律の価値体系の大枠の中で裁判所に認められる裁量権の範囲内であろう。

3）正当化責任

　判決事実については，自由心証の尽きたところから証明責任が始まる。では，立法事実についてはどうであろうか。

　数多くの過誤の危険(threat)[116]を見抜き，立法事実としての社会科学を正しく評価するには，極めて高度な社会科学の素養を必要とする。他方，社会科

自体，未だ完全なパラダイムの上に立っているわけではなく，理論や発見の確証度（degree of corroboration）は，自然科学のそれよりもかなり低いであろう。それゆえ，審理の過程において，合理的判断に必要な立法事実が存在しない場合や，存在してもその信頼性が乏しい場合，そもそもその信頼性自体が評価困難である場合，立法事実自体は確実なものであっても相対立する法的規整の選択肢それぞれに有利な立法事実が対立しあっていて，どの選択肢が最も合理的で適切であるか判断できない場合などが，割合と頻繁に生じることが予想される[117]。このような場合にも，裁判所はその職務たる具体的事件の解決のため

---

(116) Monahan & Walker, *supra* note (68), pp. 46-48が収録しているThomas D. Cook & Donald T. Campbell, *Quasi-Experimentation: Design and Analysis Issures for Field Settings*, 1979には，このような過誤の危険として，調査の期間中に発生した出来事で考慮の対象とされていなかったものによる影響を無視する危険たる「歴史（history）」，調査対象が調査の期間中に成長したり経験を積んだりしたために生じた変化を考慮しない危険たる「成熟化（maturation）」，単に試験を繰り返して慣れてしまったことによる変化を無視する危険たる「テスティング（testing）」，測定手段の向上によって生じる変化を測定対象の変化と見る危険たる「インスツルメンテイション（inrstrumentation）」，「ゆらぎ」があるとき，大きくゆらいだものは次には小さくゆらぐ傾向が確率的にあるのに対して，これを有意な変化と見る危険たる「統計的回帰（statistical regression）」，抽出による「偏向（selection）」，調査対象の死亡による世代交代を無視する危険たる「死亡（mortality）」等が列挙されている。

(117) たとえば，United States v. Leon, 468 U. S. 897, 104 S. Ct. 3405, 82 L. Ed. 2d 677 (1984)での補足意見でブラックマン判事が，「全ての裁判所と同じく，我々も，『立法事実』についての情報収集能力の制度的限界に直面している。そして，違法収集証拠の排除法則自体が，そのような法則がない場合の警察官のとる行動に関する確実なデイタの不足を助長している。……にもかかわらず，我々は，いかに我々の有する情報が不完全であろうとも，この問題について判断する責任を逃れるわけにはゆかない。そこで，現在手元にある情報に基づき私は多数意見に参加する。しかしながら，ここで強調さるべき点は，特定の種類の事件における排除法則の効果についての経験科学的判断はすべて，必然的に，暫定的たらざるをえない

〔3〕 訴訟での社会科学と正当化責任

に，結論を出さなくてはならない。この判決の必要性から，ちょうど，判決事実での証明責任に対応する概念——正当化責任（burden of justification）——を立法事実についても観念することができる。

　すなわち，提出された立法事実たる社会科学が，合理的判断をなすには質的あるいは量的に不十分であるか，相互に対立しあっており，裁判官が法的規整の諸選択肢の中のどれが最も優れたものであるかの確信を得られない場合（法的判断不能の場合）に，どのような結論を下すべきかのルールを形成しなくてはならない。ここでは，以下の四つの場合に分けて検討してみる[118]。

ことである。……それらは，これから，州と連邦の警察の現実世界でテストされなければならないのである。……もし，〔現在の〕我々の予想に反して，〔警察官の〕善意（good faith）の場合における排除法則の例外が，警察官の憲法修正14条遵守に実質的な変化をもたらすということが，経験から明らかとなった場合には，我々はここで採用した立場の再検討をしなければならないのである」と述べていることが示唆に富む。情報不足による判断困難の場合にも事件を解決しなければならず，そこに，本文で述べるように，「正当化責任」の概念の必要性が生じるとともに，〔2〕13）で筆者が指摘した「(4)追跡調査による批判的再検討」の必要性が，ブラックマン判事によって明確に述べられているのである。中村治朗・前掲書注（26）129頁注(7)も参照。

　なお，事実的基礎の不十分な判断の例については，Schlesinger & Nesse, *supra* note (23), pp. 418-427参照。ただし，そこでの Roe v. Wade, 410 U. S. 113 (1973)（周知のように，これは，基本的人権たるプライヴァシーの権利のひとつとして女性の中絶（abortion）の権利を認めた，画期的かつ最も政治的に論議を呼んでいる判決である）に対する批判に与するものではない。Cf. Pine, "Speculation and Reality," *supra* note (10), pp. 670-697.その他，事実的基礎の不十分な判決については，Davis, *supra* note (82); Davis, *supra* note (79)参照。

　(118)　これら四つのカテゴリーは，相互排斥的ではないが，これらを「道具概念」として用いるわけではないので，問題はないであろう。「正当化責任（burden of justification）」の言葉は，Mississippi University for Women v. Hogan, 458 U. S. 718 (1981)でのオッコンナー判事の多数意見における，burden of showing an exceedingly persuasive justification を修正したものである。後述のごとく，筆者

第2章　裁判による民事紛争解決

(a) 適用さるべき制定法の合理性・妥当性が争われた場合
(b) 適用さるべき判例法・先例の合理性・妥当性が争われた場合
(c) 適用さるべき法が曖昧・多義的である場合
(d) 法の欠缺の場合

　(a)　制定法の場合　　憲法訴訟の場合については，芦部教授の詳細な研究がある[119]。基本的人権等の例外を除いては合憲性の推定が働き，違憲の主張者側が（客観的）正当化責任を負い，当該制定法が合理的な事実的基礎を欠くということにつき裁判所を説得する責任を負う，と考えるべきであろう。

　この結論は，違憲訴訟に限らず，制定法の解釈一般の場合にも妥当するのではないかと考えられる。議会の立法による制定法の場合，「議会の多数決によって成立した法律は国民の多数意見の表現」であるという民主政の擬制に鑑みるとき，立法者の政策的価値判断には合理的基礎があるはずだとの推定が働くはずである。また，制定法が公布され，社会に妥当 (gelten) している以上，社会の多数の人びとはその法律を遵守していると推定されるから，社会生活における計算可能性 (Rechenbarkeit) の必要性は大きく，現状維持が要求されるであろう。

　なお，制定法の適用を否定し，法の修正を求める側が，例えば，その法が社会において不合理・不当であると一般に評価され，あまり遵守されていないという事実を証明すれば，（主観的）正当化責任は制定法の適用を主張する側に移転するであろう。

　(b)　判例法・先例の場合　　先例拘束の原則の妥当する限度で，判例の判断の合理性・妥当性を争う側に（客観的）正当化責任が課せられると考えられる。判例における裁判所が不合理・不当な判断をしたと推定するよりも，合理的・妥当な判断をしたと推定する方が，道理にかなっているであろう。また，

は制定法・判例法・慣習法等を争う側に正当化責任が課されるべきであると考えている。これは，逆に言えば，「法の正当性の推定 (presumption of correctness of the law)」である。Cf. Marvell, *supra* note (85), p. 221.

　(119) 芦部信喜・前掲注(15)。Cf. Pine, *supra* note (10), pp. 706-711; Rotunda, Nowak & Young, *supra* note (20), pp. 322-335.

〔3〕 訴訟での社会科学と正当化責任

先例拘束の原則が適用される限り，人びとは，その判例に従い，あるいはその判例を基礎として社会生活を営んでいるものと推定され，現状維持の必要性が大きいであろう。

判例法ほどの拘束力はない場合であっても，法源的機能を有し，従って社会に対して影響を与えている先例の場合にも，先例の合理性・妥当性を争う側に（客観的）正当化責任が課せられるべきであろう。法源的機能を有している以上，人々はその先例を基準として社会生活を営んでいるであろうからである。ただし，先例を覆す場合に要求される非合理・不当性についての確信の程度（判決事実における「証明度」に対応するもの）は，制定法や判例法を覆すために必要とされる程度よりも低くてもよい場合が多いであろう。

(c) 法の曖昧性・多義性の場合　法の解釈・適用において，法の創造・修正が問題となり，立法事実の審理が必要となる場合の大多数は，この場合，すなわち，法原則・制定法・判例法・先例等の適用さるべきルールが曖昧ないし多義的であり，裁判による具体化・明確化が必要な場合であろう。法の曖昧性・多義性の範囲内で可能な種々の解釈選択肢の中でどれが最も合理的で妥当な解釈であるかを，収集された立法事実から判断することが不可能な場合には，どのように判断すべきであろうか。条文や判例の，最も素直で，国民がそのようなものと理解して社会生活を送っていると考えられる解釈を争う側が，（客観的）正当化責任を負うと考える。何がそのような国民の理解する素直な解釈か，の判断に際しては，立法趣旨や実務の慣行，学説の多数説等が考慮されるべきであろう。国民は，これらを資料として法律を理解し，社会生活を送っている，あるいは，少なくとも弁護士はこれらを判断材料として国民の法律相談に答えている，と推測される。それゆえ，そのような解釈に対する現状維持の必要の方が大きいであろう。

(d) 法の欠缺の場合　これは，純粋な意味で裁判による法の創造の場合であり，かつ，進歩の著しい科学技術で社会に多大の影響を与えている一部の分野，例えば，コンピュータやバイオテクノロジーなどの分野を除けば，現代の「法化」した社会では割合と稀な場合であろう。社会に慣行があれば，その内容と異なる法を主張する側に正当化責任が課されるべきであろう。社会慣行

が未だ確立されていないならば，同種の社会関係を規整する法の最も素直な類推や海外での法規整の在り方などとは異なる法規整を主張する側に正当化責任を課すべきであろう。国際化社会の現状に鑑みると，比較法の重要性は増していると思われる。

2 タラソフ判決と正当化責任

　タラソフ判決における問題，即ち，精神病セラピストは，その患者の暴力の危険に晒された第三者を保護する法的義務を負うか否か，の問題は，法的価値判断の問題である。判決多数意見でトーブライナー判事が述べているように，「法的義務とは，その性質上発見可能な事実ではなく，特定のタイプの事件において，惹起された損害に対する賠償責任が課されるべきであるとの結論の，異なる表現に過ぎない」[120]のである。この点は，平井教授が，「過失の認定」が事実の認定ではなく政策的価値判断に他ならないことを明らかにされて以来[121]，日本においても共通の認識となっていると言えるであろう。

　判決多数意見は，不法行為（torts）のリステイトメント（2nd, 1965）の315条の規定たる，

　　「第三者の行為を制御（control）して，他の者に身体的危害を与えることを防止すべき義務は存在しない。ただし，次の場合にはこの限りではない。

　　(a)　その者に第三者の行為を制御すべき義務を生じせしめるべき特別関係（special relationship）が，その者と第三者との間に存在する場合〔被告と加害者〕

　　(b)　保護さるべき権利を他の者に与えるような特別関係が，その者と他の者との間に存在する場合〔被告と原告〕」

との内容と，伝染性の病気に関する医師の責任の諸判例[122]を前提として，本件で適用されるべき基本原則（fundamental principle）を述べる先例は，Rowland

---

(120)　Tarasoff v. Regents of University of California, 17 Cal. 3d 425, 434.

(121)　平井宜雄『損害賠償法の理論』（東京大学出版会1971）。

(122)　Tarasoff v. Regents of University of California, 17 Cal. 3d 425, 435. お

v. Christian[123]であるとする。Rowland v. Christian 事件の一般論では，民法1714条に示されているごとく，通常要求される注意または技術を欠いたことで他の者に生じた損害の誘因となった者は，損害賠償の責任を負うと判断されていた。

　タラソフ事件にこの Rowland v. Christian で示された原則が適用されるならば，先に述べたように，正当化責任の(b)の場合に該当することになり，先の結論からは，法の修正を求める側，即ち本件では被告側が正当化責任を負担すべきことになる。タラソフ判決では，まさにこの立場が採られている。判決は，「我々は，種々の考慮のファクターの比較考量の結果に基づく場合に${}^{\bullet}$の${}^{\bullet}$み (only upon the balancing)，この基本原則と異なる結論を採るのである」[124]と述べている。そこでの考慮のファクターとして，

- 被害者への危害の予見可能性
- 被害者が危害を被ることの確実性の程度
- 被った危害と被告の行為との間の関連性の程度
- 被告の行為の道徳的非難可能性の程度
- 将来の危害を防止するという政策
- その違反によって損害賠償責任をもたらす注意義務を課すことで被告の負わされる負担の程度とそれを通じて社会に生じる結果
- 内在するリスクに対する保険の利用可能性，費用，普及の程度

等を挙げている。これらのファクターに関連する被告側とそのアミカスの主

よび，カリフォーニア州証拠法（California Evidence Code）の1024条に規定された，精神病セラピストと患者の間の証言拒絶権の例外も参考とされている。1024条は，「患者が，自分自身に対して，第三者に対して，あるいは，第三者の財産に対して危険となるような精神的または情緒的状態にあること，および，その威嚇された危険を防止するために開示が必要であることを，精神病セラピストが信ずべき合理的理由がある場合には，本節の規定する証言拒絶権は生じない」と規定している。

　(123)　69 Cal. 2d 108, 70 Cal. Rptr. 97, 443 P. 2d 561, 32 A. L. R. 3d 496 (1968).

　(124)　Tarasoff v. Regents of University of California, 17 Cal. 3d 425, 434.

第2章　裁判による民事紛争解決

張・意見を逐一検討することで結論を導いている。

　もちろん，果して多数意見が述べるように Lowland v. Christian の示す原則が本件に適用されるべきかについては，議論の余地はあろう。とりわけ，医師と患者の間の守秘義務と免責特権（証言拒絶権）は確立された原則であることに鑑みると，世間で受け取られたように，多数意見の判断は，裁判による新たな法の創造であるとの解釈も成り立ちうるであろう[125]。

　しかし，ここでは，タラソフ判決の判旨の妥当性よりも，この判旨に正当化責任と同様の考え方が示されていることに注目したい。適用さるべき法原則や先例が認められた以上，それを争う側が，実質論，主として立法事実論アプローチによって，その法原則や先例の不合理性・不当性を説得しなければならない，と判示しているのである。即ち，適用可能な法を争う側に正当化責任が課されているのである。

〔4〕　タラソフ判決の経済分析

　以上，〔2〕では，法の合理的発展を法の進化論モデルによって再構成し，〔3〕では，法の進化の合理性の保障としての立法事実の訴訟の場での取扱いについて論じた。これらは，立法・司法において利用されるべき社会科学や自然科学のいわばメタ・レヴェルでの議論であった。以下では，いわばオブジェクト・レヴェルに降りて，立法・司法での社会科学の利用の具体例を考察することにする。

1　争　点

　タラソフ事件での被告側の主張する根拠の一つは，精神病セラピストが，その患者の危険性を十分正確には判定できない点であった。被告側アミカスたるアメリカ精神病治療協会等が，この点を敷衍している。それによれば，精神病

---

　[125]　Tarasoff v. Regents of University of California, *id*., pp. 452-464のクラーク判事の反対意見を参照。

セラピストの判断は，常に暴力行為を過大に評価する傾向があり，多くの場合にそれは正しくない，という(126)。

これに対し，判決多数意見は，「我々は，患者が暴力の重大な危険を示しているかについて，セラピストが予測しようとして直面する困難を理解している。しかし，当然ながら我々は，この判定に際してセラピストに完璧を要求してはいない。同様の状況下においてその職業の専門分野のメンバーが通常有し実践している合理的程度の熟練と知識と注意とを，セラピストは実行しさえすればよいのである。……単に，セラピストが誤まった判断をしたという証拠だけでは，その過失を証明するには不十分である。……不必要な警告がなされるかも知れないというリスクは，警告によって救われ得る被害者の生命の保護の応分な代償である」(127)と答えている。

被告側は，さらに，患者とセラピストとの間の，打ち解けた隠しだてのない話合いが，効果的な精神病治療には不可欠である。セラピストが警告をすべき法的義務を負うようでは，患者は自己の危険性に関する開示を躊躇するようになり，セラピストの治療は委縮してしまい，精神病治療は十分にできなくなり，ひいては，治癒できたはずの患者が治癒せず社会に危険をもたらしてしまい，公共の利益に反する結果となるであろう，と主張している(128)。判決多数意見は，「しかし，この〔被告側の主張する公共の〕利益に対して，我々は，暴力による攻撃から安全であるということの有する公共の利益を比較考量しなくてはならない。……セラピストの患者に対する義務は，他の者への危険を回避するために〔警告等の〕開示が必要でない限り，患者の秘密を開示してはならない，というものであり，……〔セラピストと患者の間の秘密の〕保護の特権 (protec-

---

(126) Tarasoff v. Regents of University of California, *id*., p. 437f. Cf. Bernard L. Diamond, "The Psychiatric Prediction of Dangerousness," 123 *U. Pa L. Rev*. 439 (1974); Bruce J. Ennis & Thomas R. Litwack, "Psychiatry and the Presumption of Expertise: Flipping Coins in the Courtroom," 62 *Cal. L. Rev*. 693 (1974), etc.

(127) Tarasoff v. Regents of University of California, 17 Cal. 3d 435, 438-440.

(128) Tarasoff v. Regents of University of California, *id*., p. 440.

tive privilege) は，社会に危難 (peril) が生じ始めるところで消滅する」[129]と判断した。

2 基本モデル

以上の議論を，法の経済分析の形式で整理してみよう。

図Vのように，横軸に患者の（客観的）危険性をとり，縦軸には負の効用（損失）をとる。

患者の危険性は，患者の犯す暴力行為のもたらす損害（K）と，患者が現実に暴力を振るう確率（p）との積（$p \cdot K$）で表せよう。患者の（客観的）危険性のそれぞれの場合に対応する精神病セラピストの診察による危険性の判断の値をプロットしたのが曲線Lである。これは精神病セラピストの判定曲線と呼ぶことができよう。もし，精神病セラピストの判断が完璧に正確であるなら，判定曲線は，原点を通る傾き45度[130]の直線となろう。患者の（客観的）危険性のそれぞれに対して警告（正確には合理的対策〔以下同じ〕）をなした場合に生じる社会的損失（治療の萎縮，患者のプライヴァシー侵害等）をプロットしたのが，曲線Mである。これは，警告の社会的コストを示す曲線（警告曲線）である。なお，ほとんど危険がないにもかかわらず警告をなした場合に生じる損失は，ほとんど確実に暴力を行うという大きな危険が存在する場合の警告で生じる損失よりも大きいであろうと考えられるので，一応，警告曲線は右下がりに描いてある。判定曲線Lと警告曲線Mの交点に対応する危険性の値 a* が，警告をなすか否かの基準点として最も社会的に効率的であろう。理由は，以下のように，極めて明解である。危険性値 a* よりも大きな危険が存在するならば，警告の社会的コストよりも患者の危険性の方が大きいので，警告をする方が合理的であろう。逆に，危険性値 a* よりも患者の危険性が小さいなら，警告のコス

---

(129) Tarasoff v. Regents of University of California, *id*., pp. 440-442.

(130) 患者の危険性の程度は，患者のもたらす損害の期待値であり，それは社会的損失のひとつであるから，縦軸と横軸は単位を同じくする。ゆえに，完璧な判定曲線は，傾き45度の直線となる。

トの方が患者の危険性よりも大きいので、警告をしない方が合理的である[131]。

もしも、警告が治療や患者のプライヴァシーに与える侵害が極めて大きい場合、即ち、警告のコストが極めて大きい場合には、警告曲線は曲線Nのようになるであろう。この場合には、警告曲線と判定曲線の交点に対応する危険性の値はa′のように極めて大きくなり、結果的には、一切警告をなすべきではなくなろう。これが、被告側および被告側アミカスの主張する法的責任否定の論理である。

以上から、警告の社会的コスト、とりわけ、精神病治療への悪影響の程度の測定が合理的判断に必要不可欠であることが分かる。逆に、タラソフ判決が合理的であったか否かは、判決以降、どれだけ治療実務に害悪が及ぼされているか、から判定できる。とりわけ、もし、警告をすることが判決の以前から実務の慣行であったなら、警告曲線は、被告側の前提とするような曲線Nではなく、曲線Mであることになり、タラソフ判決は適切であることになろう[132]。

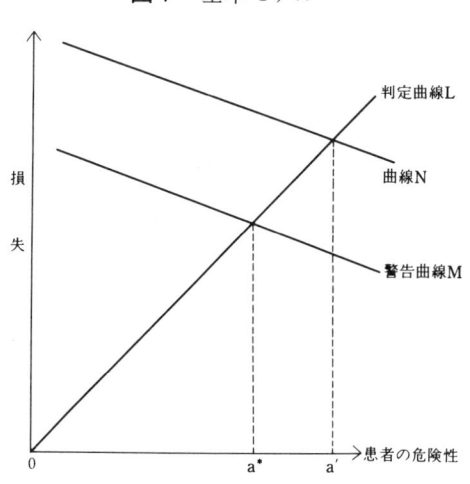

図V　基本モデル

---

(131)　このことが、タラソフ判決多数意見の、「〔秘密の〕保護の特権は、社会に危難が生じ始めるところで消滅する」と述べたことの意味である。

(132)　後述〔5〕3参照。

第2章　裁判による民事紛争解決

3　セラピストの判断の不正確性

図VIは，精神病セラピストの判断が不正確で，常に危険性を過大評価する場合である。被告側の主張では，精神病セラピストの判定はこのようなものであった。

被告側の主張によれば，精神病セラピストの現実の歪んだ判定曲線は，傾き45度の完璧な判定曲線Lに対して，曲線Qのように，その上側に位置することになる。その結果，精神病セラピストは，社会的に効率的な基準点a^*を基準として警告するか否かを判断しているつもりでも，判定自体が歪んでいるため，客観的には，グラフに見るように，値a^*の判定値を与える患者の（客観的）危険性bの値を基準に判断していることになる。この値bは，社会的適正基準a^*よりも低い危険性である。それゆえ，過剰な警告がなされることとなり，社会的非効率が生じてしまう。この被告側の主張の当否は，現実に精神病セラピストが患者の危険性を常に過大評価する傾向にあるかにかかっており，この点の検証のひとつの方法としては，タラソフ事件以降警告が以前より目立って多くなされるようになったといえるかを調査することで明らかとなるであろう。

また，精神病セラピストの判定が，常に過大評価ではなく，過大にも過小にも評価するという意味で不正確であるならどうなるかを示すのが，図VIIである。

精神病セラピストが，社会的適正基準値a^*であると判断した場合において

図VI　危険性の過大評価　　　　　　図VII　不正確な判定

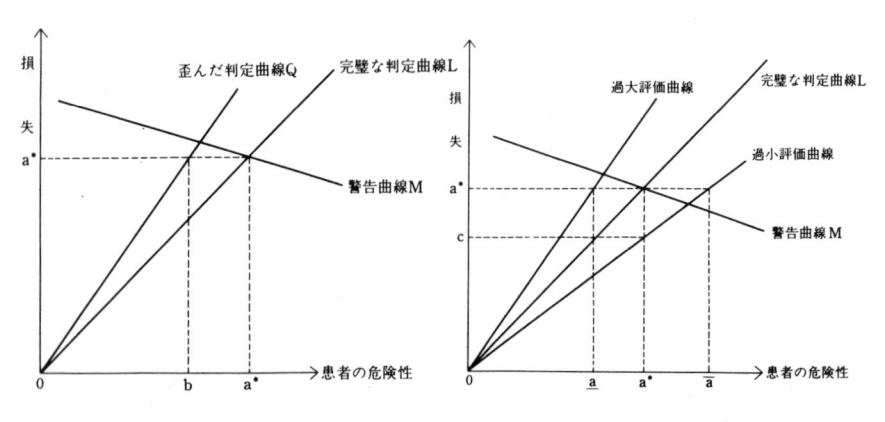

も，その判断の不確実性のゆえに，本当の危険性は，過大評価であった場合の$\underline{a}$から過小評価であった場合の$\overline{a}$までの値のどれかである。

この場合において，事後的な法的評価である裁判においては，客観的な患者の危険性a*を基準としてセラピストの法的責任を判断するものとしよう。そうすると精神病セラピストがリスク回避者で，法的責任を確実に避けようとするなら，自分の判定は過小評価であると仮定して行動するであろう。すなわち，過小評価であったとしたら，客観的基準値a*に対応するであろう判定値cを基準とし，自分の判定値が値cを越えたら警告をするであろう。なぜならこのことによって，彼は，いかなる場合にも，警告すべきであるのに警告を怠ったとして法的責任を追及されることはなくなるからである。

この，精神病セラピストのリスク回避行動によって，過剰な警告がなされるという社会的非効率が生じることとなる。

この仮説の検証のためには，タラソフ判決以降精神病セラピストはその警告の判断基準を修正し引き下げたか否か，そして，以前よりも目立って多くの警告がなされるようになったか，を調査することが考えられる。

4 セラピストのディレンマ

周知のように，精神病セラピストはその患者に対して守秘義務を負っている。その結果，タラソフ判決の法的義務を課されると，精神病セラピストはディレンマに立たされるおそれに直面する。これは，行為規範としての守秘義務と警告義務（正確には合理的対策を講ずる義務）との間での悩みというだけでなく，被告からも患者からも義務違反で訴えられるおそれがあるという，極めて切実なディレンマである。

例えば，Hopewell v. Adebimpe[133]は，タラソフ判決の義務が自分にも及ぶと信じた精神病セラピストが威嚇の対象である患者の勤務先に通報したところ，患者から守秘義務違反で訴えられた事件である。判決では，タラソフ義務は当

---

(133) 130 *Pittsburgh Legal Journal* 107 (1982). Monahan & Walker, *supra* note (68), p. 205f.の引用による。

州の採用するところのものではなく、警告の義務があると信じたのは誤りであったとして、精神病セラピストは損害賠償を命じられている。

もしもタラソフ判決の義務が存在する場合には、精神病セラピストは次のようなディレンマに陥るであろう。

まず、精神病セラピストが、患者の危険性は社会的最適基準を越えていると判断して警告をした場合を考えてみよう。精神病セラピストの危険性判定は(主観的)確率判断であるから、たとえ彼の判断が客観的に正しかったとしても、たまたま患者が暴力を思いとどまることはありうる。あるいは、被害者側の警戒によって暴力を実行することができず、暴力を思いとどまることもありうる。そのような場合に、患者が警告の存在を知り、精神病セラピストを相手に、守秘義務違反の訴訟を起こして来ることが考えられる。この訴訟で、裁判所が、とりわけ陪審による場合には、精神病セラピストは不注意にも患者の危険性を過大に評価したと判断して、損害賠償を命じることがありうる。

次に、精神病セラピストが、患者の危険性は警告を必要とする程のものではないと判断した場合を考えてみる。この場合の判定も（主観的）確率判断であるから、それが正しかったとしても、患者がたまたま暴力を実行することはありうる。そして、被害者が、タラソフ判決に基づいて精神病セラピストを訴えた訴訟で、裁判所が、とりわけ陪審による場合には、警告をするべき義務が存在していたと判断して、損害賠償責任を認めることがありうる。

このように、精神病セラピストは、ボウダー的なケイスでは、警告をなしても、なさなくても、法的責任を問われる危険性に晒されるのである。

〔5〕 タラソフ判決の影響：法社会学的調査

上記の〔4〕で見たように、被告側および被告側アミカスの主張も、判決多数意見の理由付けも、社会的事実に基礎を置く主張であるというよりも、それぞれ、それなりにもっともらしい幾つかの仮定に基づく主張であったことに気付くであろう。これらの仮定の当否は、「事実に対して開かれた問題」であり、社会科学によって検証ないし反証されなければならないものである。そこで、以下で

〔5〕　タラソフ判決の影響：法社会学的調査

は，そのような法社会学的調査の結果を紹介・分析することにする。

1　スタンフォード調査とウィスコンシン調査

　先述のように，タラソフ判決は法社会学的関心の対象ともなり，1978年にスタンフォード・ロー・レヴューに発表されたワイズの調査[134]（以下ではスタンフォード調査と呼ぶ）と，1984年にウィスコンシン・ロー・レヴューに発表されたギヴェルバー・ボウワース・ブリッチの調査[135]（以下ではウィスコンシン調査と呼ぶ）とが行われている。

　スタンフォード調査は，1977年，即ち，第一タラソフ判決からほぼ1年後に行われたもので，カリフォルニア州の免許を持つ臨床心理学者3,341名中ランダム抽出による530名の開業者と，カリフォルニア州精神病治療学協会に所属する3,155名全員に対して，主として質問票を送付する形で行われた。臨床心理学者は34％の179名，精神病治療医は35％の1,093名が回答をした。その後，別の精神病セラピストのグループに対して面接調査をし，調査結果のチェックをしている[136]。回答者の平均的特徴としては，これまでに平均14年間開業しており，年平均240名の患者を診療し，80％の者は1年に少なくとも1名，潜在的に危険性を有すると判断される患者を診療している[137]。

　ウィスコンシン調査では，サンプルとして，ボストン，シカゴ，デトロイト，ロス・アンジェルス，ニュー・ヨーク，フィラデルフィア，サン・フランシスコ，ワシントンD.C.の精神病セラピスト（精神病治療医，臨床心理学者，ソウシャル・ワーカー）の中から，アメリカ精神病治療学協会，アメリカ心理学協会，全米ソウシャル・ワーカー協会のそれぞれの名簿に基づいて，都市・職種・経験・開業形態の四つの観点による階層抽出法で総計2,875名をランダム抽出した[138]。調査対象が，自己の意見のかわりに，いわゆる「所属協会の方針路線

---

(134)　Wise, *supra* note (69).

(135)　Givelber, Bowers & Blitch, *supra* note (42).

(136)　Wise, *supra* note (69), pp. 173-175.

(137)　Wise, *id.*, p. 175f.

(138)　Givelber, Bowers & Blitch, *supra* note (42), pp. 454-455.

(party line)」で回答する危険等に配慮を払った上で[139]，タラソフ判決から5年後の1980年に質問票が送付された。回答率は，精神病治療医48％，臨床心理学者62％，ソウシャル・ワーカー68％で，総計で59.5％にあたる1,722名が回答した[140]。なお，ウィスコンシン調査についての以下の紹介で，「職種」とは，精神病治療医，臨床心理学者，ソウシャル・ワーカーの区別を意味し，「地域」とは，カリフォーニア州とその他の州の区別を意味するものとする。

2　タラソフ・ルールの認識

　法による社会の規整は，最終的には裁判による法の強制によってなされる建前であるが，規整の現実としては，規整対象たる社会構成員が規範の内容を認識し，それを遵守する形で機能していることの方が通常であろう。このことは逆に，ある特定の規範の社会的影響の測定の努力は，規整対象者が規範の内容を認識している場合にのみ意味を持つことを意味する。スタンフォード調査もウィスコンシン調査もこの点の調査を行っている。

　スタンフォード調査の結果によれば，回答者の96％の者がタラソフ事件を知っていた。その規整内容の知識については，その適用対象者につき大多数（70％）が，広く精神衛生関連の職業の従業者一般に適用されると考えており，適用類型につき大多数（75％）が，殺人や身体への危害の重大な威嚇を患者がしたときに適用されると答えている[141]。

　ウィスコンシン調査では，より詳しく調査している。その結果として，まず，タラソフ事件の知識については，カリフォーニア州の内外を問わず高い認識率を示している。すなわち，カリフォーニア州では，精神病治療医の97％，臨床心理学者の94％，ソウシャル・ワーカーの89％がタラソフ事件ないしその種の事件を聞いており，他州でも，精神病治療医の94％，臨床心理学者の74％，ソウシャル・ワーカーの56％がタラソフ事件ないしその種の事件を聞いたことが

---

(139)　Givelber, Bowers & Blitch, *id.*, p. 456.

(140)　Givelber, Bowers & Blitch, *id.*, p. 455.

(141)　Wise, *supra* note (69), p. 178.

〔5〕 タラソフ判決の影響：法社会学的調査

あった。どこで聞き知ったかについては，その主要な情報源として職業団体を挙げる者が最も多かった。すなわち，カリフォーニア州では，精神病治療医の65％，臨床心理学者の53％，ソウシャル・ワーカーの37％，他州では，精神病治療医の77％，臨床心理学者の62％，ソウシャル・ワーカーの31％が，主要な情報源として職業団体を挙げており，同僚からが次いで多かった（職種・地域によらず大体15％前後）(142)。

これらの主要情報源たる職業団体は，タラソフ判決批判の立場にあったゆえ，タラソフ判決の内容が歪められて伝えられていないかが問題となる。

この点についてのウィスコンシン調査の調査結果によれば，規範の要件についてはほぼ正確な認識を示したが，規範の効果たる行為義務の内容については，不正確な認識を持っていた。すなわち，要件については，職種・地域の区別なく，大体90％の精神病セラピストが，患者が第三者への加害の威嚇をなし，かつ，セラピストが加害の重大な可能性を信じたとき，ないし，合理的セラピストなら信ずべきとき，と答えており，これは正しい理解であるとする(143)。そのときセラピストは何をすべきかについては，多数の者が，潜在的被害者への警告であると答えている。すなわち，カリフォーニア州では，精神病治療医の68％，臨床心理学者の66％，ソウシャル・ワーカーの59％，他州では，精神病治療医の57％，臨床心理学者の46％，ソウシャル・ワーカーの46％が，潜在的被害者への警告のみが必要であると考えている。正しく「合理的対策」と答えたのは，職種・地域によらず25％前後の者であった(144)。

以上は，精神病セラピストの規範認識を問うたものであったが，セラピストがその規範認識通りの行動をしているとは限らない。現実のセラピストの行動

---

(142) Givelber, Bowers & Blitch, *supra* note (42), pp. 457-460.

(143) Givelber, Bowers & Blitch, *id.*, p. 461. ただし，タラソフ原則の内容は，患者が暴力の威嚇を現実にしたときに限られるわけではないと思われる。Cf. Tarasoff v. Regents of University of California, 17 Cal. 3d 425, 431.

(144) Givelber, Bowers & Blitch, *supra* note (42), pp. 466-468, esp. Table VI-B at p. 468.

第2章　裁判による民事紛争解決

に現れた規範理解を調べる必要がある。

スタンフォード調査では，タラソフ判決以前に警告をしたことのある者に，その警告の相手方を聞いている。それによると，①被害者の家族(51%)，②警察（29%），③被害者本人（20%）であったのが，タラソフ判決以降では，①被害者の家族（45%），②被害者本人（30%），③警察（25%）となっており，被害者本人への警告の増加が目立つ[145]。このことから，精神病治療医が，現実の行動の面でも，タラソフ判決の義務内容を潜在的被害者への警告ととらえていることが示唆される。

3　最適ルール

前記〔4〕2で述べたように，法的規整の最適ルールが何であるか，そして，タラソフ・ドクトリンが精神病治療に悪影響を与える「悪法」であるかは，タラソフ判決以前・以降において，精神病セラピストが危険性のある患者に対していかなる対処をしており，どのような変化がそこに生じたかを調査することで，ある程度検証することができるであろう。

この点に関するスタンフォード調査の結果は以下のようなものである。

前記のように，スタンフォード調査の回答者は，平均14年間の実務経験を持ち，その内の13年間はタラソフ判決以前，1年間は以降である。タラソフ判決以前に警告をしたことがあるかとの問いに対して，回答者の50%が誰かに，42%が被害者の家族に，17%が被害者本人に，23%が警察に警告していた。タラソフ判決以降に警告をしたことがあるかとの問いに対しては，回答者の38%が誰かに，28%が被害者の家族に，19%が被害者本人に，16%が警察に警告をしていた[146]。スタンフォード調査は，回答者の記憶の薄れの問題があるので，単純にタラソフ判決以降の1年間の方が警告が増加しているとは結論できない，むしろ，以前と以降での差の小ささの方が注目に値する，と評価している[147]。タ

---

(145)　Wise, *supra* note (69), Footnote 80 at p. 180.

(146)　Wise, *id*., p. 178f., esp. Table 1 in Footnote 74 at p. 179.

(147)　Wise, *id*., p. 179.

〔5〕 タラソフ判決の影響：法社会学的調査

ラソフ判決の以前・以降を通じてそれほど大きな変化なく警告がなされていることに鑑みると、タラソフ判決の被告側の主張とは異なり、少なくとも一定の場合には守秘義務を破って警告をなすべきことが、最適ルールであると言えそうである。しかも、この点は、当の精神病セラピストの守秘義務の理解とも一致する。スタンフォード調査によれば、70％の精神病セラピストが、一定の状況下では守秘義務は破られてもよい、と答えている[148]。

ウィスコンシン調査のこの点に関する調査も、同様の方向の結果を得ている。

ウィスコンシン調査では、タラソフ判決で示された原則の内容に拘束されると答えた精神病セラピストに、いかなる理由で拘束するのかを聞いている。その結果を示すのが、表Ⅰである。カリフォルニア州では、当然ながら、タラソ

表Ⅰ　タラソフ原則の適用理由[149]

（数字は％）	精神病治療医		臨床心理学者		ソウシャル・ワーカー	
	カ州	他州	カ州	他州	カ州	他州
法律問題として	99	51	96	56	94	57
職業倫理の問題として	48	60	77	69	72	71
個人的倫理の問題として	75	78	85	82	81	83

（カ州：カリフォルニア州）

フ原則が法律問題として適用されると答えた者がほとんどであるが、職業倫理や個人的倫理の問題として拘束すると答えた者も極めて多いことが注目される。この点は、他州では一層顕著で、むしろ、職業倫理や個人的倫理の問題として適用されると答えた者の方が多い。

この点からも、タラソフ原則は、裁判所が無から有を錬金術のように作り出したものではなく、むしろ、精神病セラピストの間で既に共有されていた原則を法的義務として追認したと解釈する方が素直なように考えられる。

---

(148) Wise, *id.*, p. 176, esp. Footnote 65.
(149) Givelber, Bowers & Blitch, *supra* note (42), Table IX-B at p. 475.

171

第2章　裁判による民事紛争解決

　なお，実行された警告の相手方としては，そのほとんどが，公私の健康保険会社，他の保険衛生の専門家，患者の家族や友人，警察であり（職種・地域によらず，70％から95％），潜在的被害者に対して警告をしたのは，地域によらず精神病治療医15％前後，臨床心理学者5％，ソウシャル・ワーカー10％前後であった[150]。

　精神病治療実務への悪影響についての調査結果はどうであろうか。

　まず，スタンフォード調査からみよう。それによれば，回答者の20％前後の者が，患者と守秘義務について話し合う頻度が増加したと答えている。ただし，74％の者は，以前と同じ程度の頻度で話し合っていると答えている。精神病セラピストの27％が，患者の危険性について注意をより多く払うようになり，逆に，19％の者が，危険性への注意をより少なく払うようになったと答えている。また，50％以上の者が，治療に際して，患者の危険性や訴訟の可能性についての不安を増加させたと答えている。さらに，28％程度の者が，将来の法的責任追及を避ける方向で診療録の記録の仕方を修正したと答えている[151]。また，守秘義務が破られるかも知れないことを患者が意識して，患者が自分の暴力的傾向について語ることを躊躇するのを感じたことがあるか，との問いに対して，25％の者があると答え，48％の者がないと答えている[152]。以上から，具体的にどのような悪影響がどの程度生じているかについての結論を引き出すことは難しい。ただ，タラソフ事件の被告側の予想したような破壊的悪影響は出ていないことは確かなようである。

　ウィスコンシン調査では，タラソフ判決の影響を職業倫理等からの影響と区別するために，回答者を次の三つのグループに分けて検討している[153]。

　　法的受容組：タラソフ判決の原則に法的に拘束されていると考えている者
　　倫理的受容組：タラソフ判決の原則に，法的にではなく，倫理的に拘束さ

---

(150) Givelber, Bowers & Blitch, *id*., p. 468, esp. Table VII.
(151) Wise, *supra* note (69), pp. 180-182, esp. Footnotes 82, 83, 86, and 88.
(152) Wise, *id*., Footnote 67 at p. 177.
(153) Givelber, Bowers & Blitch, *supra* note (42), p. 477.

れていると考えている者

　非受容組：タラソフ判決の原則に法的にも倫理的にも拘束されないか，タラソフ判決を聞いたことがない者

　これらの三組を比べると，警察等および潜在的被害者へ通報することにつき，法的受容組が最も積極的で，次いで倫理的受容組，最も消極的なのが非受容組であり，このことから，タラソフ判決の影響が顕著に見てとれよう[154]。タラソフ判決の被告側が主張したように，タラソフ原則により，精神病セラピストは危険性のある患者を診療することを回避するようになったかについては，次のような結果を得ている。まず，危険性のある患者を診療することに消極的になったり，危険性のある患者の治療を中止しようとした者は，法的受容組よりも非受容組の方がむしろ多い[155]。さらに，1979～1980年中およびそれ以前を通じて危険性のある患者を診療した者の割合は，法的受容組が最も多く，次いで倫理的受容組，最も少ないのが非受容組である（精神病治療医60％：60％：46％，臨床心理学者49％：47％：29％，ソウシャル・ワーカー53％：45％：39％）[156]。もしもタラソフ判決の悪影響があるならば，法的受容組が危険性のある患者を最も回避しようとするはずであるから[157]，以上の結果は，タラソフ判決の悪影響を明らかに否定しているといえる。

　以上のスタンフォード調査とウィスコンシン調査の結果から，タラソフ判決での被告側および被告側アミカスの主張，すなわち，タラソフ原則が精神病治療に有害な影響をもたらすとの主張には，あまり根拠がないと結論できそうである。

4　精神病セラピストの危険性判断の正確性

　前記〔4〕3で述べたように，タラソフ事件での被告側および被告側アミカスの

---

(154)　Givelber, Bowers & Blitch, *id*., p. 477, esp. Table X at p. 477f.

(155)　Givelber, Bowers & Blitch, *id*.

(156)　Givelber, Bowers & Blitch, *id*., p. 479f., esp. Table XI at p. 480. 数字の順序は（法的受容組：倫理的受容組：非受容組）である。

(157)　Givelber, Bowers & Blitch, *id*., p. 479.

第2章　裁判による民事紛争解決

主張の主要な根拠のひとつは，精神病セラピストが患者の危険性を正確に判定できない点であった。常に患者の危険性を過大評価するのであれば，過剰に警告がなされることとなり，過大評価・過小評価ともになしうるという意味で不正確であれば，リスク回避行動をとる精神病セラピストは警告をなすべきか否かの基準を引き下げ，その結果やはり過剰な警告がなされるのであった。この点に関する法社会学的調査の結果はどうであろうか。

スタンフォード調査の結果は，既に〔5〕3で紹介したように，タラソフ判決以前から警告は被害者の家族，被害者本人，警察その他に対してなされており，しかも，タラソフ判決以前と以降を比べても，警告の頻度の変化は明確に認めることができない[158]。

基準点の変更についてのスタンフォード調査によれば，タラソフ判決の結果として基準点を変更したかとの問いに対して，21.5％の精神病セラピストが基準を変更したと答え，54％は変更していないと答え，25％は無回答であった[159]。スタンフォード調査は，この結果につき，精神病セラピストの基準変更は，一般的に基準の引下げを示唆している，と解釈している[160]。

ウィスコンシン調査では，警告をなしたことのある精神病セラピストに，その際に自己の最善の臨床判断に反して警告をしたのか否かを問うている。その結果，公私の保険会社に通報した者の32％，患者の家族や友人に警告をした者の31％，他の保健衛生の専門家に通報した者の30％，警察等の当局に通報した者の32％，潜在的被害者に警告をした者の45％が，自己の最善の臨床判断を曲げたと答えている[161]。警告をする際に，精神病セラピストが自己の最善の臨床判断を曲げて行うことが割合多く，かつ，そのことは潜在的被害者に警告する

---

(158) See, *supra* note (146) and note (147).

(159) Wise, *supra* note (69), Footnote 84 at p. 181. see also Footnote 89 at p. 182.

(160) Wise, *id.*, Footnote 84 at p. 181.

(161) Givelber, Bowers & Blitch, *supra* note (42), p. 469f., esp. Table VIII-A at p. 470.

〔5〕 タラソフ判決の影響：法社会学的調査

場合に最も顕著であることが分かる(162)。これは，警告義務の精神病治療への有害な影響のひとつであると言うことができるが，〔4〕2で示した警告曲線Nのように，精神病セラピストの法的責任を一切否定すべき程度に巨大な悪影響であるとは思われない。ウィスコンシン調査は，この自己の最善の臨床判断の歪みが基準の引下げであるのか引上げであるのかについて検討していないが，スタンフォード調査の示唆から見て，引下げであると解釈することも許されないわけではなさそうである。

ウィスコンシン調査では，患者の危険性判断の正確性について，精神病セラピストの自己評価を問うている。その結果は，患者の将来の暴力は予測不可能であると答えた者は，地域・職種を問わず，僅かに5％前後であり，暴力的であることをほとんど確実（almost certainly）に予測可能であると答えた者と確実（certainly）に予測可能であると答えた者を合わせると，地域・職種によらずほぼ50％であり，さらにこれに，暴力的であることを多分（probably）予測可能であると答えた者を加えると，地域・職種を問わず70％から80％に昇る(163)。

精神病セラピストの相互評価はどうであろうか。この点を調べるため，ウィスコンシン調査は，危険性があると判断される患者を診療した最も最近の事例につき，尊敬する同僚の何％が自己のその危険性判断を支持してくれると思うかを問うている。その結果は，職種・地域の別なく，ほぼ70％の精神病セラピストが，その尊敬する同僚の90％以上が自己の危険性判断に賛同するであろうと答えている(164)。このことから，ウィスコンシン調査は，精神病セラピストは患者の危険性判断の客観的な職業上の標準があると信じている，ないしは，少なくとも患者の危険性は「見れば分かる」と考えていることが示されている，と解釈している(165)。

以上の結果から，若干の基準の引下げの傾向は窺われるものの，大多数の精

---

(162) Givelber, Bowers & Blitch, *id*., p. 470.
(163) Givelber, Bowers & Blitch, *id*., p. 462f., esp. Table IV at p. 463.
(164) Givelber, Bowers & Blitch, *id*., p. 463f., esp. Table V at p. 464.
(165) Givelber, Bowers & Blitch, *id*., p. 464.

第2章 裁判による民事紛争解決

神病セラピストは患者の危険性をある程度正確に判断できると自信を持っていることが示され，タラソフ判決の被告側および被告側アミカスの主張はあまり根拠がないものであるように思われる。

〔6〕 おわりに

　本稿では，タラソフ判決とその1985年立法の分析を通じて，法の進化における社会科学・自然科学の役割を立法事実として位置付け，司法による法の創造・修正の合理的モデル構築を試みた。すなわち，まず，裁判の法創造・政策形成的機能が現代社会において不可避であり，かつ，必要でもあることを論じ，この機能を司法制度が適切に実現するようなシステムを構築することが訴訟制度の現代的課題であることを示した。この課題に応えるために，法をソウシャル・エンジニアリングの道具とみる立場から法の進化論モデルを構築し，法の創造・政策形成の合理的基礎たる立法事実として社会科学・自然科学を訴訟においても活用すべきことを論じた（立法事実論アプローチ）。その際には，法が合理的かつ適切に進化して行くための条件をプロブレム・ソルヴィングのフレイムワークに基づいて特定した。

　次いで，立法事実の訴訟手続上の取扱いについて検討した。立法事実たる社会科学・自然科学を収集するための諸制度を考察した上で，立法事実の収集と審理における当事者の手続保障の問題を検討した。続いて，立法事実の審理結果が法的判断不能に帰した場合の処理のための規範的システムとしての「正当化責任」を導入して，裁判における法の解釈適用・法の修正創造が社会的に妥当かつ合理的となるような法的価値判断のシステム化を試みた。

　以上の理論を基に，タラソフ事件を具体例として検討し，経済分析による仮説の形成・分析を示し，法社会学的調査を紹介してその検証とした。このことによって法律学研究のひとつのモデルをも具体的に提示しようと試みたのである。

　なお，本稿の全体を通じて，法的価値判断における社会科学・自然科学の価値の重要性を強調してきたが，もちろん，このことが「概念法学」の神話に代

〔6〕 おわりに

えて「科学万能」の神話を布教しようとするものでないことはいうまでもない。立法事実をその合理的基礎とするべきであるにせよ，法的価値判断は，究極的には社会の人々が「善き生」の実現を目指して行う極めて人間的営為に基づくものなのである。そして，社会的制度たる法制度の正当性は，社会の人々が法制度にどの程度の合理性を求め，どの程度の儀式性(ritual)を求めるかにかかっているのである。

　　　　　　　　　＊　　＊　　＊

　従来，法の解釈方法をめぐる議論が，ともすると「抽象の思弁」や「神々の争い」に陥りがちであったことに対し，個人的には「観念の冒険」の知的創造性や「信仰告白」の誠実性を認めることにやぶさかではないにせよ，筆者にはそこに何か満ち足りないものが感じられてならなかった。この，従来の一部の法解釈方法論に対するある種の空疎感は，もしかすると，カリカチュアとしての概念法学に見られるような，法を「概念の閉ざされた体系」と観念しようとする若干の法律学の内在的傾向や，法を内面化し過ぎた法律家がともすると陥りがちな，自己の倫理観への無意識のナルシシズムに由来するのではないか，という疑惑を抱いていた。言い換えれば，法の規整対象であるとともに，逆に，下部構造として法を規定もする社会の現実との真摯な対峙の姿勢が，一部の法解釈方法論には欠落していたように，筆者には思われていた。

　学説という名の政策的価値判断（ときとして個人的信条）のぶつけ合いをしつつも，そこで用いられる理由付けたる種々の仮説は，社会的事実に基礎を置かない単なる見込み判断であったり，検証も反証もできない空虚な命題であったり，「理論体系」の名をかりた単なるトウトロジーであったりすることが，なかったわけではないように思われる。「本当のところはどうなのだ」という究極の問いに対して，意識的にせよ無意識的にせよ，その目を閉ざそうとする姿勢が，一部の法律の議論にはあったように感じられていた。

　このような問題意識を出発点として，社会の実態に対してできるだけ開かれた法の方法論を求め，立法や司法における立法事実としての社会科学・自然科学の効率的かつ公正な利用をシステム化しようと努めることが，本稿の趣旨であった。

第 2 章　裁判による民事紛争解決

　筆者の力量不足と不勉強のゆえに，本稿は極めて未熟で粗雑な議論でしかないが，このたびめでたく還暦を迎えられた，そして，常に斬新な視点から鮮烈な問題提起をし続けておられる竜嵜喜助先生の学恩に，いくばくなりとも報いることになれば望外の幸せである[166]。

---

　(166)　本稿は筆者が，コロムビア大学ロー・スクール日本法研究所（Center for Japanese Legal Studies）に留学中に執筆したものである。筆者を温かく迎え，本研究に便宜を与えてくれた日本法研究所の所長マイケル・K・ヤング教授に，厚くお礼を申し上げる。

　また本稿は，筆者がカリフォーニア大学バークリィ校ボルト・ホール・ロー・スクールの「法社会学研究所（Center for the Study of Law and Society）」に留学中，「法律学と社会政策学研究所（Jurisprudence and Social Policy Program）」のジェリー・スコールニック教授の「法における社会科学（Social Science in Law）」と題するセミナーで報告した内容に，加筆・修正を加えたものであり，スコールニック教授の学恩に深く感謝するものである。また，法社会学研究所に客員研究員（visiting scholar）として温かく迎えてくれた所長（当時）のマルコム・フィーリー教授に厚く御礼を申し上げる。

　さらに，本研究に資金的援助を与えてくれた「財団法人民事紛争処理基金」と，筆者に合衆国留学の機会を与えてくれた「社会科学国際フェローシップ（新渡戸フェローシップ）」に感謝するものである。

第3章　交渉・和解による民事紛争解決

　筆者は1986年夏から1988年夏にかけて，カリフォーニア大学バークリィ校ロー・スクールならびにコロムビア大学ロー・スクールでの在外研究の機会を得た。在外研究のテーマとして，民事訴訟法，紛争解決制度論，法と経済学の三つを立てていた。本稿は，この2年間の在外研究の研究ノウトを兼ねて，アメリカ合衆国で見聞ならびに経験した法律実務や法学教育の新潮流とでもいうべきものを紹介し，今後の我国での民事紛争解決と法学教育の在り方を考える上でのひとつの資料を提供しようと試みるものである[1]。

〔1〕　法学教育の多様化・学際化

1　合衆国法学教育の新しい動き

　アメリカ合衆国の法律学と法学教育について，筆者の限られた経験から感得されたものをいくつか列挙すれば，

　（1）　留学中に本論文の内容に関してお世話になったカリフォーニア大学バークリィ校の，Prof. M. Feeley, Prof. S. Bundy, Prof. T. Hecht, Prof. J. Skolnick, Prof. D. Rubinfeld, Prof. R. Cooter, Prof. T. Jorde，コロムビア大学の，Prof. M. Young, Prof. M. Rosenberg, Prof. J. Liebman に深くお礼を申し上げます。とりわけ，Prof. M. Young には，留学中はもとより，帰国後本論文執筆に際しても，文献収集等でひとかたならぬお世話になった。心から感謝致します。本研究に関してお世話になった『財団法人民事紛争処理基金』と『社会科学国際フェローシップ（新渡戸フェローシップ）』に感謝致します。また，名古屋大学法学部の同僚の方々には，留学中いろいろとご支援をしていただきました。ここに深くお礼申し上げます。

第3章　交渉・和解による民事紛争解決

　①裁判外紛争解決制度への関心の高まり

　②民事訴訟事件の終了形態の大多数を占める和解による紛争解決への関心の高まり

　③交渉者としての法律家の役割への関心の高まり

　④紛争解決・交渉の実践的教育の試み

　⑤社会科学の法学教育への取り込み

　⑥「法と経済学」の擡頭

　⑦コンピュータの利用（CAI，エクスパート・システム）の普及

などがある。以下，それぞれを簡単に説明しよう。

　①の裁判外紛争解決制度については，日本においても研究の進展が著しい分野である[2]。また，海外の法学研究者の間でも，日本の調停制度等に関心を向ける者が出てきている。裁判の長期化・費用の高騰等により，公式の裁判制度が紛争解決の実をあげていない，あるいは，そもそも市民間の紛争解決の制度としてそれは本質的に不適格である等，様々な角度からの批判が裁判制度に向けられるとともに，裁判外紛争解決の現実と在るべき姿についての研究が進められている。アメリカにおける裁判外紛争解決制度について筆者はかつて論じたことがある[3]。

　②の訴訟上の和解への関心の高まりの背景には，受件事件中判決まで至るのは僅か5％から10％に過ぎず，ほとんどの事件がトライアル前に終了しており，そのほとんどは和解による紛争解決であるという訴訟の現実がある。和解の点

　（2）　たとえば，筆者も参加した新堂幸司教授を代表とする研究会による世界的規模の調査の報告書である生活紛争処理研究会『米英における小規模紛争処理実態調査報告書』（有斐閣1986），小島武司（編著）『調停と法：代替的紛争解決（ADR）の可能性』（日本比較法研究所1989）が出ている。

　（3）　太田勝造「欧米諸国における生活紛争処理の展開：アメリカ合衆国を中心として」生活紛争処理研究会・前掲書注（2）7頁以下（本書第1章），太田勝造「ポートランドにおける生活紛争処理」生活紛争処理研究会・前掲書注（2）81頁以下（本書第1章）。

〔1〕 法学教育の多様化・学際化

は最近日本でも，とりわけ裁判官の間で関心が高まっている⁽⁴⁾。和解を裁判官の立場から見ると，どのようにして原告被告両当事者から譲歩を引き出し，どのようにして和解案を作成し，どのようにそれを勧試して和解を成功させるのかの問題となる。訴訟代理人たる弁護士から見れば，交渉・説得の技術の問題となろう。法の目的が大きく分けて社会の規整と紛争の解決の二つであるとするなら，和解が紛争解決において大きな役割を演じている以上，法律学ならびに法学教育でそれが注目を集めるようになるのは，ある意味では当然なことであ

（4） たとえば，倉田卓次「東京地裁交通部の和解中心主義とその功罪」判例タイムズ212号（1967）204頁以下，プラクティス研究会「和解：理想のプラクティスをめざして（一）（二）」法の支配41号（1979）75頁以下，42号（1979）50頁以下，全国裁判官懇話会報告「あるべき裁判をもとめて」判例時報990号（1981） 3頁以下，武藤春光「民事訴訟における訴訟指揮について：釈明と和解を中心にして」司法研修所論集56号（1975）73頁以下，竜嵜喜助「市民のための民事訴訟」判例タイムズ452号（1981）16頁以下，梶村太市・深沢利一『和解・調停の実務（新版）』（新日本法規1983 初版1979），伊藤博「和解勧試の技法と実際」司法研修所論集73号（1984）22頁以下，「《シンポジウム》民事訴訟の促進について」民事訴訟雑誌30号（1984）96頁，春日寛「和解技術」判例タイムズ549号（1985）79頁以下，加藤新太郎「裁判上の和解」吉田秀文・塩崎勤（編）『裁判実務大系8 民事交通・労働災害訴訟法』（青林書院1985）329頁，田中豊「民事第一審訴訟における和解について：裁判官の役割を中心に」民事訴訟雑誌32号（1986）133頁以下，草野芳郎「和解技術論」判例タイムズ589号（1986） 8頁以下，後藤勇・藤田耕三（編）『訴訟上の和解の理論と実務』（西神田編集室1987），小島武司・飯島澄雄・須藤正彦『民事実務読本：相談・交渉・準備』（東京布井出版1988），岡村勲・加藤和夫・小島武司・高橋宏志・竹下守夫「《座談会》訴訟促進・審理の充実問題の展開方向」ジュリスト914号（1988） 4頁,「民事訴訟の審理を充実させるための東京地方裁判所の方策案」ジュリスト914号(1988)32頁,「民事訴訟の審理を充実させるための大阪地方裁判所の方策案」ジュリスト914号（1988）35頁，第一東京弁護士会民事訴訟促進等研究委員会「新民事訴訟手続試案（迅速訴訟手続要領）」ジュリスト914号（1988）40頁，福田剛久「東京地裁の審理充実方策案」ジュリスト914号（1988）58頁，佐々木茂美「大阪地裁の審理の充実方策案」ジュリスト914号（1988）64頁，表久雄「弁護士業務の改善と民事

第3章　交渉・和解による民事紛争解決

るとも言えよう[5]。

③の交渉者としての法律家の役割への関心の高まりの背後には，紛争解決（判

訴訟の促進：第一東京弁護士会『新民事訴訟手続試案』をめぐって」ジュリスト914号（1988）69頁，上原敏夫「訴訟促進・審理の充実問題の展望」ジュリスト914号（1988）96頁，竜嵜喜助「訴訟促進・審理の充実と市民」ジュリスト914号（1988）110頁，井上治典「審理の充実・促進と和解」ジュリスト914号（1988）103頁，草野芳郎「和解手続において裁判官と当事者が果たすべき役割」新堂幸司（編集代表）『竜嵜喜助先生還暦記念　紛争処理と正義』（有斐閣1988）457頁，草野芳郎「訴訟上の和解についての裁判官の和解観の変遷とあるべき和解運営の模索」民事訴訟雑誌35号（1989）221頁，司法研修所（編）『民事訴訟のプラクティスに関する研究』（法曹会1989），中田耕三「《提言》民事訴訟の適正かつ効率的な運営について」民商法雑誌100巻6号（1989）921頁，中田耕三・中野貞一郎・竹下守夫・的場悠紀・那須弘平・山木戸克己「《座談会》民事訴訟における審理の充実と促進」民商法雑誌100巻6号（1989）949頁，都築弘「和解，調停の活用」判例タイムズ686号（1989）139頁，「《日弁連創立40周年記念特集号》民事訴訟と弁護士」自由と正義40巻8号（1989），鈴木正裕「『弁論兼和解』方式について」民事訴訟雑誌36号（1990）1頁，第二東京弁護士会民事訴訟改善研究委員会「民事訴訟充実促進シンポジウム：民事訴訟充実促進実践マニュアル試案を基に」判例時報1338号3頁，1339号3頁（1990）などがある。その他，和解・調停・説得に関して参考となるものに，今井盛章『心を動かす：紛争相談・調停・説得の技術』（学陽書房1982），ペレルマン『説得の論理学：新しいレトリック』（三輪正訳　理想社1980）〔Ch. Perelman, *L'empire Rhetorique: Rhetorique et Argumentation*, Librairie Philosophique J. VRIN, 1977〕，ホルバート　E. ガリー・フィリップス　R. ビドル『ディベートの方法：討論・論争のルールと技術』（松本道弘訳　産業能率大学出版部1978）〔Halbert E. Gulley & Phillips R. Biddle, *Essentials of Debate*, Rinehart and Winston, 1972〕，ニコラス・レッシャー『対話の論理：弁証法再考』（内田種臣訳　紀伊国屋書店1981）〔Nicholas Rescher, *Dialectics: A Controversy-Oriented Approach to the Theory of Knowledge*, State Univ. of New York, 1977〕などがある。

　（5）　700人以上の弁護士を抱える全米でも有数の法律事務所（law firm）であるニュー・ヨークのスカデン・アルプス（Skadden Alps, Slate, Meagher, & Flom）

〔1〕 法学教育の多様化・学際化

決・和解)へ向けての交渉と訴訟の実行者としての法律家の役割だけではなく，70万人近い法律家が伝統的法律実務以外ないしその周辺領域にも参入するようになってきているという現実がある(6)。たとえば，取引における契約作成等のカウンセリングを中心とする紛争予防的業務を越えて，取引自体に参与することが見られるようになり，いわばディール・メイカ (deal maker) としての素養と熟練が法律家に要求されるようになっているといわれる(7)。交渉や和解は日本

では，和解交渉専門のパートナー(経営弁護士)がいる。和解や交渉が正統主流の法律家の仕事として正面から認知されてきていることの現れともいえよう。

(6) もっとも，合衆国でいう法律実務の概念は日本のそれよりもかなり広い。日本でならば司法書士や公証人，弁理士等の職域に属するであろうようなものも法律家が行う。なお，弁護士資格取得後も弁護士事務所に勤めず，一般の企業に就職して社内弁護士 (house counsel) となる者も増加しているといわれる。弁護士数の増加の圧力で，市場拡張の趨勢が生じているといえよう。①の裁判外紛争解決制度への関心も，そのような動きの一環として捉えることができよう。そして，アメリカ合衆国では，弁護士業務のこのような市場拡張の趨勢に対応して，弁護士の社会的役割も拡大・変質し始めていると言われる。例えば，企業法務活動への進出をはじめとする予防法学的業務への職域拡大とともに，「裁判を通した政策過程への参加」がある (棚瀬孝雄『現代社会と弁護士』(日本評論社1987) 50—80頁参照)。アメリカ合衆国では，「ウォール街の弁護士 (Wall Street Lawyer)」に代表されるような企業活動における経営意思決定参加型の弁護士層の形成と，「ワシントン弁護士 (D.C. Lawyer)」に代表される政策形成過程参加型の弁護士層の形成のように，この傾向は徹底的に進められている。

(7) 訴訟事件の代理を中心に想定していた弁護士の職業倫理の見直しも迫られ，若干の対応が最近見られる。すなわち，アメリカ法曹協会 (A.B.A.) の「弁護士業務模範規則」(1983)の法律相談に関する第2章の第2・2条では「調整役 (intermediary)」としての弁護士の役割が規定されている。利害の調整者，紛争解決の援助者，そして「ディール・メイカ」としての役割などにおける弁護士倫理を考える上で日本にも参考となる (例えば，事件の相手方からの利益の享受を禁止する弁護士法26条の解釈など)。霜島甲一(他)『弁護士倫理の比較法的研究』(日本評論社1986)に「弁護士業務模範規則」の全訳があるので参照。

第3章 交渉・和解による民事紛争解決

の法学教育ではそれほど大きな関心を集めてはいないようであるが、法学部卒業生の大半が実業界へ入ったり公務員となったりして日々交渉・取引を行うようになるという実情を考えると、交渉が法学部での研究・教育の対象としてもう少し積極的に評価されてもよいのではないかと思われる。

④の紛争解決等における交渉の実践的教育については、それ自体としてはアメリカ法学教育の新たな動きとまでは言えないかもしれない。そもそも、日本の法学教育と較べれば、アメリカ法学教育は伝統的にも実践重視であったと評価できるであろう。しかし、そのようなアメリカにおいても、従来の法学教育が高裁レヴェル（法律審）以上の裁判所でのブリーフ作成や訴答等を主たる対象とする教育であり、現実には訴訟実務の大半を占める第一審（事実審）手続を対象とする教育が手薄であり、また、法律家の行う業務の多くを占める和解交渉や契約作成上のカウンセリングなどの訴訟以外の実務についての教育が不十分であった等の批判がなされている。交渉の実践的教育としては、もともと

調整役としての弁護士の役割の例として第2・2条の注釈は、「二人以上の依頼者が持分を有する企業の財政的な再建整理をすること、和解による財団の適正な分配を実行すること又は依頼者間の紛争を調停することなどである。弁護士は、各当事者の双方にとっての利益を増進することによって潜在的に対立する利益を融和させようと努力する。」と述べている。そしてこの注釈によれば、「弁護士が潜在的に対立する利益を有する二人以上の当事者を代理する場合、本条のもとで調整役として行動する。調整役か否かを決する決定的要素は、両当事者が弁護士の費用を分担するか否かであるが、そのことは、他の事情から推論することもできる。」とされている。合衆国ではこのように、弁護士業務の拡大に対応して、潜在的利害対立当事者の双方を代理し、双方に報酬を分担させることを認めていることは、日本の弁護士倫理を考え直す上で参考となろう。

ちなみに、日本においても社内弁護士が存在する。近年では増加し、外資系の企業を中心に20人前後いると言われている。弁護士資格を取った後に企業に就職して社内弁護士となる場合と、企業の法務部等に勤めていた者が司法試験に合格して弁護士資格を取り、そのまま企業に勤め続ける場合があると言われる。また、弁護士が企業の取締役等に就任する事例も出てきている。

〔1〕 法学教育の多様化・学際化

ビジネス・スクールで行われていた交渉のシミュレイションが[8]法学教育においても用いられるようになっている。交渉に限らず，調停や仲裁についても，学生にティームを組んでもらい，調停者・仲裁人，原告・申立人（代理人），被告・被申立人（代理人）の役割分担をしてシミュレイションを行い，その後に討議を行う等の手法が用いられている[9]。

⑤の社会科学の法学教育への取り込みの点では，日本の法学部に比べアメリカのロー・スクールの方が若干の有利さを持っていると言えるのではないかと考えられる。学部レヴェルの日本の法学部に比べ，アメリカのロー・スクールは大学院相当レヴェルであるので，学生は既に学部で経済学や社会学等の社会科学の素養を身に付けている場合や，自然科学の素養を身に付けている場合が期待できる[10]。しかも，流動性の大きいアメリカでは，修士号や博士号を心理学や経済学，統計学，社会学等の社会科学や数学，工学等の自然科学で取得した後にロー・スクールに来る学生も割合見られ，さらには，学部卒業後に社会に出て，企業や官庁に勤めたり，社会運動・政治活動などを経験した上でロー・スクールに入学する学生も割合見られ，社会科学を取り込んだ法学教育を導入しやすいものとしている。たとえば，バークリィで筆者の参加したJ.スコールニック教授の「法と社会科学」のセミナーには，心理学の博士号を取得している学生とマスコミ論の博士号を取得している学生が参加しており，さらには，

---

(8) Cf. Howard Raiffa, *The Art & Science of Negotiation: How to Resolve Conflicts and Get the Best Out of Bargaining*, Harvard Univ. Press, 1982, pp. 25-32.

(9) Cf. Stephen B. Goldberg, Eric D. Green & Frank E.A. Sander, *Dispute Resolution: 1987 Supplement With Exercises in Negotiation, Mediation, and Mini-Trials*, Little, Brown & Co., 1987. トライアルでのプラクティスの実践教育はかつてから行われていた。ロー・スクールには法廷そのままの教室があり，そこで証人尋問等の実務訓練が行われる。

(10) たとえば，ハーヴァード・ロー・スクールのL. Tribeや連邦最高裁判所のH. Blackmunは学部の専攻が数学である。また，ハーヴァード・ロー・スクールのD. Kennedyは経済学専攻であったという。

第3章　交渉・和解による民事紛争解決

人種差別問題での活動経験のある学生も参加しており，議論の範囲とその質を極めて高度なものとしていた。また，筆者の参加したD.ルービンフェルト教授の「法と経済学」のセミナーには，経済学の博士号を取得している学生が参加していた。筆者も参加したS.バンディ教授の「紛争解決制度」のセミナーには50歳くらいの弁護士が学生として参加して，いろいろとサン・フランシスコでの弁護士実務の経験を盛り込んで議論をしていた。そもそも法律実務においても社会科学や自然科学のある程度の素養は必要となってきており[11]，これらの点も法学教育での社会科学の取り込みの進展の背景となっていると考えられる。法制度が社会を改善するためのシステムである以上，社会の現実を無視した法律学もなければ社会のニーズに沿わない法律実務もないはずである。法律学は社会科学一般と友好協力関係にあらねばならず，法学教育においても社会科学的手法を伝統的法律学の手法に付加して行わなければならないのは日本においても同様であると考える。法における社会科学の利用については，筆者はかつて簡単に論じたことがある[12]。

⑥の「法と経済学」ないし「法の経済分析」の擡頭の点は，最近のロー・スクールにおける学際的研究への関心の高まりの一環として位置付けられるものである[13]。日本においても，既に「法と経済学」のいくつかの教科書が翻訳さ

---

[11]　「法と経済学」が専門であった連邦控訴裁判所の判事としてたとえば，R. Posner, F. Easterbrook, S. Breyer, R. Bork（元），B. Siegan, D. Ginsberg など，連邦最高裁判所判事ではA. Scaliaがいる。人種差別・性差別等の訴訟では統計学が弁護士にとって不可欠の素養となっている。著作権や登録商標などの侵害の訴訟でも世論調査等の手法が用いられるようになっている。また，陪審員の選定（jury selection）においても世論調査等に基づく手法が用いられることがある。これらについては, John Monahan & Laurens Walker, *Social Science in Law: Cases and Materials*, Foundation Press, 1985を参照。

[12]　太田勝造「法の進化と社会科学：カリフォルニア州精神病セラピストの法的責任を例として」新堂幸司（編集代表）『竜嵜喜助先生還暦記念　紛争処理と正義』（有斐閣1988）105頁以下（本書第2章）。

[13]　Cf. Charles Rothfeld, "What Do Law Schools Teach? Almost Any-

れ⁽¹⁴⁾，また，日本人の手による教科書も出版されて注目を集めていることは周知のことであろう⁽¹⁵⁾。アメリカの主要ロー・スクールのほとんどでは経済学で専門の訓練を受け経済学の博士号を持つ研究者を教授陣に迎えており，法と経済学の講義やセミナーはカリキュラムに組み込まれている⁽¹⁶⁾。バークリィで筆者は，計量経済学で既に名をなしている D.ルービンフェルト教授の「法と経済学」のセミナーに参加した。バークリィには，他に，ロー・スクール付属の『法律学と社会政策研究所（Jurisprudence and Social Policy Program）』があり，R.クーター教授が「法と経済学」を教えている。2年目に筆者の学んだコロムビア・ロー・スクールでは，R.アッカーマン教授のイェール・ロー・スクール移籍後，ノース・ウェスタン大学から V.ゴウルドバーグ教授を迎えることになっていた。また，「法と経済学」の対象領域も広がっている。経済分析になじみの深いといえる独占禁止法や不正競争防止法などの領域はもちろん，伝統的には法解釈学の独占場であった不法行為法や契約法，刑法，民事訴訟法などへも「法と経済学」の研究成果が相当の影響を与えるようになっており，主要教科書やケイス・ブック等でも経済分析を取り扱うことが増えている。これから法学研究者となるには，ある程度の経済学の知識は不可欠となりつつあるとも言われている。筆者は「法と経済学」の最近の教科書を翻訳しており，その中でも以

thing," *The New York Times*, Dec. 23, 1988, B8.

　(14)　A.M.ポリンスキー『入門　法と経済：効率的法システムの決定』（原田博夫・中島巌訳 CBS 出版1986）〔A. Mitchell Polinsky, *An Introduction to Law and Economics*, Little, Brown & Co., 1983〕，J.M.オリバー『法と経済学入門』（河上正二・武蔵武彦訳　同文館1986）〔J.M. Oliver, *Law and Economics*, George Allen & Unwin, 1979〕，N.マーキュロ・T.ライアン『法と経済学』（関谷登訳　成文堂1986）〔Nicholas Mercuro & Timothy P. Ryan, *Law, Economics and Public Policy*, JAI Press, 1984〕。

　(15)　小林秀之・神田秀樹『「法と経済学」入門』（弘文堂1986）。

　(16)　Robert Cooter & Thomas Ulen, *Law and Economics*, Scott Foresman & Co., 1988, "Preface." クーター・ユーレン『法と経済学』（太田勝造抄訳　商事法務研究会1990）参照。

第3章　交渉・和解による民事紛争解決

上に述べたような動きにもメンションしている[17]。また，筆者がかつて提唱したベイジアン意思決定理論の事実認定・証拠法での利用[18]を法学教育に取り入れる動きが，合衆国のロー・スクールには見られる。たとえば，コロムビア大学ロー・スクールのリーブマン（Liebman）助教授は，ベイズの定理に基づく証拠の関連性の定義等を用いて，複雑な合衆国証拠規則の規定の意義と合理性と

---

(17) Cooter & Ulen, *id*., pp. 8-13. クーター・ユーレン前掲書第1章参照。

(18) 太田勝造『裁判における証明論の基礎：事実認定と証明責任のベイズ論的再構成』（弘文堂1982），太田勝造「民事訴訟法と確率・情報理論：証明度・解明度とベイズ決定方式・相互情報量」判例タイムズ598号（1986）203頁以下。なお，筆者の立場に対しては，長谷部恭男「ハード・ケースと裁判官の良心」学習院大学法学部研究年報21号（1986）9頁，長谷部恭男「訴訟上の事実認定と確率理論：太田勝造（名古屋大学）助教授の批判に答えて」判例タイムズ616号（1986）17頁が批判を試みようとしている。ところで，長谷部助教授は，「ベン図」上の相異なる「点」が同時に「真」と認められうることを前提にして議論されている（判例タイムズ616号16頁では「e1, e2, e3が真と認められる以上，それにもとづいてE1, E2, E3が成り立ち，従って，それらの連言でありhを領域内に含む仮説Hの真が導かれる」と述べている）。しかしながら，私は通常の確率論の基本的構成にそって，「限りなく詳細に記述した命題（根源命題）に対応するただひとつの個別具体的事態（根源事象）の集合」を事象空間と呼んでおり（判例タイムズ598号219頁），相異なる複数の根源事象が同時に存在することはその定義上ありえないので，相異なる複数の根源命題が同時に真となることも決してありえない。従って，もし長谷部助教授がその論ずる「ベン図」を私の言う事象空間であると思い，その「ベン図」上の点を私の言う根源事象であると信じているとするなら（長谷部助教授は「基本的な概念の定義や数式の処理方法について，太田助教授と筆者との間に大きな対立があるとは考えにくい」（判例タイムズ616号15頁）と主張される），そこには私の理論のみならず確率論の基礎に対する誤解があるのではないかと思われる。そしてもし，この点をこのように誤解した議論であるならば，確率論の議論として重大な問題があることとなる。従って，長谷部助教授の「批判」には説得力が感じられない。この点につき太田勝造「『訴訟カ裁判ヲ為スニ熟スルトキ』について」新堂幸司（編著）『特別講義　民事訴訟法』（有斐閣1988）429頁，440頁注（1）も参照。

〔1〕 法学教育の多様化・学際化

を検討しつつ講義を進めていた[19]。

⑦法学教育におけるコンピュータの利用は，それ自体としてはロー・スクールの独立のカリキュラムとなっているわけではない。むしろ，LEXIS や WESTLAW などの判例検索システムの利用が判例法国であり膨大な量の判例の蓄積を有する合衆国での法律実務にとって不可欠のものとなっている現状を背景として[20]，リーガル・リサーチの教育の中の必須の一要素として組み込まれている[21]。この点は，日本の法律判例情報データベースが開発段階にあり，提供されているいくつかのデータベースがいまだ研究・実務の要請に十分に応え得

---

(19) ベイジアン意思決定理論の法律への応用をめぐる議論については，たとえば，Michael O. Finkelstein & William B. Fairley, "A Bayesian Approach to Identification Evidence," 83 *Harv. L. Rev.* 489 (1970)，Laurence H. Tribe, "Trial by Mathematics: Precision and Ritual in the Legal Process," 84 *Harv. L. Rev.* 1329 (1971)，Richard O. Lempert, "Modeling Relevance," 75 *Mich. L. Rev.* 1021 (1977)，Michael Finkelstein, *Quantitative Methods in Law*, Free Press, 1978，Michael J. Saks & Robert F. Kidd, "Human Information Processing and Adjudication Trial by Heuristics," 15 *Law & Soc'y.* Rev. 123 (1980-81)，David Kaye, "The Limits of the Preponderance of the Evidence Standard Justifiably Naked Statistical Evidence and Multiple Causation," 1982 *A.B.A. Res. J.* 487 (1982)などを参照。

(20) 判例の引用方法として，LEXIS や WESTLAW をそのまま利用するシステムさえ利用されるようになっている。LEXIS や WESTLAW の端末は各ロー・スクールに無料で提供されており，ロー・スクールの2年生3年生は自由に（一般加入者の殺到する時間帯を除く）無料でアクセスすることができる。また，1年毎に切り替える ID 番号等を学生に渡しており，パソコンを所有する学生は（多くの学生は所有し，ワープロとして文書作成に利用している），自宅から無料でアクセスすることもできる。なお，LEXIS や WESTLAW は日本国内での利用も簡単である。マーケット・シェアは LEXIS の方が WESTLAW より優勢であるといわれる。

(21) バークリィの場合，独立にロー・スクールの図書館が高学年生をチューターとして，トレイニング・セッションを開催していた。コンピュータによるデータベー

第3章　交渉・和解による民事紛争解決

るものとはなっていないのとは大きく異なる[22]。最近は，コンピュータ支援による自動法学教育（CAI: Computer Assisted Instruction）へ向けての開発研究も進められている。たとえば，ハーヴァード・ロー・スクールでは，CALI (Computer Aided Legal Instruction) という CAI を開発して，主要ロー・スクールに提供している[23]。さらに，法律実務のコンピュータ支援として，法律エクスパート・システムを開発しようとの動きもある[24]。法律エクスパート・システムついて

ス操作によって弁護士の業務を支援する会社もできており，利用する弁護士は交渉力が向上すると言われている。Cf. Stuart Diamond, "Legal Hired Gun: Have Computer, Will Detect," *The New York Tiemes*, July 15, 1988, B9. なお，日本の法学教育においても，判例・法学文献の検索方法や引用の仕方，法律に関する文書の作成の仕方などをもっとシステマティックに教育する必要があるように思われる。また，法学部図書館の夜間利用における法学生アルバイトによる自主的管理や，文献検索等を上級生が下級生へチュータリングする制度など，アメリカ合衆国のロー・スクールにおける教育には参考にできる面も多いように思われる。

　(22)　日本で開発中の法律データベースとしては，オンラインのものとして，「LEX-DB」，「ジュピター」，CD-ROM 利用のものとして，「リーガルベース」，「判例マスター」などがある。

　(23)　Cf. Roger Park, *Computer-Aided Exercises on Civil Procedure*, West Pub. Co., 2nd ed. 1983.

　(24)　Cf. School of Law, New York University, *Computers and Legal Instruction: April 19 & 20, 1985, New York City*, New York University, 1985, Richard Susskind, *Expert System in Law*, Clarendon Press, 1987, D.A. Waterman & Mark A. Peterson, *Models of Legal Decisionmaking*, Rand Corporation, 1981, Ulrich Erdmann, *Computergestutzte Juristische Expertensysteme*, Tübingen, 1986, Anne von der Lieth Gardner, *An Artificial Intelligence Approach to Legal Reasoning*, MIT Press, 1987, P. Capper & R. Susskind, *Latent Damage Law: The Expert System: A Study of Computers in Legal Problem Solving*, Butterworths, 1988, S. Nagel, *Decision-Aiding Software and Legal Decision-Making: A Guide to Skills and Applications Throughout the Law*, Quorum/Greenwood, 1989, A. Tyree, *Expert Systems in Law*, Simon & Schuster, 1989, etc.

〔1〕 法学教育の多様化・学際化

は，日本では吉野一教授のグループが数年前より研究を行っている[25]。コンピュータのその他の利用としては，証拠法やトライアルの実務教育において従来利用されていたヴィデオや映画等の視聴覚教材にコンピュータをつないで，表・グラフ，レジュメ等コンピュータで作成した資料をそのままディスプレイしつつ講義を進める方法が法学教育でも用いられるようになっている（この点は名古屋大学法学部をはじめとする日本の一部の法学部でも採り入れられている）。

以上述べてきたアメリカ法学教育の最近の動きが，今後どのように発展してゆくか，それとも衰退してゆくかは，必ずしも明白ではない。学際的領域の教育については，ロー・スクールの伝統的な機能である実務家養成（職業訓練）の面がおろそかになってしまう虞がある等の批判がなされている。トライアルや交渉・和解の実務面中心の実践重視教育の試みを打ち出して全米の注目を集めたニュー・ヨーク市立大学ロー・スクール（CUNY Law School）の方針も，卒業生の司法試験（Bar Exam）合格率の低さのゆえに見直しを迫られているといわれる[26]。しかし，他方では，経済学的視点の法律学への導入のように今後無視してしまうことはできないであろうと思われる動きや，コンピュータの法学教育・法律実務での利用の普及のように後戻りのできない展開も多い。少なくとも，今後の日本の法学教育を考える上で，大きな示唆を与えてくれるものであると思われる。

そこで，上記に紹介した動きの内で筆者が日本の法学教育にも参考となると

---

(25) 吉野一（編著）『法律エキスパートシステムの基礎』（ぎょうせい1986）参照。これには筆者も参加している。

(26) 1987年度卒業生は州の平均合格率65％の半分以下の30％しかバー・エグザム（司法試験）に合格できなかったため，「人々のニーズに奉仕する法律」をモットーに実務教育中心・交渉やカウンセリング重視で進めてきた方針の見直しを迫られていると報じられている。Cf. E.R. Shipp, "CUNY School at Crossroads As Its Students Fail the Bar," *The New York Times*, Dec. 26, 1987, David Margolick, "CUNY Law School, A Trail-blazer in Legal Education, Finds Itself at a Crossroad," *The New York Times*, Feb. 19, 1988.

第3章　交渉・和解による民事紛争解決

考える②から④の点，すなわち，和解を中心とする交渉の実践教育と理論について，筆者の経験を簡単に報告することにしよう。まず，〔1〕2では概観として合衆国法学教育における和解交渉の実践的教育についての筆者の具体的経験を紹介する。章を改めて，〔2〕で交渉についての教育の中で教えられる内容を紹介・分析し，次いで〔3〕で裁判官の和解勧試に関して分析・検討する。最後に，〔4〕で合衆国での経験を踏まえて筆者が名古屋大学法学部で実験した和解交渉の簡単なシミュレイションの概要を紹介する。

2　法学教育における和解交渉の具体例

　留学の第1年目はカリフォーニア大学バークリィ校のボルト・ホール・ロー・スクールで民事訴訟法・法社会学・法と経済学・法と社会科学・紛争解決制度の講義ならびにセミナーに参加した。その内の，民事訴訟法の講義と紛争解決制度のセミナーにおいて和解交渉のシミュレイションを行った。
　ロー・スクール1年生必修の民事訴訟法の前半部分をT.ジョーディ教授が担当し，その講義中で，2件の事案を用いて和解交渉のシミュレイションを学生に行わせた。この種のシミュレイションの標準的手法であるが，まず，学生に二人組になってもらい，一方を原告側代理人，他方を被告側代理人とする。そして，両者に共通の事実関係として事件の概要を記載した用紙を配布し，教壇から若干の補足説明ならびにシミュレイションの仕方を説明する。その上で，原告側と被告側それぞれに，相手方の知らない秘密の情報を記載した用紙を配布する。第1件目は，講義の時間内に5分ほどを与えて交渉の準備をさせ，10分から20分間かけて交渉させる。必ずしも和解に到達しなければならないわけではもちろんない。交渉結果の報告を講壇で受けた後，交渉に関する考慮点，たとえば，交渉準備としての交渉目標・妥当な和解内容の算定・それより不利なら和解せずにトライアルへ行く限界点の設定，交渉での戦術・戦略の選択，相手からの情報の収集と自己情報の秘匿・開示の選択，交渉をめぐる法律家としての倫理の問題などを学生と質疑応答形式で検討してゆく[27]。第2件目につ

---

　(27)　これらについての紹介・検討は，後述〔2〕と〔3〕を参照。

〔1〕 法学教育の多様化・学際化

いては持ち帰りの宿題として，交渉時間1時間以内で行うよう指示された[28]。交渉のやり方は第1件目と同様である。次の講義で，交渉結果の報告を受け，若干の説明ならびに質疑応答を行う，というものであった。

バークリィのS.バンディ助教授とT.ヘックト講師の紛争解決制度のセミナーでは，裁判外紛争解決制度（A.D.R.）の検討とともに，和解・紛争解決へ向けての交渉のシミュレイションを行った。サブテキストとしてフィッシャー・ユーリー『ハーバード流交渉術[29]』を用いた。交渉シミュレイションの仕方はジョーディ教授のそれとほぼ同様であった。すなわち，『ハーバード流交渉術』と，セミナーで配布した交渉術や和解学・弁護士倫理についてのいくつかの文献をあらかじめ読んできた参加学生と，交渉の準備・戦術・倫理等について質疑応答形式で検討を行う。その後，参加者に二人組になってもらい，両者に共通の事実関係を記載した文書を配布し，次いで各自に秘密の情報を記載した用紙を配布し，次回までに定められた時間内で和解へ向けての交渉を行ってもらう。もちろん合意に達しなくてはならないわけではない。次のセミナーではその結果と交渉の自己分析を報告してもらい，さらに若干の検討を質疑応答形式で行う，というものであった。このセミナーではその他，ミディエイション等のシミュレイションも行った。

コロムビアでは，M.ローゼンバーグ教授が裁判外紛争解決制度のセミナーを開講しており，筆者も参加した。このセミナーは，中央大学の小島武司教授がローゼンバーグ教授と共同で担当していた。参考書として利用した，ゴウルドバーグ・グリーン・サンダーの『紛争解決[30]』のシミュレイション事例等を用

---

(28) 第2件目の事案を名古屋の事情に合せてアレインジして翻訳したものが，〔4〕の名古屋大学法学部でのシミュレイションに利用した事案である。

(29) ロジャー フィッシャー・ウィリアム ユーリー『ハーバード流交渉術』(T.B.S.ブリタニカ1982)〔Roger Fisher & William Ury, *Getting to Yes: Negotiating Agreement Without Giving In*, Houghton Mifflin Co., 1981〕．

(30) Stephen B. Goldberg, Eric D. Green & Frank E.A. Sander, *Dispute Resolution*, Little, Brown & Co., 1985, *Dispute Resolution 1987 Supplement*:

いてシミュレイションを行った。ただし，和解交渉・ミディエイション等のシミュレイションを全員にさせる代わりに，担当を一組選んで，皆の前で交渉やミディエイションを実行してもらい，その後に全員で検討するという形式をとった。一般に非公開で行われるので他者間の交渉やミディエイションを見聞する機会は稀であるし，自ら当事者となって交渉しているときには気付かない点も岡目八目としてこの方式によれば発見できるメリットがあった。他方，自ら経験してこそ得られる交渉の感触といったものは，担当者に選ばれない限り得られないことになる。近隣紛争から企業間の複雑な紛争に至るまでの様々な紛争について交渉やミディエイションのシミュレイションを行った。

　以上のように，筆者の経験はかなり限られたものではあるが，筆者の観察によれば，法学生の多くはかなり大きな興味と関心をもってシミュレイションに参加し，その経験を踏まえて交渉の仕方，戦術，倫理などの観点から積極的に議論をしていた。日本では卒業生の内の極く少数の者が法律家になるだけではあるが，それでも，会社法務部配属の者はもとより，それ以外でもかなりの割合の者が卒業後法的な色彩のある仕事に従事することになると思われるし，交渉という行為自体は社会生活上常に行われるものであるから，日本の法学教育においてもこのような試みをしてみる価値があるのではなかろうかとの印象を持った。

〔2〕　和解交渉による紛争解決

　ここでは，〔1〕で述べたところの筆者も参加したセミナー・講義において検討した内容の中の交渉に関する部分を紹介・分析する。まず，〔2〕1で交渉の準備について検討し，続いて，〔2〕2交渉の諸側面と戦術の検討，〔2〕3交渉における競争と協力の実態と検討を行い，最後に〔2〕4で交渉の理論的分析を行う。

With Exercises in Negotiation, Mediation, and Mini-Trials, Little Brown & Co., 1987.

[2] 和解交渉による紛争解決

1 交渉の準備

　交渉技術が未熟な弁護士ほど判決に至るまで紛争をこじらせてしまい易いという調査結果が出ている(31)。準備が不完全なまま交渉に入る弁護士が数多いともいわれる。交渉力の中心をなすのが十分な準備に他ならない。H. Raiffa 教授の指摘する交渉準備のポイントを，若干補足しつつ検討してみよう(32)。

　教授の指摘する第一点は，「汝自身を知れ」である。紛争主体自身いったい何を求めているのか自覚していないことはよくあることである。自分が何を求めて交渉するかを分析しておくことは生産的な交渉のために必要不可欠である。代理人としては依頼人の「真の要求」を把握するよう努めることが必要である。そのためには，なによりも依頼人の言うことを良く聞く必要がある(33)。和解による円満な解決を求めようとする場合には，これに加え，できることなら紛争の由来・根本原因等の紛争の社会的実態を多面的に把握しておきたい。これらを背景として何が「真の要求」であるかを決定しつつ，証拠・事実の調査を尽くし，関連する法令・判例を検討し，自分の側の弱点と強さとをできるだけ明らかにする。また，類似事件について調査し，事案の大体の相場もつかむようにする。このようにして，当該事案がどのくらいに値するものかの見積りを出

---

　(31) Gerald R. Williams, *Legal Negotiation and Settlement*, West Pub. Co., 1983, p. 78.

　(32) Raiffa, *supra* note (8), pp. 126-127.

　(33) Charles B. Craver, *Effective Legal Negotiation and Settlement*, The Michie Co., 1986, p. 32の例参照。特定の土地のみを求めているように見える紛争当事者が，実は，代替地でも満足し得る場合がある。名誉毀損の被害者が金銭賠償のみを要求している場合にも，よくよく調べると，実は当該記事の撤回と謝罪の方をより強く求めているということがある。これらの「真の」要求を確認することで交渉に幅ができ，より生産的な交渉を可能にする。そもそも紛争の当事者は「なによりもよく聞いてほしい。人間的に扱って欲しい」という欲求を持っている。この欲求が満たされなければ，不信感を抱き，満たされればカタルシスを得て緊張をやわらげる。紛争解決の専門家たるべき弁護士や裁判官はこのことを十分理解しなければならない。小島・飯島・須藤・前掲書注(4) 3 —12頁参照。調停に関してであ

しておくことは重要な交渉準備である[34]。

さらに，もし交渉が失敗して和解できなかったらどうなるかを分析しておくべきである。裁判（トライアル）となった場合にどのような判決が出ると予測され，その際の費用はいくらとなるかを見積もる。これが，和解によって得たい最低受忍水準，譲歩し得る限界点，言い換えると，和解するよりも裁判に行った方が有利となる限界点となる[35]。交渉の際には，相手との心理的な「貸し・借り」の意識が生じたり，交渉に熱中し過ぎてともかく和解に到達することだけが目標となったりして，不当・不必要に譲歩して不利・不公正な和解をしてしまう危険があるので，この最低受忍水準をはっきりと見積もっておくことは絶対必要である。もちろん，交渉によって得られる新たな情報によって，この最低受忍水準を上方修正したり，下方修正したりする必要がある場合もあるが，後述の第六点で決める最大希求水準の場合よりもずっと堅固に維持することが大事である。

交渉で主張するときのために，証拠・事実（判決事実）・法的根拠はもとより，その他の正当化根拠，たとえば，他の類似事案の統計処理による裁判予測とか，実質論としての公平・正義の視点，それを支える社会的事実としての立法事実等を十分に調査・検討しておくべきである（本書第2章参照）。そして，その結果を整理しておくことも必要である。このような十分な調査で，自信を持って交渉に臨むことが重要である。ある報告によると，成功裡に交渉をした者の相手方に，なぜ譲歩したのかを問うた場合の最も頻繁に見られる返答が，

るが，今井盛章・前掲書注（4）42—46頁も参照。

(34) 「事案の価値」の見積り方式としては，value allocation system と point allocation system がある。これらの具体的内容については，Gary Bellow & Bea Moulton, *The Lawyering Process: Negotiation*, Foundation Press, 1981, pp. 64-66 を参照。事件のスジとヨミについては，小島・飯島・須藤・前掲書注（4）14—15頁，17—18頁参照。

(35) 最低受忍水準に相当する概念は，保留価格（reservation price）とも，不調時対策案（BATNA: best alternative to a negotiated agreement）とも，威嚇値（threat value）とも，抵抗点（resistance point）とも呼ばれる。

〔2〕 和解交渉による紛争解決

相手方交渉者の明白な自信に圧倒されたというものであったという[36]。また，どのような戦術を採用するかも考えておく必要がある。交渉戦術については後述〔2〕2で交渉の諸側面と関連づけて検討する。

交渉準備の第二点は，「汝の敵を知れ」である。交渉が決裂した場合に相手にはどのような手段が残されているか，裁判となったらどのような判決が出されると相手は見積もっているかを予測する。すなわち，相手側の交渉の最低受忍水準を見積もるよう努力するのである。このためには，相手方にどのような証拠・事実・法的根拠があり，相手の強みと弱点はどのようなものかを検討しなければならない。また，相手方が何を本当に望んでいるのかを見極めるよう努めなければならない[37]。さらに，相手側の能力，資力，信頼性，誠実性，好む交渉戦術などを，過去の交渉例や他者との交渉例などから調べておくことも必要な準備である。それらを予めできるだけつかんでおくことは交渉を展開する上で大きな助けとなる。これら，相手方の交渉者としての特徴の把握や交渉力の査定は[38]，交渉準備のみならず交渉の最中にも，とりわけその初期段階において追求しなければならないものである。

交渉準備の第三点は，交渉の約束事や作法がその類型の紛争に存在しないかを調べておくことである。弁護士倫理の点からの要請はもとより，事件類型や

---

(36) Craver, *supra* note (33), p. 37, Chester L. Karrass, *The Negotiating Game*, Thomas Y. Crowell Co., 1970.

(37) 相手方の「真の」要求の把握は，交渉の全過程を通じて追求するべきものである。

(38) 春日寛・前掲注(4)80頁でも，相手方代理人に関する調査の重要性を説く。Karrass, *supra* note (36), pp. 59-63は，交渉力（交渉相手の行動に影響を及ぼす能力）の比較において考慮すべき要素として，①報償の均衡（balance of rewards），②罰の均衡（balance of punishment or nonreward），③正当性の均衡，④コミットメントの均衡，⑤知識の均衡，⑥競合の均衡，⑦不確実性と勇気の均衡，⑧時間と努力の均衡，を挙げている。①と②は相手に対する「飴」と「鞭」に対応し，⑥は代替策の有無，例えば代替購入先のある買手は売手に対して強い交渉力があると言うような事柄に対応している。

第3章　交渉・和解による民事紛争解決

　当事者類型によっては，ある程度の交渉のルールと言えるものがある場合がある[39]。たとえば，同一業界内の会社同士の紛争の場合，元請と下請の間の紛争の場合，経営側と労働側の紛争の場合，保険会社との間の紛争の場合，国や行政機関との間の紛争の場合，私人と示談屋や暴力団などとの間の紛争などでは，それぞれに交渉の仕方やルールなどに相違があるであろう。それを考慮することで，自己に不利な事実や証拠をどこまで秘匿するべきか，どれほどオウプンに交渉すべきか，通常どれくらい交渉は繰り返されているか，交渉は段階分けして行うしきたりか，などの点についての指針が得られる場合がある。

　交渉準備の第四点は，交渉の体勢の検討である。交渉をどこでいつ行うか，誰が交渉主体となるか（弁護士のみか，依頼人も同席か，依頼人本人中心か，交渉の専門家を雇うべきか等）などの判断をしておくことが役に立つことがある。社会心理学の調査結果によれば，自分の支配する領域で交渉をした方がより積極的な態度を取りやすく，かつ，より有利な結果を得ることが多くなる[40]。また，たとえば，複数でティームを組んで交渉に当る場合には，"Mutt and Jeff" とか "Good Cop Bad Cop" と呼ばれる戦術[41]，すなわち，非合理に強硬な交渉者の役とそれをなだめる合理的交渉者の役に役割分担して交渉にあたるなどの戦術を利用することも可能となる。また，交渉の場としてどのような雰囲気にするかは重要な判断であり，雰囲気を思い通りに形成するには部屋の大きさ・色調，机・椅子の形や配置，お茶やお茶菓子の有無・内容等まで細かい配慮をすることも必要な場合があるであろう。

---

　(39)　交渉におけるこのようなルールの重要性については，Williams, *supra* note (31), p. 57とそこで引用された文献を参照。

　(40)　Jeffrey Z. Rubin & Bert R. Brown, *The Social Psychology of Bargaining and Negotiation*, Academic Press, 1975, pp. 82-88, esp. 83. 交渉の体勢の問題について指摘するものとして，弁護士と依頼人の間につき小島・飯島・須藤・前掲書注(4)12—14頁，示談交渉につき同書72—73頁がある。

　(41)　フィッシャー・ユーリー・前掲書注(29)209頁（好かれ役と憎まれ役の芝居），Craver, *supra* note (33), pp. 134-135.

交渉準備の第五点は，事前にシミュレイションをしてみると交渉の役に立つ場合があるということである。合衆国の法律家は，大規模な事件では「影の陪審（shadow jury）」をつくってトライアル準備ないしトライアルと平行してシミュレイションを行い，作戦決定の判断の参考とすることがある。これと同じ手法は，大規模な和解交渉などにおいてはとりわけ役に立つことがあろう。相手方の役割につき相手方交渉者と類似の人柄・能力・その他を有する同僚などを見つけて相手役になってもらい，交渉を実験してみるのである。これによって，どのような戦術や主張が有効であるか，相手がどのような攻撃や反撃をしてくるか，相手の主張にどう対応すべきかなどについての実践的判断をすることができるようになる。

　交渉準備の第六点は，単に「より有利な内容であればよい」というような曖昧な希望でなく，より具体的に，どれほどの内容の和解を目標とするかを考えておくことである。これはいわば，満足レヴェルの設定である。このためには，上の第一から第五までの点を十分検討しなければならない。そして，その通りの和解となったら実質的に100％満足が得られるという目標を具体的に設定する。この最大希求水準は交渉の途中で変更され得るものであるのは当然であるが，最大希求水準を見積もった上で交渉に望む方が交渉の流れを評価する上で役にたつであろう[42]。

　弁護士の場合に，以上の交渉準備が効果的になされるかどうかは依頼人との意思の疎通がうまくゆくかにかかっている。ところが，交渉の準備段階で代理人は，意思の疎通以前とも言える問題点に頻繁に直面する。それは，まず，依頼人自身その段階では曖昧かつ不確定であること，相手方とのある程度の交渉による情報交換をしてみなければ何がどのように争点となるのかが分からないことが多いことの二つである[43]。弁護士が介入して交渉準備や訴訟準備を進め

　（42）　最大希求水準は目標値（target point）とも呼ばれる。

　（43）　芥川龍之介の小説『薮の中』のように，当事者の説明は主観的で要領の悪いものである。今井盛章・前掲書注（4）9頁参照。これらの点については，Donald G. Gifford, "The Synthesis of Legal Counseling and Negotiation Models: Preserv-

第3章 交渉・和解による民事紛争解決

る段階では，依頼人には，自分が何を本当に求めており，どのような選択肢があり，それらにどのような選好順位・利害を持つのか等はもとより，なぜ紛争が生じ，どうしてここまでこじれ，相手は何を争っているのかがよく分かっていないことが多いのである。そもそも何が問題で何が紛争の本質なのかの理解が曖昧である場合が多いであろう。この点は，相手方当事者についても同様である。それゆえ，ある程度の交渉が経過しないと双方の代理人ともに紛争の実態がつかめないことが多かろう。訴訟物と要件事実に限定せず，後述の「問題解決型」の話合いによる紛争解決を目指そうとする弁護士にとっては，より多面的で包括的な実情把握が必要である点でこの問題は場合により致命的となりうる。この問題を軽減するには，上記の交渉準備，とりわけ第一点「汝自身を知れ」・第二点「汝の敵を知れ」・第六点「満足レヴェルの設定」の諸点を交渉前の準備としてだけではなく，交渉の全過程を通じて継続する必要がある。その為には，交渉の経過状況を常に依頼人にフィードバックして，交渉に何を求め，どのような利害関係が生じ，いかなる選択肢が考えられるかの点で当事者と共通の認識に立つよう努めなければならない。それらをもとに自分の側の最大希求水準・最低受忍水準等を判断し，かつ，相手側のそれを見積もるよう努力する必要がある。この意味で代理人は言わば，対相手方の交渉と対依頼人の

---

ing Client-Centered Advocacy in the Negotiation Context," 34 *U.C.L.A.L. Rev.* 811 (1987)，Jonathan M. Hyman, "Trial Advocacy and Methods of Negotiation: Can Good Trial Advocates Be Wise Negotiators?," 34 *U.C.L.A.L. Rev.* 863 (1987)をも参照。竜嵜喜助・前掲注（4）111頁も，「……弁護士が一番頭を悩ますのは訴訟見通しについてである。依頼者は最初のうちは，勝つと信じて疑わない。……弁護士としては最初から相手方の反論を考え，……色々な問題を想定して根掘り葉掘り聞きただす。聞き方が悪いと，『私を疑うのか』と思われることもある。……そのうち……不利な事実も出てくる。そこで弁護士から厳しい見通しを告げられるようになると，依頼者も次第に不安になってくる。……誰かほかにもっと強力な弁護士に頼もうか，ということにもなる。」と，見通し設定と依頼人対応における弁護士としての苦労を述べられている。なお，依頼者は着手金を先に支払っているので，訴訟の途中で現実に弁護士を代えることは稀であると言われる。

交渉との二重の交渉をこなさなければならないわけである[44]。

なお，参考のために，以上の交渉準備の検討点を基にして作成した，簡単な交渉準備シートの一例を〔4〕1で掲げておいた[45]。

2 交渉の諸側面と戦術

一口に交渉と言っても，それが紛争解決過程であるとともに紛争過程そのものであり，それゆえ人と人との関係のひとつに他ならない以上，多種多様な側面を持っていることは明らかである。交渉のそのような側面のいくつかを挙げれば，

　①どのように交渉するかについての交渉の側面（メタ交渉）
　②交渉者としてのお互いを知り合う側面
　③交渉の基調作りの側面
　④情報交換の側面
　⑤相互利益発見の側面
　⑥分配の側面

などが挙げられよう。これらの側面について，交渉の技術・戦術の面から若干の検討をしてみよう。

　1）メタ交渉の側面

メタ交渉，すなわち交渉の仕方についての交渉の側面としては，たとえば，事実・証拠や法的問題についてどのような順序で話し合って行くかのアジェン

---

　(44) Cf. Gifford, *supra* note (43), pp. 835-839はこの状況をboundary-role positionと呼ぶ。この二重の交渉に失敗すると「誰の代理人やらわからない」との不信感を依頼者に与えてしまい，和解が難しくなる。春日寛・前掲注（4）81頁参照。前注(43)も参照。

　(45) Craver, *supra* note (33), pp. 41-42のNegotiation Preparation Formも参照。Sanford W. Hornwood & I. Lucretia Hollingsworth, *Systematic Settlements: A Practical Guide For the Personal Injury Specialist*, The Lawyers Co-operative Pub. Co., 2d ed. 1986の和解交渉準備の「事案評価チェックリスト」(pp. 884-885)と「和解交渉手控え表」(pp. 892-894) も参照。

第3章　交渉・和解による民事紛争解決

ダの決定，このアジェンダの決定のイニシアティヴをどちらが取るかの駆け引き，などはもとより，そもそも話合いをどちらが先に呼び掛けるかとか，どちらが最初の提案（オッファー）を提示するかの駆け引きまで多種多様である。

　自己に有利な主張に沿ったアジェンダの方が交渉過程として有利なことは明らかである。事実の面で強みのあるものは交渉の中心が事実の検討となるアジェンダを，法的側面に強みのあるものは法的側面の検討中心のアジェンダを組みたいであろう。また一般的に自己の主要な要求をアジェンダの最初に置いた方が有利であろう。そこで交渉のアジェンダ決定における当事者間の主導権争いも生じることになる。

　交渉の過程で交渉の進め方や交渉の作法が自ずから決ってくることもある。この場合は言わば，自生的交渉ルールの誕生と言えよう。しかし，できることならメタ交渉をも意識的に視野に入れて交渉をする方がより有益な，より効率的な，あるいはより公平な結果に結び付く可能性が高くなるであろう。

　また，同業者間での交渉の場合のようにある程度暗黙の交渉ルールが存在する場合もある。このような場合，この暗黙のルールに違反すると，それ自体で信義にもとる者というレッテルを貼られて敵対的態度を相手にとられる危険がある[46]。

　さらに，調停・仲裁その他の代替的紛争解決制度の選択肢が複数存在する場合に，そのいずれを利用するかの意思決定もメタ交渉のひとつと言えよう。

　話合いを呼び掛けること自体が弱点の自認と受け取られることを慮って牽制し合い，なかなか交渉の席に着けないことも起きる。アメリカにおける弁護士へのアンケート調査によると，できるだけ早い段階から裁判所が和解を開始するイニシアティヴをとって欲しいと望んでいるが[47]，このことも，自ら和解交

---

(46)　Cf. Williams, *supra* note (31), p. 57.

(47)　Wayne D. Brazil, *Settling Civil Suits: Litigators' Views About Appropriate Roles and Effective Techniques for Federal Judges*, American Bar Association, 1985, p. 79. 春日寛・前掲注（4）81頁では，相手方に足元を見られると危惧されるとき和解交渉を先に言い出し得ない時もあり，そのときは裁判官に和解を求め裁判官室で和解の申出をすると言う。

渉を呼び掛けることへの躊躇の現れであろう。相手方が自己の要求についてどのように評価しているかを知ることで，その後の交渉が非常に有利となる。また，双方の最初の提案の中間あたりに最終的和解が落ち着くという経験則があり，後から提案をする側は，自己の希望する内容が相手の提案との中間的な解決となるように自分の提案を操作する機会を得るという点で非常に有利な地位を得ることができる[48]。逆に，戦術的に言えば，事案の自己評価が相手に知られることは是非避けたい。そこで，事案の自己評価を暗示する最初の提案を相手方から引き出そうとする駆け引きが生じる。たとえば，最初の提案を求めての「いくら欲しいんですか」の問いに対して，「正義に適う公正な額ならいいんです」と逃げることになる。

なお，交渉のルールが存在する場合には，これらのメタ交渉はある程度省略され得ることになる。たとえば，労使交渉では，まず経営側が提案する慣習である場合が多いし，和解手続の実施が必要的な訴訟手続であれば，どちらが和解交渉を呼び掛けるかの問題は生じない。

2) 相互認知の側面

交渉者としてのお互いを知り合うという交渉の側面は，交渉の初期の段階でとりわけ重要である。相手に対する交渉主体としての相互認知が交渉の大前提であり，これがこの側面の基礎である。中東紛争の場合に見られたように，相手を交渉主体として認知しないならば，交渉は成立しない。相手を交渉主体として認めることは，相手の人格の尊重の第一歩であると言える。相手の交渉主

---

(48) Williams, *supra* note (31), p. 56の引用によれば，事案の見積りのできていないものは相手の最初の提案をもとに自己の目標を査定する傾向があり，逆に，事案の見積りのしっかりできている交渉者は相手の最初の提案から相手の目標の合理性の査定を行う傾向があるという調査結果がある。また，法律家の継続教育の教材である，National Center For Continuing Legal Education, *Smarter Settlement*, National Center for Continuing Legal Education, 1983, p. 9でも，原告側は高めの要求を最初にするべきであると教えている。Cf. Harry T. Edwerds & James J. White, *The Lawyer as A Negotiator: Problems, Readings and Materials*, West Publishing Co., 1977, pp. 115-116.

第3章　交渉・和解による民事紛争解決

体としての地位の承認を前提として，相手方交渉者の性格，資質，人柄，相手側が複数であればその相互関係，信頼できるか，等をできるだけ早く見極める必要がある。と同時に，相手に認定されたい自分の交渉者像を正確に相手に伝えることも必要である。この点は，単に戦術的な観点からだけでなく，より相互利益に適う和解に到達するためにも必要である。調査によると，競争的な交渉者は相手方交渉者も競争的であると信じて交渉する傾向があり，協力的な交渉者は，相手方には競争的交渉者と協力的交渉者の二つの場合があるとして交渉を開始し，競争的交渉者には競争的に，協力的交渉者には協力的に対応する傾向があるとされる[49]。初めから競争的な態度を取ると，本当は協力的な交渉による迅速にして相互に満足のゆく和解が可能だった場合にも，競争的交渉となって交渉が決裂してしまう危険があるわけである。

他方，交渉の前に相手方交渉者に『ハーバード流交渉術』を送りつけて協力的態度を相手から引き出し，それにつけこんで自己に有利に交渉を展開するという計略を用いる弁護士の例も報告されている[50]。また，膨大な量の事実面・法律面での調査と知識を水増しして相手に突きつけて，能力と知識のある熟達した交渉者であると思わせるという戦術も報告されている。もちろん，これが効を奏するのは，相手が未熟ないし準備不足の場合か，本人が本当に熟達した交渉者でしかも本当に十分準備をしている場合である。そうでなければ，だいたい交渉中に馬脚を顕すといわれる[51]。極めて攻撃的，加虐的態度をわざととり，相手に早く交渉にけりをつけて接触を断ちたい嫌な人間と思わせるという戦術さえ報告されている[52]。

弁護士の場合，訴訟に強いという世評を得ておくことが交渉者として説得力を増す上で大きな助けとなるといわれる[53]。十分な準備をした，能力・自信・

---

(49) Rubin & Brown, *supra* note (40), p. 185の社会心理学研究の成果の整理を参照。

(50) Craver, *supra* note (33), pp. 47-48.

(51) Craver, *id*., pp. 129-130.

(52) Craver, *id*., pp. 122-123.

(53) Craver, *id*., p. 42.

〔2〕 和解交渉による紛争解決

説得力のある信頼できる協力的交渉者であると相互に信じあうことが生産的で有効な交渉を展開する上で大切である。

３）基調作りの側面

交渉の基調作りの側面とは，交渉者間の関係と交渉の「雰囲気」の形成である。交渉の基調には，大きく分けて対立の拡大と緊張緩和の二つがあるであろう。交渉の基調を対立的なものにするか協力的なものにするかは，出てくる結果にも大きな影響を与えるだけでなく，そもそも合意に到達する可能性をも大きく左右する。相手方の主張を正面から批判し，相手方の人格を攻撃し，感情的となり，自らは譲歩せず，裏切りや詐欺的行為を行う等の態度をとれば，相互不信はつのり，紛争は拡大の一途をたどるであろう。他方，相手の主張のもっともなものは受け容れ，問題と相手の「人」とを区別し，譲歩には譲歩で応え，誠実で公正な態度をとれば，信頼関係は回復され，紛争は縮小・解消へ向かうであろう。たとえば，意見や提案等でも，「これが正しい」「こうすべきである」等の断定的宣言を避け，「このような提案をしたら，どのような問題がありますか」とか「このようになさることにはどのような不都合があるのでしょう」と質問の形式をとることで，相手を実質的な交渉に引き込むと共に，対立を和らげることができる(54)。

交渉の基調作りにおいては，言語的な面とともに，あるいはそれ以上に，非言語的な相互作用が重要であるといわれる。席の着き方でも，向い合うのは対立的で，横に並ぶ方が協力的雰囲気を作るといわれるし，目と目を合わすことや，ある程度の体の接触（肩に触れる等）も雰囲気を協力的にするといわれる。交渉開始前の雑談等の持つ影響力も無視するべきではないといえる。このような雑談によって，相手方の交渉に望む態度が知られ，相手方の人柄や性格が示唆され，交渉の雰囲気を形成することになる。もちろん，その社会におけるマ

---

(54) フィッシャー・ユーリー・前掲書注(29)168頁の「自分の考えを弁護せずに，批判と忠告を求めよ」，170頁の「問いかけて一呼吸おけ」を参照。このような形で，相手とのラポーを通じさせることの重要性は，裁判官の和解勧試や調停にも当てはまる。調停につき今井盛章・前掲書注(4)101—104頁参照。

第3章　交渉・和解による民事紛争解決

ナーやエティケット等の文化的環境によって，交渉における言語的および非言語的行為の効果の有無や程度は異なってくるであろう。この点は文化や伝統を異にする国際取引交渉においては，相互の無用な誤解を避けるために十分に注意する必要がある。また，時代によっても変化するであろう。日本人はうつむいて話しをすると言われているが，最近では堂々と相手の眼を見て話す者も増加している。

また，たとえ些細な内容であれ，さしあたりなしうる部分的暫定的な取決めを結ぶことができ，それを相互が誠実に遵守・履行するならば，それなりの信頼関係が形成されて行くであろう。この試みを繰り返すことで，協力的交渉への契機とすることができるであろう。実質的な交渉の対象とは異なる次元での譲歩や開示によって，緊張を緩和することができることになる。

もっとも，戦略的にこの作用を利用することもありうる。豪華な場所を提供し，食事や飲み物を振る舞い，紛争の実質とは異なる面で多くのそれらしい譲歩や協力的態度をとることで，相手方に心理的な「負い目」を抱かせ，それらと本当は関連性のないはずの紛争の実質交渉において譲歩を引き出す策略として利用するものもいるであろう。「あなただからこそこの譲歩をするのです」というようなことを述べて，問題と相手の人格とをすり替えて，相手に自己満足と「借り」の意識を与え，譲歩への心理的圧力とする戦術も，交渉のこの側面を逆用するものといえよう。争点が多岐にわたる紛争などでは，実質的にはどうでもよい内容の要求も含めておき，これらをしぶしぶ譲歩することで相手に譲歩への心理的圧力を掛けるという策略も報告されている[55]。これらは心理学における研究の分野でもある。

以上のような，緊張・対立の緩和と信頼関係の形成という協力的な問題解決型の交渉の基調作りの要請と，その過程で戦略的行動をとるものによって「つけこまれてしまう」という協力的態度に内在するリスクとの間でバランスをとることが必要である。オスグッドは，国際紛争の緊張緩和の問題についてであるが，この点を心理学の立場から考察して，極めて建設的な提案をしてい

---

(55)　Edwards & White, *supra* note (48), pp. 116-117.

〔2〕 和解交渉による紛争解決

る[56]。これは「グリット (GRIT)」あるいは「緊張緩和の漸進的・交互的主導権」と呼ばれる戦略である。これを民事紛争の文脈での対立・緊張の緩和の基調作りの戦略としてそのあらましを述べると以下のようになるであろう[57]。まず,一方当事者が,相手につけこまれても大きな損失を受けることのない範囲内で対立・緊張の減少を目的として,かつ,相手方からの相互行為を勧誘するために,慎重に計画された小さな譲歩・提案を繰り返す。相手方に期待する相互行為もある程度特定しておくが,相手の相互行為を条件とすることなく,一方的に自らの小さな譲歩を実行する。相手方が相互行為を通じてそれに応じ,歩み寄りを態度で示すなら,いまだ僅かではあるが対立・緊張緩和の方向へ動き始めたと言え,今までよりは若干大きな措置(提案や譲歩など)をすることができるようになる。このような一方的漸進的な主導権の実践によって,「つけこみ」の危険を最小限にしつつ緊張緩和への誠意を示し,対立の減少を図るわけである。相互行為を通じてお互いの信頼関係も形成されてきて,平和的合意を探る交渉の基調が生れることになる。このような「人参(報償)」の面と共に,相手が信頼を裏切るような態度をとれば,断固たる態度で反撃するという「棒(罰)」の態度をとる。このような「グリット」の構想は,交渉を建設的なものへと変換する上で大いに参考になると考えられる[58]。先に述べた,部分的暫定的取決めの相互遵守なども,「グリット」の考え方の応用例といえよう。

今まで述べてきた交渉の基調作りの側面は,紛争の実体的内容と切り離した

---

(56) チャールズ・オスグッド『戦争と平和の心理学』(田中靖政・南博訳 岩波書店1968)〔Charles E. Osgood, *An Alternative to War or Surrender*, Univ. of Illinois Press, 1962〕,第5章,130—202頁参照。訴訟等の紛争解決における交渉への「グリット」の適用として太田勝造・前掲注(3)77—78頁(本書第1章)も参照。

(57) オスグッド・前掲書注(56)298—300頁参照。

(58) キューバ危機後の3年間の合衆国の政策などの例がある。オスグッド・前掲書注(56)300頁参照。Cf. Edwards & White, *supra* note (48), p. 12. また,ベルリンの壁の撤廃に象徴されるゴルバチョフ政権下での東西の緊張緩和,冷戦構造の終焉へ向けての動きに際しても,グリット的な一方的主導権の行使が見られたことは記憶に新しいであろう。

第3章　交渉・和解による民事紛争解決

意味で観念されなければならないものである。交渉の基調が理想的に形成される場合には，紛争の実体的対立とは独立に，相互信頼に基づく建設的で協力的な関係が紛争当事者の間に成立することになる。紛争当事者が，紛争の実体的内容を客体化し，紛争を適正かつ公正に解決するべき共通の問題と捉えることになる。そして，紛争当事者の関係はこのような問題に連帯して取り組む「善き協働関係 (good working relationship)」ないし「問題解決関係 (problem-solving relationship)」となる[59]。ところで，紛争当事者同士の直接の交渉においては，利害と相手の「人」とを切り離したり，紛争の実体的内容と紛争解決プロセスとを切り離すことは心理的に難しく，また，紛争行動と紛争解決行動とを区別

---

[59] Roger Fisher & Scott Brown, *Getting Together: Building a Relationship That Gets to Yes*, Houghton Mifflin Co., 1988はこのような「問題解決関係」を形成するための戦略として「無条件に建設的 (unconditionally constructive)」な態度を推薦している。つまり，相手が相互行為によって応えるかどうかとは関係なく，両者の関係にとっても自分にとっても相手にとっても「善いこと (good)」のみを行うというものである (xiv)。これによって，お互いの相違にかかわらず相手と「仲間 (member of the family)」となってしまうことを目標とするのである (pp. 6-7)。「無条件に建設的な戦略」の具体的内容としては，①相手が感情的に行動していようと自分は感情と理性のバランスをとって合理的に行動し，②相手が自分を誤解していようと自分は相手を理解しようと努め，③相手が自分の言うことを聞こうとしない場合においても，相手に影響を与える事柄については相手の意見を求め，相手に相談をして相手とのコミュニケイションに努め，④相手が自分を騙そうとしているときにも，自分は相手を騙そうとしたり逆に不用意に信頼したりせず，常に信頼できる態度をとり，⑤相手が自分を強制しようとしている場合にも，その強制に屈したり逆に相手を強制し返そうとしたりせず，虚心坦懐に相手の意見を聞き，受け容れるべきは受け容れ，自分の意見については相手に納得してもらうよう努め，⑥相手が自分のことや自分の重視する事柄を不当に無視しようとしている場合にも，相手のことを尊重し，配慮を尽くし，相手の良き点は学ぶように努め，相手を一個の人格として受け容れるよう努力する，の六点を挙げている (p.38)。*Getting Together* はこれらの六点を敷衍する形で構成されている。

〔2〕 和解交渉による紛争解決

して観念することも紛争当事者にとって極めて困難であり，このような「善き協働関係」が生じることは容易には期待できないであろう。しかし，弁護士が紛争当事者を代理する場合には，弁護士が当事者に過剰に感情移入したり当事者の立場や勝利に不当にコミットしない限り，利害と「人」とを切り離し，紛争の実体的内容と紛争解決手続とを区別することは容易であろうし，相手の弁護士との間に「善き協働関係」を形成することも困難ではなかろう。さらに，訴訟の場合のように公正中立な裁判官の関与が存在するときの和解交渉においては両弁護士と裁判所との間に「問題解決関係」が形成される可能性はより高くなろう。

4）情報交換の側面

交渉の情報交換の側面とは，交渉を通じての事実面・証拠面・法律面での情報交換のことである。どのような内容を相手から聞き出すか，そのためにはどのような方法を取るべきか，といった情報収集の面と，相手にどのような情報を提供するか，それをどのような手法で伝えるか，という情報提供の面とである。真実に沿った社会的正義に適う紛争解決の観点からは，より多くの正しい情報が紛争当事者間で共有されることが望ましい。より多くの情報が共有されれば，それだけ交渉の余地と紛争解決の方法の幅が広がり，相互の利益に適う和解を見出す可能性が大きくなる。協力的交渉がより生産的な所以である。

他方，戦術的な面では，こちらがどのように考えているのかを知られることなく，相手側がどのように考えているのかを引き出せば，交渉をより有利に運ぶことができる。すなわち協力的な相手には競争的態度で望むことで，相手の不利益において自己の利益を拡大することができる。これは，ゲイムの理論における「囚人のディレンマ」の状況に対応する。それゆえ，一般に交渉技術といわれるものの中には，自己の側の考えを知られないようにし（ポーカー・フェイスなど），自分の側に有利な証拠は過大に評価させ，自分に不利な情報は知られないように努め，相手方から自己に有利な情報を引き出すという，競争的な技法が多く含まれている[60]。交渉からこの情報交換の側面をほとんど排除する

---

(60) Edwards & White, *supra* note (48), pp. 114-115.

戦術もある。これはゼネラル・エレクトリック社の労務担当副社長の名にちなんで「ブールウェアリズム（Boulwareism）」と呼ばれている。相手の立場とこちらの立場を考慮したとして要求を定立した後は，これが相互にとって最も公平だと主張して一切の妥協を拒否し，呑むか決裂かの二者択一を突きつける戦術である[61]。法律家の中にもこの戦術を頻繁に採用するものがいるという。この戦術は，いわば，交渉の否定とも言え，一般的には非生産的・逆効果であるといわれる[62]。ブールウェアリズムが効果を発揮するのは，これが一貫して用いられて世評が確立し，その提案が最初にして最後のものであると相手に信じ込ませることができる場合のみである。そのためには，提案の内容が常にある程度公正・合理的であるとの評判を確立することも必要である。交渉者としてこのような世評を獲得することは困難な場合も多いであろう。

5）相互利益発見の側面

相互利益発見の側面は，協力的な「問題解決型」[63]の交渉において強調されるものである。いわゆる win-win 型の交渉や「調整型交渉（integrative negotiation）」も，この側面を強調したものと言える。同様のものとしてフィッシャー・ユーリーは，「ソフト型」でも「ハード型」でもない第三の交渉方式として「原則立脚型交渉（principled negotiation）」を提唱している[64]。その基本は，

①「人」と問題とを分離せよ[65]

②立場でなく利害に焦点を合わせよ[66]

---

(61) Edwards & White, *id*., p. 119, Craver, *supra* note (33), pp. 126-128.

(62) 法律家の継続教育の教材である，National Center For Continuing Legal Education, *supra* note (48), p. 12でもこの戦術はとらないように勧めている。

(63) Cf. Carrie Menkel-Meadow, "Toward Another View of Legal Negotiation: The Structure of Problem Solving," 31 *U.C.L.A.L. Rev.* 754 (1984).

(64) フィッシャー・ユーリー・前掲書注(29)13頁から14頁に「ソフト型」と「ハード型」と「原則立脚型」の交渉方式の比較の表があるので参照。前注(59)も参照。

(65) Menkel-Meadow, *supra* note (63), p. 841は，人と問題とを完全に切り放すことは人間にはできないであろうと言う。

(66) Menkel-Meadow, *id*., pp. 801-804は，背後にある当事者のニーズと目的を

③行動について決定する前に多くの可能性を考え出せ[67]

　④結果はあくまでも客観的基準によるべきことを強調せよ

の四点であるという[68]。信頼関係の形成された交渉者間で，共通の土俵の上での，相互利益により適う解決策の模索がなされるときがその典型である。もちろん，非協力的な交渉においても，ある程度の情報の交換がなされうるのであり，その限度では相互利益発見の契機は存在する[69]。事実面・法律面で一応ある程度の共通の理解ができてゆき，お互いが本当に望むものを実現するにはどうしたらよいか，お互いの希望にできるだけそう解決策は何かを模索する交渉であり，相互の選好構造の若干の相違を前提として，より効率的な解決を図るという側面である。この点で，相互利益探求の側面は，交渉の（パレート的）効率化機能と呼ぶことができよう。この中には，価値のレヴェルや事実認識のレヴェルでの矛盾や誤解の解消，問題の明確化なども含まれる。

探ぐり出せ，と言う。

(67)　Menkel-Meadow, *id*., pp. 804-817は，解決案の作成においては，当事者のニーズに適うように努め，分配的状況をノン・ゼロ・サムへ転換するようあらゆる資源を用い，かつ，正義に適い公正な解決となるよう配慮するべきであるという。そのためには，交渉前の十分な準備が必要である。Menkel-Meadow, *id*., p. 818-821.

(68)　フィッシャー・ユーリー・前掲書注(29)16—17頁参照。

(69)　フィッシャー・ユーリー・前掲書注(29)は，原則立脚型交渉がほとんど全ての交渉において威力を発揮するものであることを前提としている。しかし，原則立脚型交渉が最も効果的であるのは，相互利益発見の側面が中心であるような交渉の場合であろう。共通の利害がほとんど存在しないか，存在しても発見することが極めて困難である場合，すなわち分配的側面が全面に出てきている交渉状況では，原則立脚型交渉がどれほど効果を発揮するかについて筆者は若干懐疑的にならざるをえない。もちろん後述のように（〔2〕3　2)），真の意味での分配的状況はむしろ少数の場合であろうと考えるのではあるが，原則立脚型交渉には限界があると思われる。この点については，次の〔2〕2　6) 分配の側面も参照。Cf. James J. White, "〈Essay Review〉 The Pros and Cons of 'Getting to Yes:' Roger Fisher and

第3章　交渉・和解による民事紛争解決

　共有される情報が多ければ多いほど，相互の交渉力が対等であればあるほど，交渉の費用が少なければ少ないほど，相互利益に適う解決に到達する可能性は高くなる。交渉において，情報の一方的秘匿や詐欺などの戦略的態度，裏切りや「ただ乗り」（フリー・ライダー）や「ゴネ得」の追求等の行動を両交渉者ともとらないことが必要である。このことを逆用するものは，交渉において，数の上で相手を凌駕する戦術(対等性の破壊)[70]であるとか，問題解決型の交渉態度をとる相手方に対し，交渉に全く熱意を示さず，和解に興味がない風を装って，相手の主張や説得の意味を台無しにして一方的譲歩を獲得しようとする[71]等の戦術を考案するものがでることにもなる。

　争点が増加すれば，交渉が複雑化するが，他方では，争点間の利害の組合せによって相互利益の発見の可能性が増大する[72]。社会心理学の実験成果を集約した Rubin & Brown が，Kelley の実験成果[73]と Froman & Cohen の実験成果[74]とを紹介している[75]。Kelley の実験成果によれば，五つの争点の交渉実験で，ひとつずつないし五争点の一部ずつを順次交渉した場合よりも，五争点全てを同時に交渉した方が合意に達しやすく，しかもほとんどの被験者が実験後

William Ury, Getting to Yes, 1981," 34 *J. Legal Ed.* 115 (1984), Roger Fisher, "Comment," *J. Legal Ed.* 120 (1984).

　(70)　Craver, *supra* note (33), p. 115.

　(71)　Craver, *id.*, p. 134. これは次に述べる交渉の分配的側面においても用い得るものである。

　(72)　太田勝造・前掲注（3）70—77頁参照（本書第1章）。

　(73)　H.H. Kelley, "A Classroom Study of the Dilemmas in Interpersonal Negotiations," in K. Archibald (ed.), *Strategic Interaction and Conflict: Original Papers and Discussion*, Institute of International Studies, 1966, 〔cited in Rubin & Brown, *supra* note (40), pp. 146-147〕.

　(74)　L.A. Froman, Jr. & M.D. Cohen, "Compromise and Logroll: Comparing the Efficiency of Two Bargaining Processes," 15 *Behavioral Science* 180 (1970) 〔cited in Rubin & Brown, *supra* note (40), p. 147〕.

　(75)　Rubin & Brown, *supra* note (40), pp. 146-147.

の面接で，五争点同時進行の方を好ましいと答えた。Froman & Cohen の実験結果によれば，四つほどの争点の交渉で，ひとつずつ争点を交渉した場合よりも，複数の争点について同時に交渉した方が，より公平で，双方の利害により合致する合意に，より簡単に到達することができた。交渉の複雑化のデメリット以上に，複数争点間のトレイドオフによる相互利益の発見のメリットが大きいと解釈できよう。

6）分配の側面

　交渉の分配の側面は，両交渉者の利害関係がゼロ・サムの関係にある場合に，一定の利益ないし不利益の両者間での分配を争うという側面である。相手の価値体系・選好構造の修正や相手の立場・要求の譲歩を求めての説得が中心的となる交渉はこの分配の側面が主体となっている。その典型は，相互利益発見という交渉のパレート的効率性追求の側面が尽くされて，「自らの利益はすなわち相手の損失であり，その逆もまた真である」という状態，すなわちゼロ・サム状況となった場合の交渉である。法の経済分析の概念を用いれば，これは「効用フロンティア（紛争領域）」上での綱引きと呼ぶことができよう。もちろん，現実の交渉は不確実性の下での交渉であるから，事実・法律・正当性等の点での情報が集積していく過程で，ゼロ・サムと見えた状況にじつは相互利益の可能性が隠されていたことが判明したり，逆に，相互利益発見が可能と見えたのに，じつはゼロ・サム状況であると判明したりすることがあろう。それゆえ，現実の交渉では相互利益発見の側面と分配の側面は混然一体となっている場合が多いであろう。しかし，交渉のこの二つの側面を常に意識し区別して話し合うことで，より生産的な解決に近付くことができる。そして，ゼロ・サム的状況を相互利益の状況へ転換するよう努力して交渉を進めることが肝要である[76]。

　上述のように分配状況での交渉においては，相手との価値のレヴェルや選好構造の点での相違点を説得によって縮小する，ないし，相互に相手のそれを修正するよう働きかけあうという側面が中心となる。具体的には，相手の持つ価

---

(76)　これは，フィッシャー・ユーリー・前掲書注(29)の強調する点である。

第3章 交渉・和解による民事紛争解決

値体系の修正，相手の選好構造の修正，相手の正義・公平あるいは正しい法の概念の修正，より実践的には，相手の要求水準の引き下げへ向けての説得・働きかけとそれによる譲歩の交換となる。このように，譲歩という行為が，①上記〔2〕2 3）で示唆した協力的関係の醸成，②〔2〕2 4）で述べた情報交換，③〔2〕2 5）の相互利益に適う合意を模索する上での利害と争点の組み合せ[77]，④ここ〔2〕2 6）での価値の修正の面での説得と譲歩の駆け引き（分配の側面）という多面的意味を持って行われるものであることに注意をする必要がある。

もちろん，分配状況での相手への説得・働きかけは表面的な譲歩の駆け引きだけではない。フッシャー・ユーリーは，利害が真っ向から対立するゼロ・サム状況の場合，市場価格，専門家の意見，慣習，法律といった公平な基準によらなければならないと説く[78]。より具体的には，

　①問題の解決を，客観的基準を探し出す共同作業として捉える
　②どの客観的基準が最も適当か，それをどう適用すべきかについて，論理的に説得するとともに，相手の論理的説得も率直にきく
　③圧力には決して屈せず，正しい原則にのみ従う

という態度を推奨している[79]。法や慣習，社会常識などの客観的基準を交渉において利用する場合には，相手を屈服させるために「武器」として使用する場合と，自らもその基準を正当なものと受容した上で「規範的」に使用する場合が考えられるが（本書第1章参照），ここでは後者の規範的利用を意味している。また，法や慣習・社会常識などの客観的基準を紛争の解決基準として援用するということは，私人間の個別具体的な紛争に「社会」が介入してくることに他ならない。この場合，「法の適用」のモデルのように客観的基準通りに個別

---

　(77)　たとえばAとBの二つの争点があるとき，争点Aでは原告側が若干譲歩し争点Bではお返しに被告側が若干譲歩すると，その結果は譲歩の前よりも双方とも有利になるというような場合の譲歩のことである。

　(78)　フィッシャー・ユーリー・前掲書注(29)18―19頁，131頁参照。

　(79)　フィッシャー・ユーリー・前掲書注(29)134―135頁。前注(59)も参照。

の紛争を解決する契機（規範適用の契機）と，逆に，そのような客観的基準の正当性・妥当性を評価し検証し直して，当事者にとっての「公平な基準」を創造する契機（規範操作の契機）とが交錯する（本書第１章参照）。ここで推奨される交渉は，交渉における規範適用の契機と規範操作の契機とのバランスがとれたものであり，客観的基準に準拠して自己の主張を説得しつつ，相手の主張にも耳を傾けて，当事者間の紛争解決のために最も妥当・公平な基準を作り出す共同作業である。ただし，当事者が承認し交渉のコモン・グラウンドとなし得るこのような「公平な基準」が存在しないか，抽象的には存在してもその解釈適用において根本的な対立の存在することも[80]，さらには，「公平な基準」を

---

(80) 物を二人で分配するとき，「平等」という原則を両者が認めるとしても，現実にどのように分配するかで争いになることは多い。この場合に古くから知られている方法は，一方が二つに分け，他方が選ぶ方になるというものである。分ける方は相手がどちらを選んでも自分の損にならないように分けるであろうし，選ぶ方も好きな方を選んだので不満はない。厳密に言うと，分ける側の得る効用は全体の50％となり（無差別になるように分けるから），選ぶ側の効用は全体の50％より大きくなるのではあるが（より多くの効用の得られると思う方を選ぶから），少なくとも両者とも文句を言えない分け方である（どちらが選ぶ側に回るかの争いを除けば）。

三人以上で平等に分ける方法は，信州大学の中村義作教授が日本経済新聞のコラム「暮らしの中の数学」に書いておられる（1984年２月９日）。まず，クジで三人の中から一人を選ぶ。その人は自分の取り分を指定する役目である。その指定された取り分に対して他の二人から異議が出なければ，それがその人の取り分となる。異議が出されれば，異議者が最初の人の指定した分の一部を減らし，それを自分の取り分と指定しなければならない。それに対して他の二人から異議が出なければその指定分がその人の取り分となる。異議が出されれば，同様にして異議者はさらに減らして自己の指定分としなくてはならない。だんだん減るのでそのうち必ず異議が出なくなる。後は二人での分配であるから簡単である。この方法は，何人の場合にも適用できる。「平等原則」のもと，効用の個人間比較の必要性故にほとんど不可能な客観的平等性は追求せず，不満が出ないように分配の手続の方を工夫するわけである。

第3章　交渉・和解による民事紛争解決

創造することができない場合も分配状況の交渉では多いであろう。

ところで，分配状況での交渉はゼロ・サム状況での交渉であるので，自ずから競争的・当事者対立的な交渉となる傾向がある。実は，伝統的な競争的交渉・当事者対立型交渉（adversarial negotiation）の前提する利益状況がまさにゼロ・サム状況であった。逆に言えば，この前提ゆえに競争的交渉は和解へ向けての直線的な譲歩の駆け引きだけとなり，非生産的な戦いの様相を呈してくるのである[81]。そこでは，事実上・法律上の激しい論戦が「武器」としてなされたり，威嚇（threat）[82]・煽てが用いられたり，「貸し・借り」の意識の利用等の心理作戦や不意打ち等の戦術が用いられたりする。

より生産的な戦術として，客観的な原理・原則に基づく忍耐強い説得が必要であるとともに，相手が従前の立場・主張から譲歩・撤退できるように，逃げ道を残しておくことも重要な点であるといわれる[83]。また，譲歩のための口実を相手のために用意してやることも大切な技法である。交渉結果の客観的な有利・不利にかかわらず，交渉過程並びに交渉結果につき相手をして満足した気分にさせることのできる者は優れた交渉者と言えるであろう[84]。

---

　(81)　Cf. Menkel-Meadow, *supra* note (63), pp. 764-783.

　(82)　威嚇の実効性は，威嚇が「本気」であると相手にどこまで信じ込ませることができるかに掛かっている。従わないときには威嚇された内容を必ず実行するであろうと思わなければ，相手はその威嚇を無視するであろう。Cf. Thomas C. Schelling, *The Strategy of Conflict*, Harvard Univ. Press, 1960, pp. 6, 35-43. 大きな反撃を受けることなく威嚇を実行できる場合には（威嚇の不均衡）極めて有効となる。しかし，威嚇には対立・緊張のエスカレイションを招き，元も子もなくなる危険がある。威嚇は，明示よりも暗黙になされ，穏やかな内容で，感情的でなく合理的なものである場合にはこの危険が少ないと言われる。

　(83)　裁判官の和解勧試の視点から同様の指摘をするものとして草野芳郎，「和解技術論」前掲注（4）15頁も参照。小島・飯島・須藤・前掲書（4）79―81頁は示談（和解）交渉における最終局面における留意点として，「相手方のカオやメンツを立てること」や「別れの言葉」の大切さを説いている。

　(84)　Cf. Edwards & White, *supra* note (48), pp, 133, 139.

〔2〕 和解交渉による紛争解決

　分配型交渉において威力を発揮する戦術に「コミットメント」がある。先に述べたブールウェアリズム（Boulwareism）は，一方的に提案をし頑固一徹にその立場を譲らないというものであった。コミットメントの場合，譲歩したくてもできないように自らを縛ってしまうことで，相手を譲歩するしかない状況に追いやる手法である[85]。労働者代表が組合の大会で，必ず7％の賃上げを勝ち取る，さもなくば辞職すると宣言することで，7％以下では妥結したくてもできないことを経営者側に信じ込ませることはコミットメントの手法である。和解交渉において，判決を貰うんだというコミットメントを相手に信用させることができれば，判決までは行きたくない相手は譲歩するしかなくなる。費用と時間を惜しまず徹底的に訴訟（トライアル）準備をしていることを相手に示せば，判決あるいはトライアルまで行きたくない相手としては譲歩するしかなくなる[86]。コミットメントの戦術成否は，どこまで明確にそしてどこまで信憑性をもって自己のコミットメントを相手に伝え得るかにかかっている[87]。

　7）その他の側面（時間と代理権）
　以上に述べた交渉の諸側面に加えて，二つの点を指摘しておきたい。
　まず，交渉における時間の重要性を指摘したい。現実に話合い交渉の実質が蓄積されたかどうかは別として，ともかく時間をかけて話し合ったというだけで，いわばカタルシス効果や満足感，あるいは疲労感が生じ，ともかく交渉がまとまってしまうことは交渉においてよく見られることである。この点は，「体

---

　(85)　擦れ違うことのできない狭い道の両方から自動車が進んできたとき，相手に必ず譲歩させるには，相手の面前で自分の自動車のハンドルとブレイキ・ペダルを外して投げ捨てればよい。これによって，相手は，こちらが譲歩したくてもできないことがわかるから，衝突を避けたければハンドルを切って譲歩するしかなくなる。この場合の，ハンドルとブレイキ・ペダルを外して投げ捨てる行為がコミットメントである。すなわち，「前進あるのみ」という選択肢にコミットするのである。
　(86)　現実のそのような戦術の例の報告として，Gerald M. Stern, *The Buffalo Creek Disaster*, Vintage Books, 1976, pp. 274-299, esp. p. 280.
　(87)　Cf. Thomas C. Schelling, *supra* note (82), pp. 22-28.

力」のある側が，消耗戦を強いる形で戦術として利用することがある。また，時間の制約のある側は圧倒的に不利な立場に置かれる[88]。これを逆用して，時間の制約の緩い側が持久戦に持ち込む戦術に出たり，交渉に興味がない振りをして，時間の圧迫下にある側の一方的譲歩を待つということが生じる[89]。安易に変更しないことを明示してトライアル期日を指定すると，和解が促進されるという裁判官の経験則などもこの時間の効果の例証と言えよう。

指摘の第二は，純粋に交渉技術的なことである。弁護士が代理人として交渉を行う場合によく利用する手段として，「それは授権の範囲外である」という主張ないし示唆をする場合がある。直接に和解についての相手方代理人の授権の範囲を聞くことは，相手の最低受忍水準（ボトム・ライン）を聞くことに他ならず，まともに答えを得られるはずはなく，交渉における適切な質問とも言えないであろう。他方，聞かれて明白に偽りの内容を伝えることも弁護士の職業

---

[88]　交渉における時間の意義の分析として分かりやすいものに，Raiffa, *supra* note (8), pp. 78-90がある。心理学の成果の整理として，Rubin & Brown, *supra* note (40), pp. 120-124, esp. p. 123. また，従来の研究成果の整理として，Williams, *supra* note (31), p. 55がある。

[89]　Craver, *supra* note (33), p. 130は，日本人がこの戦術をしばしば利用すると主張している。アメリカ人から見た日本人交渉者像として興味深い。日本人である筆者から見れば，日本人の交渉態度は単に優柔不断や責任回避，あるいはリーダシップの欠如の結果に過ぎないように見えるが，近代合理主義を体現するアメリカ人は相手をも自分と同じく合理的交渉者であると想定してかかるので，日本人の交渉態度も合理的打算に基づく戦略であろうと考えることになり，その結果日本人は交渉の時間的要素を濫用すると結論するのではなかろうか。ただし，最近では日米の「相互理解」が進み，一方でアメリカ側は「日本はドヤせば動く」と高飛車に要求を付きつけるようになり，他方で日本側も積極的に反論をするようになりつつあると思われる。なお，日本人の交渉態度の研究として，マイケル・ブレーカー『根まわし・かきまわし・あとまわし：日本の国際交渉態度の研究』（池井優訳　サイマル出版社1976）〔Michael Blaker, *Japan's International Negotiating Behavior*, 1976〕がある。

[2] 和解交渉による紛争解決

倫理の点で問題ではある。むしろ，相手の提案を拒絶する際に，それは権限の範囲を超えると暗示する形で用いられるような技法である。あるいは，一応ある程度の合意の範囲に到達した後，最終決定権が実はないとして依頼人の元へ立ち返り（あるいはその振りをして），依頼人は呑まないとしてさらにもうひと押し譲歩を引き出す策略として利用される[90]。法や事実の面での合理的理由無く相手の提案を拒絶するには使いやすい手法である。交渉の専門家たるべき弁護士は，この戦術への対処を身につけておかねばならない。ひとつの方法は，いわば「目には目を」の手法で，「それは良かった。うちの依頼人も拒絶していまして，あなたにどう謝ろうかと考えていたところでした」などと反撃する手段がある。これで立場が逆転して，初めにこの策略を用いた方が，当初の合意のラインでまとめるように苦しむことになるという[91]。

なお，連邦民事訴訟規則によるプリトライアル・カンファランスの際の和解交渉においては，この「授権の範囲外」の戦術が禁止された。すなわち，1983

---

(90) 弁護士に限らず，会社や国などのために交渉するものが，会社の上司や国の責任者の元に事案を持ち帰ることで，これと同じ戦術を用いることも多い。たとえば，セイルスマンが顧客と売買契約を一応成立させ，上司の元へ持ち帰り，叱られたとして値段をつりあげようとしたり（買うつもりになってしまっている顧客が，拒絶して全てを御破算にすることは少ない），労働代表が経営側と一応の合意に達した後，組合に持ち帰り，拒否されたとして経営側にもうひと押しの譲歩を求める等。

(91) Edwards & White, *supra* note (48), pp. 119-121, Craver *supra* note (33), pp. 117-120, esp. p.119. ヴァリエイションとして，Hornwood & Hollingsworth, *supra* note (45), p.887の挙げる例は，交通事故事件で保険会社の示談代行者が「これから責任者と話しに行きますが，〇〇ドルなら受け容れられますか？」と聞く場合である。もし被害者側代理人が「イエス」と言えば，必ず示談代行者はもっと低い額を持って帰るに決まっており，その額を呑まされてしまう。Hornwood & Hollingsworthの勧める対策は，「その〇〇ドルが確実で確定した額であるのなら，依頼人に伝えて相談します」と答える方法である。示談代行者は「はい，確実で確定的です」と答えて額を確定させてしまうか，「責任者に確認します」と答えるしかなくなる。つまり，主導権を逆転できるのである。

年の改正で，ルール16条C項の末尾に新規追加された規定によれば，プリトライアル・カンファランスでは，各当事者の代理人の最低1人は，和解を結ぶ権能，および，カンファランスで話し合われると合理的に期待される事項の全てについて自白をする権能を有していなければならない。これは上記のような不適切な戦術が従来の実務で見られたことへの対処である[92]。

3 交渉における競争と協力

上記〔2〕2で述べた交渉の諸側面を考慮することが交渉では重要である。これらを考慮した上で，現実にどのような戦術をとるかを計画し，実行することになる。ここでは，まず，〔2〕3 1）で，交渉戦術の最も大まかな分類と言える競争的戦術と協力的戦術[93]に分けてそれぞれの利用度や効果について調べた最近の実態調査を紹介し，ついで〔2〕3 2）で交渉において競争的戦術をとるべきか協力的戦術をとるべきかの問題を考察する。

1）弁護士の交渉戦術

交渉の戦術には，大きく分けて競争的戦術と協力的戦術が区別される。競争的戦術の内容としては，

①高い要求水準を出す
②その高い要求水準を交渉の過程を通じて堅持する
③あまり譲歩・妥協をしない
④するとしても小さな譲歩しかしない
⑤高飛車な態度をとる

---

(92) Cf. Advisory Committee's Notes on Rule 16.
(93) ここで言う競争的戦術と協力的戦術は，〔2〕2で述べた交渉の諸側面全てを通じて対立・競争的あるいは協調・協力的な交渉態度をとることをさす。ゼロ・サム的状況を前提とし交渉の分配の側面を中心としてとらえた対立・競争的交渉態度を競争的交渉と呼び，ノン・ゼロ・サム的状況を前提とし交渉の相互利益発見の側面を中心としてとらえた協力・協調的交渉態度を協力的交渉と呼ぶことも多いが，ここでは，状況がゼロ・サムか否かを必ずしも前提としないより広い意味で用いる。

〔2〕 和解交渉による紛争解決

などが挙げられている[94]。

 実証的研究によれば，このような競争的交渉戦術によって，多くの場合により多くの利益をうることができる[95]。しかし，競争的戦術によって，不十分な情報を補うこと，言い換えると，調査・準備不足を競争的戦術でカヴァーすることはできないことも示されている[96]。さらに，競争的戦術は，合意に到達できない危険を増加させる[97]。競争的戦術は，〔2〕2に述べた交渉の諸側面の内，とりわけ分配の側面が交渉の中心問題となっていること，すなわち，共通利益探求の余地が少なくゼロ・サム的な利益状況であることを想定して，少しでも相手を出し抜こうとする戦術であると位置付けることができよう。そして，ゼロ・サム的状況下で相手を出し抜こうとすれば，交渉の全ての側面で対立的態度と戦術に出ることになる。この態度の否定的・非倫理的側面を強調して，戦略的態度(strategic behavior)と呼ぶことがある。もちろん，相互利益追求が可能であっても，さらなる自己利益を図るために戦略的態度をとる者もいる。

 協力的交渉戦術の内容としては，
　①共通の立脚点（コモン・グラウンド）を求め
　②共通の利益・利害の立場から交渉し
　③合理的・論理的な説得を客観的な分析に基づいて行うよう努力し
　④相手の立場にもなって考え
　⑤公正・公平な紛争解決を求めて問題解決型の交渉を行おうとする
等が挙げられている。協力的戦術は，交渉決裂の危険が少なく，公平な解決に至る場合が多く，当事者が満足を得る場合も多い。協力的戦術の弱点は，相手方につけいられる危険があることと，いわばそのソフトな態度が立場の弱味の自認と解釈されてしまう危険がある点などである[98]。協力的戦術は，〔2〕2で

---

　(94)　Williams, *supra* note (31), p. 48.
　(95)　Williams, *id*., p. 49.
　(96)　Williams, *id*.
　(97)　Williams, *id*., p. 51.
　(98)　Williams, *id*., pp. 53-54.

第3章　交渉・和解による民事紛争解決

述べた交渉の諸側面の内，交渉の基調作りの側面での緊張緩和の戦術と，相互利益発見の側面とを重視し，それゆえ交渉の全ての側面で友好的・協力的態度をとる戦術であると位置付けることができよう。抽象的合意（原則的・総論的合意）から具体的合意へ進む交渉の仕方なども，コモン・グラウンドをまず形成してから具体的争点の解決へ向う手法で，協力的戦術のひとつに位置付けられよう。

では，現実の弁護士の交渉戦術はどのようなものであろうか。この点を調査したものに，G. Williams の研究がある。この調査の一部を簡単に紹介しておこう。

Williams の調査は，弁護士の交渉における行動態様を明らかにすることを目的として行われた。コロラド州デンヴァーとアリゾナ州フェニックスの約2,000名の弁護士への質問票調査によって，弁護士の交渉の実情を調査した。質問票調査の後，デンヴァーの45名の弁護士へ面接調査を行っている。さらに，デンヴァーとフェニックスにおいて，150件ほどの現実の訴訟事件につき，原告・被告，その両者の代理人の協力を得て，事件終結に至るまでの交渉の経過を調査している。また，14名の弁護士の協力を得て，想定事例について交渉をしてもらい，ヴィデオ・テープに記録して分析している。その内のフェニックスでの質問票調査の分析結果の一部をここに紹介する。

質問票の内容は，最も最近終了した事件を思い起してもらい，その事案の概略と，相手方代理人弁護士の態度・行動を質問票の137の特徴項目から選択してもらうというものであった。さらに，その相手方代理人の交渉態様につき，非効果的 (ineffective)，平均的 (average)，効果的 (effective) のいずれであったかを記入してもらった。その結果によると，過半数 (65%) の弁護士は「協力的 (cooperative) 交渉者」に類型化でき，次に多い24%の者が「競争的 (competitive) 交渉者」に類型化できるものである。ほとんどの弁護士はそれらのいずれかに該当し，どちらにも当てはまらないのは極く少数であった(11%)。これらの類型と効果的交渉者か否かの三類型とを組み合わせて分析している。協力的で効果的な交渉者は最大の38%を占め，協力的で平均的交渉者が24%，競争的で平均的交渉者が10%，競争的で非効果的交渉者8%，競争的で効果的6%，

最後に協力的で非効果的２％の順となっている。

次いで，統計的処理によって交渉者の特徴を分析している。効果的で協力的交渉者とは，

　①道徳的に行動し，依頼人の利益の最大化を図りつつも，公平な和解に到
　　達することを目標に交渉し，
　②人柄は友好的で，礼儀正しく，如才がなく，
　③公平，客観的，道理に適う，論理的という形容があてはまる者たち，

という結果であった。交渉戦術の面では，事案の評価が正確で，依頼人の求めるもの（ニーズ）をよく理解し，初めから現実的な立場で交渉を開始し，相手方の立場や求めるもの（ニーズ）への理解を示し，信頼に値し，情報の共有を図る，という特色があった。

これに対し，競争的で効果的な交渉者は，

　①依頼人の利益の最大化を図り，自分の報酬の点での採算を高めることや，
　　相手を圧倒することを目標とするもので，
　②人柄は威圧的で，対立的で，傲慢であり，
　③交渉を競争的ゲイムと捉えて策謀家的に振舞う，

という結果が出ている。交渉戦術の面では，高い要求から交渉を開始し，執拗で，交渉相手やその依頼人の求めるもの（ニーズ）へは考慮を払わず，自己の依頼人が相手方からどのように見られるかも考慮せず，事実の歪曲も辞さない，というような特色を有する。

効果的競争的交渉者と効果的協力的交渉者の両者共通の特色，言い換えると，効果的交渉者としての特色は，まず，経験に富んでいることである。とりわけ，訴訟が上手であることが重要だとされる。さらに，効果的交渉者は，信頼に値し，道徳的で，正直である[99]。これらは，競争的交渉者と協力的交渉者との間

---

(99) Raiffa, *supra* note (8), pp. 120-121の紹介するJohn Hammondの諸職業従事者への調査によると，交渉態度は購買係等の職業従事者が最も攻撃的で，逆に銀行家や販売係等が協力的な態度であった。効果的交渉態度は職業毎の交渉の環境によって異なるようである。

では当然ながらその比重に差があるが，両者の間で共通に重要な要素とされている点が注目に値する。すなわち，効果的に交渉するには道徳や倫理の点で妥協しなければならないと広く信じられているが，現実には，道徳的であることと効果的であることが両立しうるという結果が出ているわけである。

この調査は，弁護士による相手方弁護士への評価を調査するものであるので，相手方に効果的であるとか，協力的であるとか評価された者も，実は，非効果的であったり，競争的な者が仮面を被っていただけであったりすることもありうる。その点で限界を有する調査であることにも注意を要する[100]。また，Williams の調査は「競争的戦術」と「協力的戦術」の二分法に基づいている。しかし，競争的戦術と言うとき，敵対的・非生産的な戦術と競争的だが建設的でもある戦術の区別が不十分であり，協力的戦術と言うとき，ナイーヴで敗北主義的戦術[101]と協力的だが建設的・生産的な戦術との区別が不十分である。しかし，弁護士の現実の交渉態度についてのある程度信頼に値するデータを提供するものであり，その意義は大きいと思われる。

2) 交渉戦術の選択

交渉において協力的戦術を採用するか競争的戦術を採用するかの選択には，相手方，交渉の対象，交渉の進み具合，そして〔2〕2で述べた交渉の諸側面を多面的に考慮することが必要である。この点につき，D. Gifford は具体的に以下のような要素を掲げている[102]。

①交渉相手の戦術：協力的戦術は相手も協力的戦術を採用したときのみ有

---

(100) Cf. Leonard L. Riskin & James E. Westbrook, *Dispute Resolution and Lawyers*, West Publishing Co., 1987, p. 174, Carrie Menkel-Meadow, "〈Review Essay〉Legal Negotiation: A Study of Strategies in Search of a Theory," 1983 *A.B.A. Res. J.* 905 (1983), p. 912.

(101) つけこまれて「カモ」となりやすい戦術のことである。あるいはむしろ，戦術の欠如とも言えよう。

(102) Donald G. Gifford, "A Context-Bases Theory of Strategy Selection in Legal Negotiation," 46 *Ohio St. L.J.* 41 (1985), pp. 60-68.

効でありえ，相手が競争的な場合にはつけこまれる危険が大きい。

②交渉力の比較：交渉力が勝っている場合の戦術は協力的でも競争的でも有効たり得るが，劣っている場合には協力的戦術の方が優れている。

③将来の継続的関係の有無：継続的関係が将来も続くなら協力的戦術を採用する方が良い場合が多い。

④弁護士の場合で依頼人との関係：協力的戦術の代理人に不信を抱く依頼人がいるので注意を要する。

⑤合意を結ぶ緊急性：紛争の早期解決が必要な場合は協力的戦術をとる方がよい。

⑥交渉の経過：交渉早期競争的，終期協力的等の作戦計画。

⑦交渉者のパースナリティ：自己の性格に即した戦術の力が有効である。

⑧交渉ルール：両交渉者の属する部分社会や紛争の基となった社会関係に特有の交渉ルールがあるならそれに従う方がよい。

さらに，以上の考慮から非競争的戦術（協力的戦術）を採用する場合とは相互利益開拓の余地がある場合，すなわちゼロ・サム状況ではない場合であり，その際には「調整型 (integrative)」の交渉戦術を採用するべきであると述べる[103]。この「調整型戦術」とは，〔2〕2 5）で述べた「問題解決型」戦術や「原則立脚型」戦術とほぼ対応するものである。

このような基準をどのように用いるべきかは，〔2〕2で分析した交渉の諸側面を考慮することから示唆を受けることができると思われる。

当事者間に相互利益開拓の余地があるなら協力的戦術の典型である問題解決型戦術によって双方のより満足し得る合意を求める利益が大きい。このような合意の前提として，相互利益開拓の余地の発見ならびに分配的状況（ゼロ・サム状況）の相互利益的状況への転換が努力されなければならない。相互利益開拓の余地の発見のためには，スムーズで効率的な情報交換が当事者間でなされる必要がある。また，ゼロ・サム的と見える状況を相互利益型に転換するには，交渉対象の範囲を広げ，創造力と想像力を発揮して多様な解決策を模索しなけ

---

(103) Gifford, *id*., pp. 69-71.

第3章　交渉・和解による民事紛争解決

ればならず，そのためにもスムーズで効率的な情報・意見の交換が交渉者間でなされなければならない。円滑な情報交換と言えるためには，交換される情報が信頼性の高いものでなければならない。これが実現されるには，相手を良く知ることと交渉の基調が信頼関係に基づくものとして形成されていることが必要である。

これらのことは，逆から言えば相互利益達成の余地がない場合には協力的戦術をとる理由がないことを意味する。しかし，現実の交渉を考えてみれば相互利益の可能性を期待するからこそ交渉を開始する場合がほとんどであろうし，このことは訴訟においても当てはまろう。また，交渉の過程とは不確実性下の共同意思決定という性質を有しており，とりわけ交渉の初期の段階では，その不確実性は大きい。当初ゼロ・サム的分配状況と見えた交渉も，情報が交換され，情報が集積してくると実は多くの相互利益が潜在していたことが見いだされることも多いであろう。そもそも紛争とは，客観的な意味での利害や立場の対立に基づく場合よりも，コミュニケイションの失敗による場合の方が多いであろうと思われる[104]。

訴訟の場合を考えてみても，同様であろう。多くの場合，訴訟物（請求）のレヴェルのみで見れば，裁判となった紛争はゼロ・サム的状況にあるように見

---

(104)　伊藤博・前掲注（4）36頁では「……互に相手方に関する情報が不足し，誤解に誤解を重ねあげく提訴に至っている事例が多いため，裁判所が媒介してその情報不足を補い，正しい情報の下に相手方の立場で物を見る機会をつくり，理解を深めさせ，相互の見方の相違点と相違する理由を互に認識し合ったときには，おのずから問題解決に至る例が多いように思われる。」と述べられている。Williams, *supra* note (31), pp. 56-57の整理によれば，交渉の失敗の多くは相手の立場や提案に耳を傾けることをしないために生じており，これを避けるには反論する前に相手の主張についての自己の理解を相手に対して繰り返すことが有効であるとの調査がある。サン・フランシスコの有名なコミュニティ・ボードのセッションでもこの手法がとられていた（太田勝造・前掲注（3）67頁注(29)（本書第1章）参照）。和解協議において裁判官がこの手法をとることも有益であろう。

[2] 和解交渉による紛争解決

える。しかし，訴訟物の背後にある社会的紛争の実態を検討し，将来を展望しつつ当事者の求めるものを探れば，多くの場合相互利益達成の余地を見いだせるであろう[105]。さらに，多くの場合当事者の選好構造は相違しており，かつ，争点も複数あるのが社会的実態としての紛争では通常であろうから，相互利益を達成する余地があることが多いであろう[106]。

このように考えると，社会的紛争の多くは従来暗黙に仮定されていたことと異なり，むしろ相互利益探求の余地がある紛争と考えられる。そうであるなら，交渉の状況は原則としてノン・ゼロ・サムであると考えて交渉を計画・実践する方が実情に即していることになる。とすれば，上に述べた Gifford の挙げる交渉戦術選択のファクターは，平板な基準としてみるよりも，原則としての協力的・問題解決型戦術採用に対する例外として競争的戦術を採用する時の考慮ファクターとして考える方が有効な基準になると思われる。すなわち，交渉の際には相互利益の余地が大きいことを期待して，当事者間の情報交換が円滑になされるよう，当事者間の信頼関係を形成し，協力的な交渉基調を実現するよう努め，その意味で協力的・問題解決型戦術を採用することを原則とするべきことになる。

状況がゼロ・サムであるとか，利用可能な資源の限界や取引費用のゆえに状況をノン・ゼロ・サムへ転換できない場合に分配状況での原則立脚型交渉[107]を試み，それも失敗するならやむを得ず競争的交渉を行うことにするわけである。また，相手が断固として競争的戦術を採用してくるとか，過度に感情的・報復的態度であるとか，交渉力に不均衡が存在するとか，相手のパースナリティが

---

(105) Menkel-Meadow が240のケイスを無作為抽出して調べたところそのほとんどはノン・ゼロ・サムであったと報告している。そして，訴訟上の請求として法的に再構成されることによって紛争がゼロ・サムへと変容させられていると指摘している。紛争解決と法との関係を考える上で示唆的である。Menkel-Meadow, *supra* note (63), pp. 785-786.

(106) Cf. Menkel-Meadow, *id.*, pp. 787-788.

(107) 前記〔2〕2 6）を参照。

非倫理的であるとかの場合のように，上記の基準から見て協力的戦術が機能し得ない場合にも競争的戦術を考慮するという戦術選択方法を採用するわけである[108]。なお，訴訟の場合であれば，このような事態が生じたとき裁判官による和解交渉への関与を求め，裁判官の調停者としての機能によって事態の打開を図ることも期待できる[109]。

4 交渉の理論的分析

ここでは，ゲームの理論を利用して交渉を考えてみる[110]。まず，原告が損害賠償を要求し，被告は責任は負わないと争っている場合を考えてみよう[111]。原告は，最低でも100万円欲しい（最低受忍水準）。もちろん，額が多ければ多い方がよい。しかし，800万円以上では被告は判決まで行った方が得だと考えるであろう，と思っているとする。そこで原告の最大希求水準は800万円とする。原告の和解の満足度は，判決と同等である最低受忍水準100万円では和解の意味がないので0％，現実的に望み得る最高である最大希求水準800万円で100％となる。もし，被告の最低受忍水準，最大希求水準についての原告の見積りが正しければ，被告の満足度は，100万円で100％，800万円で0％となる。この点を示すのが図Ⅰである。

---

(108) Menkel-Meadow, *supra* note (63), pp. 829-840の問題解決型交渉の限界の分析を参照。

(109) 後述〔3〕2参照。

(110) ゲームの理論と交渉については，Raiffa, *supra* note (8), Schelling, *supra* note (82), Young (ed.), *Bargaining: Formal Theories of Negotiation*, Univ. of Illinois Press, 1975, K.E.ボールディング『紛争の一般理論』（内田忠夫・衛藤瀋吉訳　ダイヤモンド社1971）〔K.E. Boulding, *Conflict and Defence: A General Theory*, Harper & Row, 1962〕，M.バカラック『経済学のためのゲーム理論』（鈴木光男・是枝正啓訳　東洋経済新報社1981）〔Michael Bacharach, *Economics and the Theory of Games*, Curtis Brown, 1976〕，Herve Moulin, *Game Theory For the Social Sciences*, New York Univ. Press, 1982等参照。

(111) 以下については，Bellow & Moulton, *supra* note (34), pp. 27-35を参照。

〔2〕 和解交渉による紛争解決

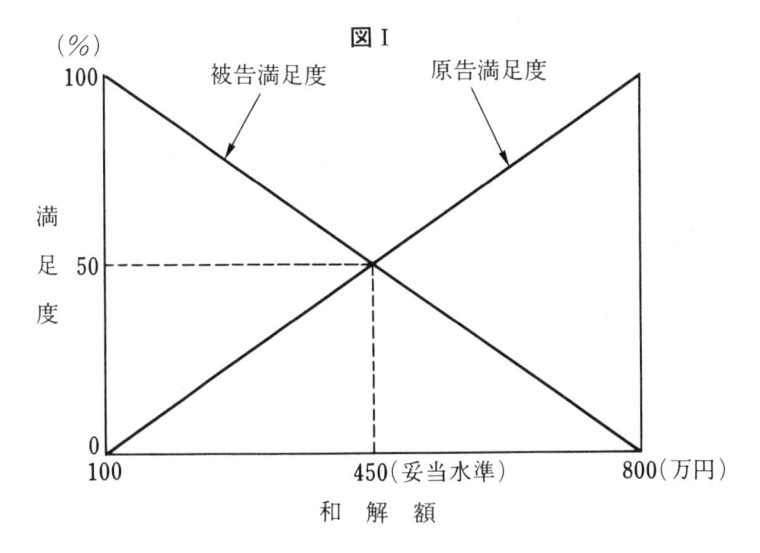

図Ⅰ

(縦軸)満足度(%) 100、50、0
(横軸)和解額 100、450(妥当水準)、800(万円)
被告満足度／原告満足度

　原告と被告の満足度が同等となるような和解が公平(fair)であるとすれば[112]、図Ⅰの原告・被告それぞれの満足曲線の交点の金額450万円が公平な和解額となる。それゆえ、準備段階の原告としては、450万円付近が結局妥当な水準(妥当水準)であろうと考えることになる。このように、完全情報の下では、両者の見積りは正確であるので、両者の最大希求水準の中間が妥当水準となり、これが公平な和解額となる。いわゆる「足して2で割る解決」が合理的となるのは、双方の提案が十分な情報による正確な状況の見積りに基づく協力的・誠実な提案である場合である。この妥当水準を交渉の目標とするのは、協力的交渉のひとつの在り方といえよう。この意味では、この例のような争点ひとつのゼロ・サム的状況においても協力的交渉は可能である[113]。反対に強いて800万円

---

　(112) このような公平概念には効用の個人間比較の問題があることに注意を要する。ゲイムの理論には、このような考え方以外にも様々な交渉解の考え方が存在する。佐伯胖『「決め方」の論理：社会的決定理論への招待』(東京大学出版会1980)、Raiffa, *supra* note (8), pp. 97-103, 太田勝造・前掲注(3)76—77頁(本書第1章)等参照。

　(113) 協力的交渉が一般的にはノン・ゼロ・サム状況を前提とすることについて

第3章 交渉・和解による民事紛争解決

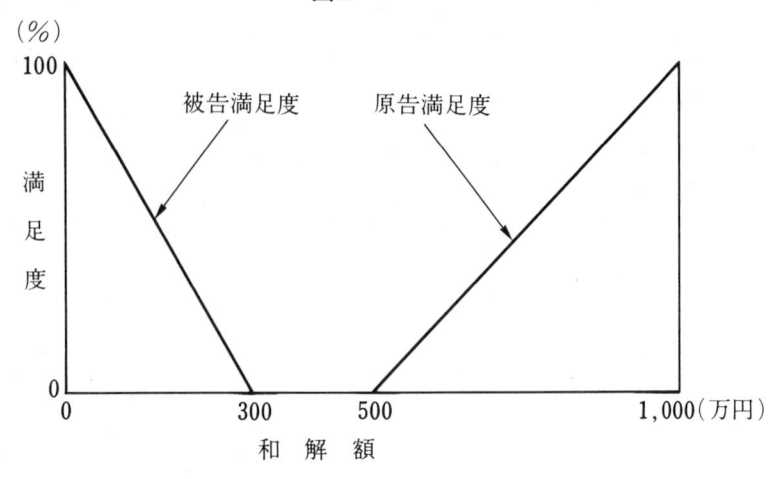

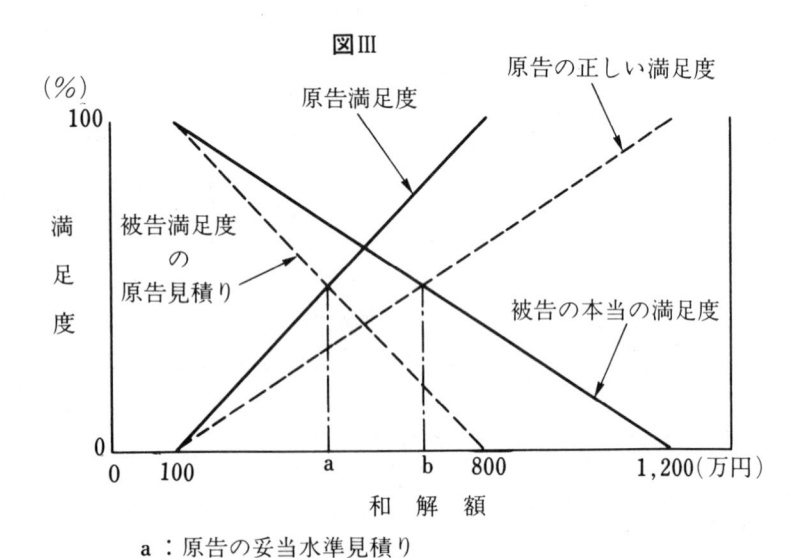

図II

(%)
100
満足度

被告満足度   原告満足度

0
0   300   500   1,000(万円)
和　解　額

図III

(%)
100
満足度

原告の正しい満足度
原告満足度
被告満足度の原告見積り
被告の本当の満足度

0
0 100   a   b 800   1,200(万円)
和　解　額

a：原告の妥当水準見積り
b：正しい妥当水準見積り　（a＜b）

〔2〕 和解交渉による紛争解決

以上取ろうとするのは競争的交渉の典型である。

　紛争状況下における情報は常に不完全である。それゆえ，被告の見積りが原告の予想とは異なっている状況が生じる。たとえば，図Ⅱのように，両者ともに受け容れ得る和解額の範囲，すなわち「交渉領域」が存在しない場合も生じる(114)。この場合，そのままでは，交渉領域内での解決策の決定という「狭義の交渉」の努力は無駄である。証拠・事実・法律上の議論を重ねてお互いの最大希求水準と最低受忍水準の修正をしあって交渉領域を作り出すという「広義の交渉」が成功しない限り，判決へと行かざるをえないであろう。この「広義の交渉」は前述〔2〕2 6）で述べた交渉の分配の側面の典型である。また，図Ⅲのように被告の最低受忍水準が予測よりも高く，当初の見積りよりも本当の妥当水準が高いことも生じる。この場合，見積り通りの交渉をすれば，不利な和解を結ぶことになってしまう。前述〔2〕2 4）の交渉の情報交換の側面が重要な所以である。

　以上述べた交渉における原告の不確実性は，そのまま被告にもあてはまる。そして，交渉においては，お互いに相手の予測を予測しあうので，予測の不確実性が増幅するという「多重構造の不確実性」の状況が生じる。それゆえ，なおさら前述〔2〕2 4）で述べた交渉の情報交換の側面が効率的で公平・妥当な紛争解決には必要となる。しかも，戦略的態度をとる相手方による「つけこみ」の危険があるので，交換される情報の信憑性の評価のために，交渉のお互いを知り合う側面（〔2〕2 2））や交渉の基調作りの側面（〔2〕2 3））が重要となるのである。

　ゲイムの理論は，交渉戦術の問題，とりわけ，協力的戦術が競争的戦術によってつけこまれてしまいやすい，という問題にも示唆を与えることができる。「つ

────────

は前記〔2〕2 5）を参照。

　(114) 以下で述べる「交渉領域」，「狭義の交渉」，「広義の交渉」等の概念については太田勝造・前掲注（3）67―77頁（本書第1章）参照。なお，本文の事例のような争点ひとつの場合には，「交渉領域」と「紛争領域」との区別は存在しない。

第3章 交渉・和解による民事紛争解決

表 I　囚人のディレンマ

		被告の戦術	
（原告，被告）		協力	競争
原告の	協力	（3，3）	（0，5）
戦　術	競争	（5，0）	（1，1）

けこみ」の危険の予防のため皆が競争的戦術をとって，客観的には両者ともに満足できる解決策が存在したにもかかわらず結果的に判決まで行って，お互いに時間と費用と労力を無駄にしてしまうという問題である。この状況は，ゲームの理論における「囚人のディレンマ」の問題に相当する。すなわち表Iの状況である[115]。このような表を利得行列と呼ぶ。

　原告も被告も協力的交渉を行えば，両者ともかなりの満足のいく和解ができるとする。表Iでは，原告・被告ともに3単位ずつの満足を得られると仮定して（3，3）としてある。共に競争的戦術をとると，和解に到達することが困難となって判決にまで行く危険が高く，時間・労力・費用の点で両者とも不利な結果となる。表Iでは，原告・被告がそれぞれ1単位の満足しか期待できないとして（1，1）となっている。原告が協力的戦術をとり，被告が競争的戦術をとると，原告は被告につけこまれて満足のゆかない和解を結ばされてしまう（満足0単位）。他方，被告は不当に有利となり5単位の満足を得る。この点を表Iでは（0，5）としてある。原告が競争的戦術，被告が協力的戦術をとる場合はその逆で，（5，0）としてある。

　この状況では，両者とも協力的戦術をとれば共に満足のいく和解（3，3）に達し得る。しかし，相手が協力的戦術をとる場合には，こちらが競争的戦術をとることで，相手の不利益において最も有利な和解（原告の場合（5，0）・被告の場合（0，5））に持ち込めるので，競争的戦術をとるインセンティヴが存在する。相手が競争的戦術をとるなら，こちらも競争的戦術をとらないと全

---

　　(115)　Cf. Robert Axelrod, *The Evolution of Cooperation*, Basic Books, 1984, p. 8.

〔2〕 和解交渉による紛争解決

く満足が得られなくなる。その結果，両者とも常に競争的戦術をとって，判決という不満足な結果（1，1）になる。これがディレンマである。客観的状況としてはゼロ・サムではなく相互利益が存在するのに，そして両者ともにそれを知っているのにもかかわらず，自己利益最大化という「合理的行動」をとろうとすると競争戦術をとることになって，両者の満足のいく解決，効率的な解決，そして社会全体としての合理的解決である両者協力的戦術をとっての和解にたどり着けないのである[116]。このような囚人のディレンマ状況は現実世界では頻繁に見られる状況である。

アクセルロッドの最近の画期的業績によれば，このような状況においても一定の条件があれば協力的戦術を採用することの多い者が有利となる[117]。原告と

---

[116] この二人からなる社会の全体から見た合理的解決は両者の利得の総和が最大となる場合であり，両者が協力的戦術をとりそれぞれ3単位の満足，全体として6単位の満足の得られる場合である。紛争状況は多くの場合この「囚人のディレンマ」状況にあると言える。今井盛章・前掲書注（4）37頁が述べるように，紛争の当事者は，ふつう一面では，「いっときもはやく解決したい。こんなわずらわしいことにははやくおさらばしたい」と思っているものである（相互利益としての紛争解決）。しかし，紛争の相手方にはそれなりの言い分があって，こちらの思うようには進まない。相手を恐れ入らせたいが，恐れ入るどころか，ますます威丈高になったりする（囚人のディレンマ）。

[117] Axelrod, *supra* note (115). この本の基となった Axelrod & Hamilton, "The Evolution of Cooperation," 212 *Science* 1390 (1981) は，1981年度の Newcomb Cleveland Prize を獲得している。ロー・レヴュー上の書評として，Peter Huber, "〈Book Reviews〉 Competition, Conglomerates, and the Evolution of Cooperation: The Evolution of Cooperation by Robert Axelrod, 1984," 93 *Yale L.J.* 1147 (1984) と Jeffrey L. Harrison, "〈Book Review〉 Strategy and Biology: The Continuing Interest in Self-Interest: The Evolution of Cooperation by Robert Axelrod, Sociobiology and The Law by John Beckstrom," 86 *Colum. L. Rev.* 213 (1986) がある。ちなみに，囚人のディレンマに限らない交渉の社会心理学的実験一般の結果では，競争的戦術の方が交渉結果よりも有利となっている。この

被告間で繰り返し和解交渉がなされるとしよう。すなわち、原告と被告との間に将来紛争が生じて和解交渉を繰り返す確率が一定以上あるとしよう[118]。この場合の当事者の戦略[119]としては、常に競争的戦術を採用するから、常に協力的戦術を採用するまで種々ある。これらの戦略のうちで最も有利となるのが、「しっぺ返し (TIT FOR TAT)」と呼ばれる戦略である。これは、最初は協力的戦術を採用し、その後は前回相手の採用した戦術を採用するというものである[120]。たとえば、初めてその相手と紛争になって交渉するときには協力的戦術をとり、その後は、前回その相手が競争的戦術をとっていたなら競争的戦術を選び、前回その相手が協力的戦術をとっていたなら協力的戦術を選ぶという

点につき、Williams, *supra* note (31) p. 49とそこの Footnote (17)の引用文献参照。

(118) 具体的には、表Ⅰの場合、確率が2/3以上の場合である。より一般的には、原告・被告の利得行列が**表A**のようになっているとし、将来おなじ相手と手合わせする確率をwとする場合、

$$w \geq (T-R)/(R-S) \quad かつ \quad w \geq (T-R)/(T-P)$$

である場合に、戦略 TIT FOR TAT が最も有利となる。

表A　囚人のディレンマの利得行列

原告, 被告		被告の戦術	
		協力	競争
原告の戦術	協力	(R, R)	(S, T)
	競争	(T, S)	(P, P)

(なお、$T > R > P > S$ かつ $2R > T+S$)

(119) ここでは、繰り返される個々の交渉での戦術の選択の仕方を戦略と呼んでおく。

(120) Axelrod, *supra* note (115), p. 59の Proposition 2を参照。証明は、pp. 207-210を参照。また、ジョン・メイナード＝スミス『進化とゲーム理論：闘争の論理』(寺本英・梯正之訳　産業図書1985) 222―224頁も参照。なお、常に競争的戦術をとることも有効な戦術であるが、有効となる場合の範囲は「しっぺ返し」の方が広い。

〔2〕 和解交渉による紛争解決

戦略である。

　このアクセルロッドの成果を，和解交渉に当てはめるには，いくつかの限界がある。訴訟の場合を考えてみると，

　　①同じ当事者間で訴訟になることはほとんどない

といってよいし(121)，

　　②事件毎に協力的戦術と競争的戦術の利得は異なる

であろう。さらに，

　　③相手の戦略を調べてその戦略に対して戦略をたてるという「メタ戦略」
　　　ないし「メタ・ゲイム」の問題が生じる

であろう。

　しかし，①の点については，一般に弁護士が代理し，和解交渉は弁護士間でなされるのが通常であるから，必ずしも大きな問題とはならないと思われる。つまり，同じ弁護士同士の間で和解交渉が繰り返されることはありうる(122)。とりわけ，日本では弁護士数が少ないので，弁護士が集中している一部の都市部を除けば，同じ弁護士同士で和解交渉が繰り返されることはままあると期待される。このような関係が継続的で頻繁であればあるほど，友好的な戦略である「しっぺ返し」の戦略を採用する利益が生じ，その結果より多くの和解交渉で協力的戦術がとられ，従ってより生産的で迅速で満足のいく和解が達成されることになる。このような状況をもたらすメカニズムとしては，活発な弁護士会の存在や弁護士の業務の専門化，地域的定着などがあろう。また，たとえ直接の

---

　(121)　協力が相互利益的な効果によって発達するには，
　　①同じ者同士の組が繰り返し相互作用をすること
　　②対戦者同士は相手の裏切り（競争的態度）に対して仕返しできること
　　③個人の対戦する可能性のある相手の数が少ないこと
のいずれかの条件が満たされなければならない。メイナード＝スミス・前掲書注
　(120) 186頁参照．Cf. also Harrison, *supra* note (117), p. 215.
　(122)　Cf. Leo Herzel & Leo Katz, "Book Review: Axelrod, 'The Evolution of Cooperation,'" *The American Lawyer*, Mar. 1985, p. 111.

和解交渉の繰り返しの確率が多少小さくとも，評判を介して「しっぺ返し」が有効となる状況が生じることもあり得ると思われる[123]。例えば，「しっぺ返し」の戦術を少し修正し，

 Ⅰ 以前の相手と和解交渉をする場合には，相手との最前回の交渉で相手の採用した戦術をとる（「しっぺ返し」そのもの）

 Ⅱ 初めての相手との和解交渉の場合には，その者が他者との最前回の交渉で採用した戦術をとる[124]

という戦略（「修正しっぺ返し」）をとることが考えられる。再び相手とはならないであろうと考えれば競争的戦術を採用してつけこもうとするであろうが，その者がつけこんだということが評判となって皆に知られるので，その後「修正しっぺ返し」を採用する者がその者の相手となるときは競争的戦術をとると期待されるからである。いわば，「つけこみ」に対して「世間」が「しっぺ返し」をするわけである。その結果，「修正しっぺ返し」の戦略をとっている集団へ他の戦略をとる者が侵入することは困難となる。同じ相手と再び交渉する確率は低くても，将来交渉相手となる者が「修正しっぺ返し」を採用する者である確率が高ければこれが起こると思われる。弁護士同士の間で情報交換がスムーズであれば，このようなことが生じ，弁護士集団において協力的な戦略をとる者が優越してくることがあり得ると考えられる[125]。「しっぺ返し」に基づく協力的

---

 (123) Axelrod, *supra* note (115), pp. 150-154参照。ただし，アクセルロッドによれば，最も有利な評判は，他者の競争的戦術には不寛容であり，かつ，他者から最大限に絞り取る交渉者であるという評判であり，他者から協力的戦術を引き出すのに最も有利な評判は，相手がひとたび競争的戦術をとると，それ以降決して協力的戦術をとらないという評判である。Cf. Axelrod, *id.*, p. 152.

 (124) まだ誰とも和解交渉の経験のない者や以前の戦術についての情報がない者が相手の場合には，「しっぺ返し」の基本に戻り協力的戦術をとる。

 (125) 結局，同じ者との交渉繰り返しの確率が小さくとも，集団内での効率的な情報交換により，実質的に繰り返しの確率が大きい場合と同じ状況となるわけである。

〔2〕和解交渉による紛争解決

な戦術を採用して，長期的に見てより有利な和解交渉をし，より効率的な紛争解決をしている弁護士には，より多くの顧客がつき，より多くの弁護士がその影響を受け，協力的な弁護士の割合が増加して行くことになろう。

また，事件毎に利益状況が異なっていて和解交渉を囚人のディレンマ・ゲイムの単純な繰り返しと比較することはできないという②の問題については，次のように考えられる。すなわち，紛争の規模が単調に増大してゆくなら，協力による利益も増大する一方であるから，「しっぺ返し」が最も有利であるのは単純繰り返しの場合と異ならない。他方，紛争の規模が縮小してゆく場合には，協力による利益も減少してゆく。しかし，紛争規模縮小の割合が一定以下なら，なおかつ協力的戦略の方が有利となるであろう[126]。現実の状況としては，次にどのような規模の事件が舞い込むかは予測困難であろう。将来くるであろう事件の規模の予測に基づいて作戦をたてることができるのはかなり限られた場合のみであろうと考えられる。むしろ，将来の事件の規模の期待値は一定であると仮定した方が現実に即した考え方といえる場合の方が多いであろう。もしそうなら，アクセルロッドの成果のアナロジーはやはり有効であることになる。

メタ戦略（メタ・ゲイム）の問題③は，複雑・困難な問題である[127]。上の評判・情報交換の分析の際にも，メタ戦略の可能性を無視して「修正しっぺ返し」の可能性を論じた[128]。本稿では，この問題には立ち入らない。ただし，アクセ

---

[126] 今回の紛争規模を1として，次回の紛争規模が $1-\alpha$ ($\alpha \geq 0$) に縮小するとし，繰り返しの確率を w とした場合，

$w(1-\alpha) \geq (T-R)/(R-S)$

かつ，

$w(1-\alpha) \geq (T-R)/(T-P)$

であれば，「しっぺ返し」がやはり有利となるであろう。

[127] メタ・ゲイムについては，岡田憲夫，キース・ハイブル，ニル・フレーザー＆福島雅夫『コンフリクトの数理：メタゲーム理論とその拡張』（現代数学社1988）参照。

[128] Cf. Axelrod, *supra* note (115), p. 11.

ルロッドによれば,「しっぺ返し」をとるものを搾取し得るようなメタ戦略の可能性は小さいという(129)。

アクセルロッドの結論によれば,成功する戦略は「紳士的 (nice)」で「報復的 (retaliatory)」であり,かつ,同時に「寛容 (forgiving)」なものであるという。つまり,最初の裏切者となったり自ら率先して競争的戦術をとったりせず(紳士的),相手の裏切りや競争的態度には即座に仕返しをし(報復的),一度仕返しで罰を与えたら後は水に流して協力的戦術に戻る(寛容)ことがよい戦略の在り方であると述べる(130)。この点は,交渉の基調作りの側面の分析の際に紹介した「グリット(緊張緩和の漸進的・交互的主導権)」が,まず自らの譲歩による協力的態度を示し相手からの相互行為を求めることで交渉の相互性(reciprocity)を形成しようとし(紳士的),相手がもし「つけこみ」を試みるなら断固とした態度で反撃し(報復的),かつ,常に関係の改善に努めて「敵対・緊張のエスカレイション」を回避しようとする(寛容)ことに,相通ずるものがあることに気付かれるであろう(131)。

---

(129) Cf. Axelrod, *id.*, pp. 151-2.

(130) Axelrod, *id.*, p. 46. ちなみに,これは,適切な子供の躾方・叱り方として知られているものと同じ態度である。

(131) Fisher & Brown, *supra* note (59), pp. 197-202は「しっぺ返し」にも「グリット」にも批判的である。その理由は,①「善き協働関係」ないし「問題解決関係」のような相互的関係を築く場合は,相手の態度と関係なく相手を知れば知るほど自分がベター・オフするので囚人のディレンマ状況にはない,②「しっぺ返し」のような相互行為とサンクション力による報復を前提とする戦術の場合,紛争状況においては自己の譲歩に比べて相手の譲歩が物足りないと評価する傾向が人間にはあるので,「報復の悪循環」に陥ってしまう虞れが大きい,の2点である。しかし,①の点については問題が多い。相手を知れば知るほど自分が有利になるということは,自分を知らせず相手を知ろうとするインセンティヴが生じることを意味し,囚人のディレンマ的状況となりうる訳であるし,少なくとも戦略的行動が生じやすいことになる。また,紛争の実体的内容と解決プロセスとを切り離すことが多くの場合困難であり,切り離せない限度において紛争の実体内容における囚人のディレン

〔2〕 和解交渉による紛争解決

　交渉戦術選択について〔2〕3　2）では，協力的戦術を原則としつつ，相手・相手の戦術・状況等を考慮して例外的に競争的戦術を採用することが適切ではないかと論じた。アクセルロッドの分析からもこのことは補強されると思われる。相互利益発見による効率的な解決策への到達のためにも，ゼロ・サム的状況のノン・ゼロ・サム的状況への転換のためにも的確にして十分な情報の当事者間での共有が必要である。たとえ客観的にはゼロ・サム的状況であったとしても，交渉自体は不確実性のもとで行われるのであり，状況の明確化自体価値がある。しかも，多くの場合状況はノン・ゼロ・サムであるか，ないし，ノン・ゼロ・サムへ転換可能である[132]。協力的戦術を基本として，「しっぺ返し」的あるいは「グリット」的な戦略により過大な危険を犯すことなく相手を協力的戦術へと誘い，相互の信頼関係を涵養し，建設的・生産的な交渉の基調を形成することが考慮されるべきであろう。それが成功すれば，多くの場合に交渉の相互利益発見の側面を中心とする「問題解決型」交渉を行い，相互に満足の行く

マ状況が関係構築においても影を落とすことになる。従って，相手の態度によらず相手を知れば知るほど有利になるから関係構築においては囚人のディレンマ状況にないというのはナイーヴ過ぎる認識ではなかろうか。②の点についても問題が多い。「しっぺ返し」は相手の裏切りに対して制裁をするのであり，こちらの協力的行動に対して相手の協力的行動が物足りないから制裁するのではない。しかも，「グリット」においては，いうところの「報復の悪循環」を回避し「協力の拡大再生産」に転換するために慎重に考案された戦術であり，批判は必ずしも当らないのではないかと思われる。

　(132)　Lon Fuller, "The Forms and Limits of Adjudication," 92 *Harv. L. Rev.* 353 (1979), 394-395は利害関係が多人数や多争点間で網の目のように組み合わさった「利害調整型紛争（polycentric dispute）」こそ協力的交渉・問題解決型交渉に適すると述べている。ただし，多くの場合には，利害調整型紛争が客観的な意味で存在するかどうかではなく，むしろ，社会に生じた紛争を利害調整型紛争と構成するかそれとも二者択一的な法的紛争（訴訟物と要件事実）と構成するかが問題とされるべきであろう。紛争をできるだけ利害調整型紛争として再構成しようと努力し，相互利益のよりよく満たされる紛争解決を求めるのが「問題解決型」なのである。

解決・合意を結ぶことができるようになると期待される。たとえ，結果的にはゼロ・サム的状況であることが明らかとなっても，一方的搾取と言うような不公平な結果にはならないであろうと期待される。

交渉において「しっぺ返し」や「グリット」的な戦略が有効に機能するには相手の裏切りや競争的態度に対する効果的なサンクション力が存在しなければならない。訴訟における和解交渉の場合,たとえ当事者にこのようなサンクション力が欠如している場合においても，裁判官の適切な訴訟指揮がこのサンクション機能を発揮して当事者間の和解交渉を協力的で効率的で効果的なものとすることができるであろう[133]。

〔3〕 和解交渉における裁判官

合衆国においては，訴訟の5％前後しか終局判決には至らず，残りの大部分は和解で終了している[134]。このような実態を反映して，紛争解決における和解の重要性が認識され，実務家・裁判官による和解促進の方法の探求や，研究者の側からの調査研究の蓄積がなされてきている。立法の点では，1983年の連邦民事訴訟規則（Federal Rules of Civil Procedure）のルール16の改正[135]で，プ

---

[133] この点については，武藤春光・前掲注（4）99—100頁で「裁判所は……当事者の為を思って和解を勧めたのだ，また正直に心証を示しているのだ，ということを態度で示すことにしています。こうすると，少なくとも代理人達は裁判所の態度を理解して，次の事件の時には非常に協力的になりますし，クチコミで他の代理人にも伝えてくれたりもします。」と述べておられることが極めて示唆に富む。和解交渉を「問題解決型交渉」の協力的なものとする裁判官の関与については後述〔3〕2 1）を参照。

[134] Administrative Office of the U.S. Courts, *1984 Annual Report of the Director*, p. 284, Table C4, cited in G. Williams, *supra* note (31), p. 1, Footnote 1.

[135] ルール16の改正は,1938年の連邦民事訴訟規則制定以来初めての改正である。

〔3〕 和解交渉における裁判官

リトライアル・カンファランスの目的としても議題としても和解が正面から規定された[136]。しかも，紛争解決のために裁判外の紛争解決手続を利用することもプリトライアル・カンファランスの正式の議題として規定された[137]。

以上を前提として，ここでは，まず〔3〕1で裁判所の和解勧試についての実態調査を紹介し，〔3〕2で和解交渉への裁判官の関与について理論的考察を行う。

1 裁判所の和解勧試

ここでは，裁判官による和解の試みについての比較的最近の調査である W. Brazil の調査と D. Provine の調査とを主として紹介する[138]。

Brazil の調査は，弁護士の側から見た裁判所・裁判官の和解交渉への関与の仕方についての評価を質問票ならびに電話面接によって調査したものである。対象は，北カリフォーニア，西ミズーリ，西テキサス，北フロリダの4つの地区の連邦地方裁判所の訴訟記録から代理人名リストを作成し，その中からサンプルを抽出した。送付した3,431通の質問票の内52%に当る1,771通の回答があった。さらに，回答を寄せなかった者の中から無作為に115人を選んで電話で同じ内容の質問をして回答を得た。その結果回答率は55%（1,886通）となっ

---

(136) Cf. Rule 16(a)(5), (c)(7)。また，Rule 68の「判決内容の提案（Offer of Judgment）」の制度も，和解を促進するためのものである。この制度では，トライアルの10日前までは被告が判決内容の提案をすることができる。提案後10日以内に原告が承諾すれば，裁判所書記官がその提案内容を判決として記録に入れる。原告が承諾せずに，判決まで行って，もし判決が被告の提案よりも原告にとって有利な内容でなかったならば，原告は提案後の被告側訴訟費用を負担しなければならない。なお，提案についての証拠は排除される。

(137) Rule 16(c)(7)。

(138) その他，裁判所の事件処理・司法行政（case management and court management）の実態調査を10の裁判所で行った報告書として Steven Flanders, *Case Management and Court Management in United States District Courts*, Federal Judicial Center, 1977があり，裁判官の和解勧試の実態にも触れている。

第3章　交渉・和解による民事紛争解決

た。この電話面接によって，無回答者と回答者の間には大きな差違がないことが明らかとなっている。

　調査結果によると，大多数（85％）の弁護士が，裁判官が和解交渉に関与すると和解成立の見込みが改善すると，裁判官の関与を積極的に評価している。和解への裁判官の積極的な関与が実践されている北カリフォーニアにおいてはとりわけ高い支持が示されている（92％）。

　弁護士が裁判官の関与を歓迎している理由は，裁判官の関与が和解交渉開始の契機となるという点だけではなく，弁護士が一方当事者のみの立場を代理する者であるのに対し，裁判官は中立的な立場から判断をする職業的専門家であるからだと解釈されている。すなわち，弁護士は，裁判官という経験に富む中立の第三者の，洞察に富む分析的・客観的で考慮の行き届いた事案評価の示唆を求めているという[139]。事実，過半数の弁護士は，単に当事者間の話合いを取り持つことだけよりも積極的に事案についての示唆をすることを裁判官に望んでいる。北カリフォーニアでは，その割合は90％に達している[140]。

　事案についての示唆の内容として弁護士が最もよく指摘するのは当事者の立場の評価や意見の開示，主張や証拠の弱点や強みへの具体的で率直なコメント，トライアルまで行ったら証拠や争点がどのように判断されるかについての示唆等である[141]。弁護士の求める裁判官の和解への関与の仕方として最も支持されているのは，「注意深い分析と冷静な論理をもって」という態度であり，非生産的であると批判を受けていのは，「ハード・ボイルド：駆け引きに不寛容で，曖昧さに対し攻撃的できつい態度をとる」であった[142]。裁判官の関与で和解内容がより公平なものとなるかとの質問には，46％が「はい」の答えを返し，23％が「いいえ」と答えている。30％が「わからない（not sure）」である[143]。

---

(139)　Brazil, *supra*, note (47), p. 45.
(140)　Brazil, *id*., pp. 46-47.
(141)　Brazil, *id*., p. 48.
(142)　Brazil, *id*., p. 50.
(143)　Brazil, *id*., p. 56.

〔3〕 和解交渉における裁判官

　他方，裁判官から見て明らかに不当な和解を当事者が結ぼうとしている場合には，29％がなんらかの処置を裁判官が講ずべきであると答え，16％がわからないと答えているのに対し，過半数の54％がなんら干渉するべきでないと答えている。この点は，大きなロー・ファームの弁護士ほど[144]，また，伝統的な当事者対立主義（adversary system）の価値観が強い地域（フロリダ）ほど[145]，裁判官の干渉を嫌っている。また，会社に社員として雇用されている弁護士（house counsel）も干渉を嫌っている（69％）。これに対し，法律扶助や公共的訴訟を主として行っている弁護士は，不当な内容の和解には裁判官が干渉するべきであると答えている。この点は，裁判官の関与が和解をより公平なものにすると考えるのが，社内弁護士では46％のみであるのに対し，法律扶助・公共訴訟弁護士では64％であることと比較して興味深い[146]。

　以下に掲げた裁判官の和解の仕方13種類につき，それが効果的か否かと，適切な関与と言えるかどうかとを聞いている。それらは，

　①陪審事件で，トライアル担当裁判官が妥当な和解の金額の範囲を代理人に開示する

　②陪審のない事件で，トライアル担当裁判官が妥当な和解の金額の範囲を代理人に開示する

　③陪審のない事件で，トライアル担当裁判官が妥当な和解の金額の範囲を当事者に開示する

　④陪審のない事件で和解裁判官（トライアルを主宰しない）が妥当な和解の金額の範囲を代理人に開示する

　⑤陪審事件で，トライアル担当裁判官が各当事者の和解の立場の妥当性についての評価を代理人に別々に開示する〔第3番目に効果的〕

　⑥陪審事件で，トライアル担当裁判官が各当事者の和解の立場の妥当性に

---

(144)　Brazil, *id.*, p. 57.

(145)　Brazil, *id.*, pp. 59-60.

(146)　Brazil, *id.*, pp. 61-64.

第3章　交渉・和解による民事紛争解決

　　ついての評価を全ての当事者の参加する和解協議の席で開示する〔第4番目に効果的〕

⑦和解裁判官（トライアルを主宰しない）が代理人に対し別々に，依頼人が考慮すべき譲歩の内容を示唆する〔第2番目に効果的〕

⑧陪審事件で，トライアル担当裁判官が代理人に別々に，主要な事実についての証拠の詳細を述べさせる〔効果最小〕

⑨陪審事件で，トライアル担当裁判官が代理人に別々に，自分側の主張の弱点と強みについての分析をさせる〔効果下から2位〕

⑩陪審事件で，トライアル担当裁判官が代理人に別々に，相手方の主張の弱点と強みについての分析をさせる〔効果下から3位〕

⑪陪審事件で，トライアル担当裁判官が，弁護士の誤解・看過している証拠や法を指摘する〔最も効果的〕

⑫和解裁判官が当事者に，（弁護士費用を含めた）トライアルの費用を説明する

⑬和解裁判官が賠償責任の確率と認容額についての見積りを代理人間で比較させる〔効果下から4位〕

である[147]。まず，和解の技術として効果的か否かの点の結果として，上記いずれの仕方についても「非常に効果的」と「ある程度効果的」のいずれかを選択した者が60％以上いたことがあげられる。また，「合理的な和解の金額の範囲」を告げるなど裁判官が事件についての意見を述べたり示唆をしたりする方が，弁護士に対して意見の陳述や分析や主張などをさせるやり方よりも効果的である（①～④効果大）。その他の上記⑤から⑬の和解技術の中では，〔　〕の中で示したように，効果的であると評価した弁護士の多かった項目は上から⑪＞⑦＞⑤＞⑥の順であり，少なかった項目は下から⑧＜⑨＜⑩＜⑬の順であった。つまり，弁護士の誤解・看過している証拠や法の指摘，譲歩の内容についての

---

　　(147) Brazil, *id*., pp. 133-135.裁判官の採用するその他の和解技術については，Lawrence F. Schiller & James A. Wall, Jr., "Judicial Settlement Techniques," 5 *Am J. Trial Advoc.* 39 (1981)に多数が掲げられている。

〔3〕 和解交渉における裁判官

示唆，各当事者の立場の妥当性の評価の表明などを裁判官が行うことが，和解成立において効果的であると弁護士は考えているのである。弁護士は裁判官の心証開示が和解促進の上で効果的であると考えていることが示されたことになろう[148]。

　適切か否かの点では，陪審のつかない事件でトライアルを主宰する裁判官が和解金額の範囲について弁護士や当事者本人に示唆を与えることは不適切であると過半数の弁護士が答えている[149]。他方，陪審事件の場合や和解裁判官（トライアルは主宰しない）の場合には裁判官が直接判断を下すわけではないので，合理的と看做す和解金額の範囲を開示しても，過半数の弁護士が適切であると答えている[150]。

　和解の試みを開始する時期については，3分の2近くの弁護士が，裁判官がプリトライアルの最終段階まで和解の試みをしないでいるのは間違いであると答えている。つまり，訴訟の早い段階で和解の試みをしてもすぐに和解に達し得るわけではないかもしれないが，現実にはそのような早期の和解の試みによってディスカヴァリを簡素化でき，主要な争点を絞ることができる点で極めて有益であり，この点を多くの裁判官は看過してるというのである[151]。

　Brazilによるこの弁護士の意見調査によれば，裁判官は，複雑な事件か否かによらず，和解成立に寄与するという。様々な事件それぞれに対して異なる形で裁判官は寄与をなしうるというのである[152]。そして，ある弁護士が返答してきたように，和解の上手な裁判官とは，弁護士にとって自分側の主張をじっくりと聴いてくれ，そのメリットをよく理解してくれ，それゆえ弁護士が信頼することのできる裁判官である。その能力と人柄について弁護士の信頼を得ることのできない裁判官は，和解交渉においても十分にその役目を果すことができ

---

(148) Brazil, *supra*, note (47), pp. 69-70.
(149) Brazil, *id*., p. 65.
(150) Brazil, *id*., pp. 66-67.
(151) Brazil, *id*., p. 79.
(152) Brazil, *id*., p. 83.

第3章　交渉・和解による民事紛争解決

ないのである[153]。

　D. Provine の調査は，和解について発言をしていた25名の地方裁判所判事への面接と1985年の連邦司法センター（Federal Judicial Center）での和解における裁判所の役割についてのカンファランスの成果をまとめたものである[154]。サンプリング等の社会科学的手法は若干プリミティヴなものではあるが，現実の裁判官がどのような和解の手法を用いているかを見る上で参考となるので紹介する。

　この調査で面接した裁判官のほとんど全てが，和解を促進する上でトライアル期日を固定することの重要性を指摘している[155]。しかし，弁護士の側の多くは，弁護士に和解を強要することとならんで，和解促進のためにトライアル期日を融通のきかない形で決めることは司法倫理に反すると考えていることが他の調査で報告されている[156]。

---

　(153)　Brazil, *id*., p. 83. 伊藤博・前掲注（4）36頁も和解勧試での説得における裁判所に対する信頼の重要性を強調している。プラクティス研究会「和解(二)」前掲注（4）53頁での浅沼発言も同旨。

　(154)　B. Marie Provine, *Settlement Strategies For Federal District Judges*, Federal Judicial Center, 1986, pp. 3-4.

　(155)　Provine, *id*., p. 8, Marc Galanter, "'…A Settlement Judge, not a Trial Judge:' Judicial Mediaton in the United States," 12 *J. Law & Soc'y* 1 (1985), p. 4.

　(156)　Wall & Schiller, "Judicial Involvement in Pre-Trial Settlement: A Judge is Not a Bump on Log," 6 *Am. J. Trial Advoc.* 27 (1982). この調査で，Wall & Schiller は，Association of Trial Lawyers of America と Defense Research Institute の登録弁護士1,000人に質問票を送り，360人から回答を得ている。質問票では，裁判官の和解技術を70挙げて，それぞれの経験の有無と妥当性の評価などを質問している。調査結果によると，トライアル期日を和解促進目的で操作することは約半数の弁護士が経験しており，4割弱が司法倫理に反すると評価している (p. 44)。なお，和解カンファランスを必要的とするとトライアルまでの期間が却って長期化している (p. 37)。

〔3〕 和解交渉における裁判官

裁判官の和解交渉への関与の仕方には様々なものがある[157]。ミニマムな関与としては，当事者（代理人）が和解交渉に入る際の障害を取り除いて交渉開始のきっかけを与える（break the ice）だけ，というものがある[158]。最もインテンシヴな関与のひとつは，両方の当事者本人を呼び出し，代理人を排除して[159]，和解案を提示しつつ当事者と話し合う方法であろう。この場合に当事者の一方と別々に話をすることも行われている[160]。しかし，大多数の裁判官はこれらの中間のレヴェルの関与を行っている[161]。たとえば，

① 証拠の問題点の一般的な指摘
② 判決がどちら側勝訴にもなり得ることの指摘
③ トライアルの長さ・費用の見積りについて話し合うこと
④ 「熟達した法律家は陪審という素人に任せてはいけない」ということを強調する

---

(157) 田中豊・前掲注(4)148頁は，総じてアメリカの裁判官の方が日本の裁判官より強度の低い介入の方法を採用しているように思われる，と述べている。

(158) Cf. Steven Flanders, *Case Management and Court Management in United States District Courts*, Federal Judicial Center, 1977, p. 39.

(159) 草野芳郎「和解技術論」前掲注(4)11頁は代理人抜きの直接交渉は，「代理人との信頼関係が損なわれることもありますので，それ以外に方法がない場合で，かつ，代理人の真実の同意があるときにしかやってはいけません。」とされる。日本では，代理人と当事者本人双方を呼んで話し合う方が一般的のようである。武藤春光・前掲注(4)96頁も必ず当事者本人を連れてきてもらっていると述べている。

(160) Cf. Flanders, *supra* note (158), p. 39, Galanter, *supra* note (155), p. 5. この手法は，コーカス（caucus）と呼ばれミディエイションでもよく用いられる方法である。この手法については，太田勝造・前掲注(3)62頁（本書第1章）参照。

(161) Ryan et al., *American Trial Judges: Their Work Styles and Performance*, 1980の調査の紹介によれば，不干渉主義の裁判官は約20％，非常に積極的関与が約10％で残りの約70％弱のものは穏やかな関与であると回答している。この調査は，田中豊・前掲注(4)142—146頁に詳しく紹介されている。

第3章　交渉・和解による民事紛争解決

　⑤被告に自己の防禦方法について素描させる

　⑥最近の類似事件の陪審の評決を参考として事案についての意見を示唆する

　⑦証拠の申出を要求することで主張の弱点を示唆する

等が挙げられる[162]。

　和解額の見積りに用いられる方法として有名なものに「ロイズ・オヴ・ロンドン（Lloyd's of London）」方式と呼ばれるものがある。これはたとえば，裁判官がまず，「本件と同じような事件で10回判決まで行ったとしたら，その内の何回くらい勝てると思っているのですか？」等の形で勝訴の確率について弁護士に見積りをさせ，次いで，その10回の判決の認容額の平均を見積らせ，その上で，その勝訴の確率と平均認容額とを掛け合わせて期待値を算出して和解額の見積りとする方法である。保険の考え方に似ているのでロイズ・オヴ・ロンドン方式と呼ばれる。面接した裁判官によると，この方式のメリットは，弁護士がそれ以前の要求を修正するための根拠・口実を与える点である[163]。しかし，額を示して和解を勧試することには多くの裁判官が慎重である。陪審がつく事件であるか否かで区別し，陪審のつかない事件では和解額の提示をしない裁判官が多い。この点，北カリフォーニアや西オクラホマ，北オクラホマ等の地方裁判区では，トライアルを主宰する裁判官は決してその事件の和解交渉に関与しない取り扱いであるのが注目される。また，多くの裁判官は当事者の意向を尊重している。他方，一方の代理人が若くて経験に乏しい場合には積極的にな

---

　(162)　Franklin N Flaschner Judicial Institute, Inc., *The Judicial Role in Case Settlement: A Massachusetts Survey* (1980) cited in Provine, *supra*, note (154), p. 23.

　(163)　Provine, *supra* note (154), pp. 26-27. 小島武司「米国における訴え提起後の和解」後藤・藤田（編）・前掲書注（4）83頁のRubin判事の講演内容の紹介でも「わたくしはこのアプローチはナンセンスだと思っています。……ナンセンスであっても，これについて論ずることは有益です。われわれがある数字をだしたとき，その数字を依頼者に説明する方法はこれ以外にないからです。」と説明している。

〔3〕 和解交渉における裁判官

る(164)。

裁判官の関与が果す機能には,
　Ⅰ　和解交渉の過程に存在する心理上・戦略上の障害を当事者が克服するのを手助けする
　Ⅱ　和解をする上で当事者の必要とする様々な情報を提供する

の二つがあるといわれている(165)。裁判官は,紛争から和解への変化の「触媒」として働くわけである(166)。これに加え,
　Ⅲ　地域の医師が患者を診断して,その病気に応じて各専門医に患者を送付するように,紛争を診断して,事件を和解カンファランス,裁判内・裁判外の調停手続,仲裁手続,ミニトライアル等へ割り振る役目

も裁判官に期待されるようになっている(167)。この割振りにおいては,当事者の意向,当事者間に継続的関係があるか否か,当事者間に交渉力の不均衡がある

---

(164)　Provine, *supra* note (154), pp. 28-29.

(165)　Provine, *id.*, p. 24.

(166)　Provine, *id.*, p. 24, Footnote (39).

(167)　Provine, *id.*, p. 14. Cf. Frank E.A. Sander, "Varieties of Dispute Processing," 70 *F.R.D.* 79 (1976). このような役割は日本の実務でも考慮されている。たとえば,東京地裁の「方策案」,前掲注(4)では,第一回口頭弁論期日において①和解勧告(付調停)型,②弁論兼和解型,③準備手続型,④弁論進行型に振り分けることにしている。大阪地裁の「方策案」,前掲注(4)や第二東京弁護士会民事訴訟改善研究委員会の「民事訴訟充実促進実践マニュアル試案」前掲注(4),竹下守夫教授の提示する審理モデル(「民事訴訟の改善と新たなる審理モデルの模索」自由と正義40巻(1989) 8号95頁)でもほぼ同様である。この点につき中田耕三・前掲注(4)929―932頁も参照。第一東京弁護士会民事訴訟促進等研究委員会の「新民事訴訟手続試案(迅速訴訟手続要領)」前掲注(4)では「事件振分期日」を設けるものとしている。司法研修所(編)・前掲書注(4)160頁によれば,和解になじまない事件としては,当事者があくまでも強く権利関係の確定を求めて和解を希望しない事件とか,明らかな不当訴訟,不当応訴とみられる事件などであるとする。同所の

第3章　交渉・和解による民事紛争解決

か否か，当事者本人と代理人との間の関係の善し悪し等を考慮している[168]。ある裁判官は，和解カンファランスに費やされる時間と，和解カンファランスによって得られるトライアル時間の期待値の減少分とを比較衡量して，和解カンファランスを開催するべき事件か否かを決定している。また，ある裁判官は，ロウカル・ルール[169]に定める調停・簡易陪審・ミニトライアル等から当事者に手続を選択させるための書式を作成している。そして，これらの裁判外紛争解決手続（A.D.R.）を選択しない場合，当事者はその理由を詳しく説明するブリーフを提出しなければならない。

では，裁判所の和解交渉への関与はより多くの和解，より迅速な和解をもたらしているのであろうか。裁判所の関与する和解は，当事者間のみでなされる和解よりも公平なものなのであろうか。残念ながら，これまでの調査からは，

和解率の調査（161頁）によると，交通事故による損害賠償の和解率が最も高く，次に土地明渡，請求異議がこれに続いている。和解になじむ事件類型としては（161―162頁），ドライに割り切れる他人間の金銭関係，裁判官に大幅な裁量権が与えられている事件，法律の解釈からすれば，勝敗は明らかであるが，当該紛争の解決としては不相当と思われる場合や，証拠の判定が微妙でいずれとも決しかねる場合などが挙げられている。当事者の数は少ない方が和解しやすいとされる。調停に適するか否かの選別基準についてのアメリカ合衆国における議論は，小島武司・前掲書注（2）39―48頁が詳しい。

　(168)　Provine, *supra* note (154), pp. 15-16. 日本の実務においてもこれらの点が考慮されている。たとえば，書記官の事務として，事前の交渉経過や和解の可能性，和解勧試の希望の有無等を当事者（主として原告側）から電話等によって聴取するなどの工夫がなされている。この点につき，全国裁判所書記官協議会の主催による「《座談会》民事訴訟の審理を充実させるための方策」判例タイムズ697号（1989）4頁以下参照。また，名古屋地方裁判所における筆者の調査においても積極的に実践されていることが確認されている。さらに，付調停制度の活用についても，東京・大阪・名古屋・金沢・熊本等の裁判所で試みられており，そのための「方策案」も作成されている。

　(169)　合衆国の裁判所は，一定の範囲内で自ら訴訟規則を定めて，書式から手続

〔3〕 和解交渉における裁判官

これらの点についての明確な結論は出ていないようである[170]。裁判官から見て非常に不当な内容の和解を当事者が結ぼうとしている場合，裁判官の多くは異議をはさむべきであると考えている。しかし，和解交渉が裁判官のコントロールの外でなされた場合には，和解内容が公平を欠く不当なものかどうかを判断することは困難であるので，未成年者を当事者の一方とする場合などのように法律が内容チェックを要求する場合以外では，和解内容の妥当性の検討を積極的にしない。そもそも，何が公平・妥当か，ということ自体困難な問題である。多くの裁判官は予測される判決内容を基準にして公平・妥当性を判断すると答えているが，この基準を拒絶する裁判官もいる[171]。

事実審理の主宰者たる裁判官が和解手続に関与することは，上に見たようにアメリカ合衆国では，弁護士の側も裁判官の側も一般的に不適当であると考えている。プリトライアルとトライアルが峻別され，かつ陪審制度を有することから，この点がクローズ・アップされるのであろう。日本の場合は，併行審理主義，随時提出主義の訴訟構造で，かつ，陪審制度を持たないので，和解期日の裁判官と口頭弁論期日の裁判官を別人とすることは現状では事実上不可能であろう。現実には，「和解兼弁論」によって両期日の区別が失われつつある[172]。

の内容まで決める権限を有している。これらのルールをロウカル・ルール（local rules）と呼ぶ。

  (170) Provine, *supra* note (154), pp. 38-41.たとえば, Flanders, *supra* note (158), pp. 37-38によれば，裁判官の関与の程度と事件処理数との間には僅かではあるが逆相関が見られるという。そして，裁判所の多くの時間を和解勧試に費やすことは無駄であろうと判断している。

  (171) Provine, *supra* note (154), p. 33.

  (172) 司法研修所（編）・前掲書注（4）94頁によれば弁論兼和解ないし和解兼弁論には，(a)争点整理重点型（弁論すなわち争点整理を主眼としその過程において和解を試みようとするもの），(b)和解勧試重点型（和解を主眼としその過程において無駄なく争点整理をしようとするもの），(c)本人訴訟対策型（本人訴訟の場合，口頭で求釈明して口頭で回答を受ける方が，誤解なく争点整理ができることが多いので，そのための場であり，同時に時機を見て和解を勧試するもの）の三つがあるとされ

第3章　交渉・和解による民事紛争解決

る。同書169頁は,「弁論兼和解は今や完全に定着し,どこの裁判所でも行われている」とする。また,最高裁判所事務総局(編)『民事訴訟の審理の充実を図るための方策に関する協議要録』(法曹会1987)54頁以下も参照。

　ただし,同じ和解兼弁論と呼んでいても,各裁判所および各裁判官によって重点の置き方が,準備手続的な争点整理中心の運用から和解勧試中心の運用まで雑多なようである(和解中心型を和解兼弁論,弁論中心型を弁論兼和解と呼ぶ場合もあるようである)。また,和解兼弁論の主眼についても,(イ)当事者間の交渉の活性化,(ロ)裁判所の法的判断や心証内容を当事者が収集する際の効率化,(ハ)裁判所の当事者からの資料収集の効率化,(ニ)裁判所による当事者説得の効率化などの内のどこにあるかも,裁判所ごとおよび裁判官ごと,さらには弁護士ごとに異なっているようである。

　このような和解兼弁論の共通の属性としては,①和解室等法廷以外の場所でラウンド・テイブル方式で行われ,②和解の勧試と争点整理(弁論)を併行し,③インフォーマルでフレクシブルな手続であり,④非公開で行われ,⑤多くの場合交互審尋方式(caucus)を利用している点が挙げられる。

　和解兼弁論の長所としては,(1)和解の促進・公平な判決のための基礎資料収集ができる点が挙げられる。さらに,(2)書面手続化し形骸化した口頭弁論の実質化をすることができ,当事者間のコミュニケイションの回復にも資する,(3)裁判官の異動の場合の更新手続などによって形骸化した直接主義の実質化を図ることができ,弁護士も弁論の更新の際に実質的影響を与えることができる,(4)併行審理主義で間延びした審理を集中審理化することができる,(5)裁判官・両当事者の本音の対話ができ,事実上の心証開示も行われやすい,(6)非法的側面,サイド・イッシューの考慮もしやすく,妥当な結論を出しやすい,(7)既判力・執行力に拘らない柔軟な解決策の模索が可能となる,(8)協調的機運の涵養ができる,などが挙げられている。

　和解兼弁論の法律上の問題点としては,(α)憲法第82条公開の原則が滅却されているという問題,(β)予断形成の虞れ,つまり和解兼弁論での心証形成が妥当か否かの問題(心証をとってもらいたいからこそ,弁論兼和解をやるという弁護士もある。ジュリスト914号25頁の岡村発言参照),(γ)他事考慮,つまり非法的事情の和解兼弁論での聴取が法の下の平等や法による裁判の原則に反しないかの問題,(δ)裁断者として判決を下す役割と和解兼弁論での調停者としての役割の間のロウル・コンフリクトが生じないかの問題,などが挙げられている。しかし,裁判官はもとより弁

〔3〕 和解交渉における裁判官

しかし弁論主義の建前から考えてみるとき，この問題は日本でももう少し検討されてしかるべきであるように思われる[173]。和解交渉における裁判官のある程度の積極的関与がわが国の弁護士の間でも合衆国の弁護士の場合のように要請・歓迎されるのであれば，立法論的には，口頭弁論にも出席するが判決まで行ったときの評議には参加せず，専ら和解手続の主宰を任務とする「和解官」のような制度を新設することの検討が必要であるように思われる。あるいは，和解が単独事件として行われて不調に終った場合には合議事件に切り代えて判決をする等の工夫も考えられる[174]。田中豊判事は，「同一合議体に属する別の単独裁判官との間で事件の割り換えをするという一種の相棒システムが現実性のある運用方法と思われる」とされる[175]。

護士の間でもこれらの問題点はそれほど切実なものとしては意識されていないようであり，むしろ和解兼弁論のメリットの方がデメリットを遙かに凌駕していると評価されていると思われる。

(173) 日本でこの問題を指摘するものとして，プラクティス研究会「和解(一)」前掲注(4)91—92頁の小林宏也弁護士の発言と浅沼武弁護士の発言，田中豊・前掲注(4)151—154頁，小松俊「〈合同報告〉民事訴訟における和解」判例時報990号(1981)5頁(和解期日に得た心証を判決の基礎に用いるのは弁論主義に反するとの意見を討論会の議題として提供している)など。しかし，多くの実務家はそれほど大きな問題とは考えていないようである。全国裁判官懇話会報告・前掲注(4)の討論でもF裁判官の発言のように(10—11頁)，弁論に十分時間がないことの問題を和解という形で解決しようとするのは民事訴訟の在り方として問題だとしつつも和解を原則として証拠調べと平行してやる方法をとっていたり，K裁判官のように(12頁)，むしろ和解でどんどん心証を採っていくということも必要な場合があるとの意見がある。また，後藤勇・藤田耕三（編）・前掲書注(4)165頁で藤田判事は「……民事裁判官の意識としては，あまりデュー・プロセスへ頭がいかないんですね。」と述べられる。

(174) 三宅弘人裁判官が行われる運用である。木川統一郎ほか・シンポジウム「民事訴訟の促進について」民事訴訟雑誌30号（1984）137頁参照。

(175) 田中豊・前掲注(4)154頁参照。

また，当事者の意向の尊重等ある程度の制約基準は課されるべきであるにせよ，訴訟の開始から終了までのいつでも裁判官(所)の裁量で事件を和解手続・調停手続・仲裁手続・その他の紛争解決制度へ移送・送付する権能を裁判官（所）に認めるようなことも検討に値するのではなかろうか。もちろん，この場合，受け皿としての裁判内・裁判外の紛争解決手続・制度の充実が前提である。

2 和解交渉の理論的分析
1) 交渉の効率化

厚生経済学の基本定理によれば，全ての競争的均衡はパレート最適であり，全てのパレート最適な状態は競争的均衡である[176]。パレート最適とは，だれかを不利にすることなしにはどのものをも有利にすることができない状態のことである[177]。これに対応する「法と経済学」の基本的定理に「コースの定理」があり，これによれば，取引費用（transaction costs）が存在しないならば，取引を通じてパレート最適に必ず到達する[178]。なお，ここでいうパレート最適とは資源配分における最適性のことである。以上の点を和解交渉の文脈で述べれば，取引費用が存在しないなら全ての交渉はパレート最適な和解に到達する，ということができる。いわば，「当事者自身の中に内在する自然の回復力[179]」がある

---

(176) R. Dorfman, P. Samuelson, & R. Solow, *Linear Programming and Economic Analysis*, McGrow-Hill, 1958, p. 410. 平井宜雄『法政策学：法的意思決定および法制度設計の理論と技法』（有斐閣1987）109—110頁参照。

(177) 今井賢一・宇沢弘文・小宮隆太郎・根岸隆・村上泰亮『現代経済学2　価格理論II』（岩波書店1971）100—101頁，114—117頁，223—262頁，平井宜雄・前掲注(176)105頁など参照。

(178) Ronald H. Coase, "The Problem of Social Cost," 3 *J.L. & Econ.* 1 (1960). これは後に，Ronald H. Coase, *The Firm, the Market, and the Law*, U. of Chicago P., 1988, p. 95に収録されている。平井宜雄・前掲注(176)112—116頁も参照。

(179) 草野芳郎「和解技術論」前掲注(4)11頁の表現である。後藤勇・藤田耕三（編）・前掲書注(4)170頁の畠山保雄弁護士も「自然と機が熟するので，何もそう邪

〔3〕 和解交渉における裁判官

わけであり，当事者間の自然な交渉に対する障害を取り除けば，話合いによって紛争は自ずから解決するのである[180]。この意味で効率的な紛争解決を導くには，取引費用（交渉の障害）を最小化するように努めればよい。交渉の障害を大きく分けると，

(1-1) コミュニケイション費用

(1-2) モニタリング費用

(1-3) 戦略的行動による費用

の三つがある[181]。さらに，和解内容が「完全」なものとなるには，取引費用ゼロの条件に加えて以下の三つの条件が必要である[182]。

(2) 両当事者ともに「合理的」である。すなわち，当事者の選好が安定しており，その選好充足に向けて合目的的な行動をとることができる。

(3) 和解の内容に影響を受ける者が当事者以外にいない。すなわち，「外部性（externalities）」が存在しない。

(4) 当事者の有する情報が完全である。

以上(1)～(4)の意味で，取引費用を最小化し，和解内容を「完全」にする条件を実現しようとする政策を交渉の（パレート的）効率化と呼ぼう[183]。

裁判官が行う和解交渉への関与の多くは交渉の効率化のためのものである。

心を持たなくても，事件は自然に和解にいくべきファクターを持っていますから，いくべきものはいく。」と発言されている。

(180) 草野芳郎「和解技術論」前掲注(4)11頁参照。

(181) Cf. Cooter & Ulen, *supra* note (16), p. 101. Cooter & Ulen は，私的合意に対するこれらの障害を取り除くように法制度を構築せよという命題を「規範的コースの定理」と呼ぶ（拙訳書115頁参照）。

(182) Cooter & Ulen, *id*., pp. 235-236. 拙訳書182—185頁参照。

(183) 「効率」という言葉は，訴訟法学においては「事件処理数を高めるために利用者たる国民の利益を切り捨てる官僚主義的・非人道的考え方」という意味で用いられ批判されることがあり，これと経済学でいう「効率」とを混同して議論の混乱をきたしている場合もある。ここでいう「効率」とは本文で定義されたように厳密な概念であることを再確認しておく。

第3章　交渉・和解による民事紛争解決

コミュニケイション費用の最小化，すなわち当事者間のコミュニケイションの阻害要因の除去としては，たとえば，和解交渉に入れないでいる当事者に交渉の場を提供し，話合いを奨励し，当事者間（または代理人間〔以下同じ〕）の意思の疎通を図り，当事者の誤解や看過点を指摘する等の方法がある。コミュニケイション費用については実体法が意思表示の瑕疵等の問題として当事者間の契約内容に介入するのに対応し，かつ，訴訟上の和解には判決と同等の効力が生じる点で[184]事前の保護の必要性がより大きいことから，このような和解交渉への裁判官の介入が要請され，かつ，正当化されるであろう。

モニタリング費用の最小化としては，たとえば，当事者間で部分的・暫定的取決めがなされた場合に[185]，それが交渉中遵守されるよう監督することなどが挙げられよう。

戦略的行動の費用の最小化としては，たとえば，相手の協力的態度につけこもうとする当事者を牽制したり，「ただ乗り（フリー・ライダー）」的行動やゴネ得行動を排斥したりすることがあてはまる。

当事者の合理性の確保の方法には，交渉能力を欠く本人訴訟の当事者に弁護士をつけさせたり，希ではあろうが非合理な代理人を排除して当事者本人を呼んで和解交渉をさせたりすることが含まれよう。さらに，頑迷な当事者で代理人が困っている場合や[186]，依頼人と弁護士との間に不信感や対立が存在する場合[187]，熟練した弁護士と経験未熟な弁護士との間の交渉などの場合にも裁判官

---

　(184)　民事訴訟法203条。この効力の内容については新堂幸司『民事訴訟法（第二版）』（筑摩書房1981　初版1974）255—259頁参照。

　(185)　草野芳郎「和解技術論」前掲注（4）16頁。草野判事は，当事者間の対立が非常に深刻な場合に，当事者双方が和解勧試中に限り，暫定的に一定の事項について休戦的な合意をするという暫定的和解の手法を用いるという。前述〔2〕2　3）の「グリット」の戦略を想起されたい。

　(186)　プラクティス研究会「和解（一）」前掲注（4）82頁の小林宏也弁護士発言では，自分の依頼人が言うことを聞かないときには，判事室へ行って和解の勧告を要請しているという。

　(187)　プラクティス研究会「和解（二）」前掲注（4）57—58頁参照。そこでの浅沼

〔3〕 和解交渉における裁判官

の関与が要請されるであろう(188)。これらの点についても，実体法が権利無能力者の保護等の形で介入するのに対応し，かつ，訴訟上の和解には判決と同等の効力が生じる点で事前の保護の必要性がより大きいことから，このような裁判官の和解交渉への介入による保護が要請され，かつ，正当化されるであろう。

外部性の問題については，厳格な形式を要する訴訟手続の共同訴訟や参加手続と異なり，和解交渉には利害関係のあるものを広く呼んで話し合わせる等の実践がなされている(189)。

完全情報の追求としては，当事者に事実主張や証拠の提出，主張の法的根拠の説明を求めるとか，事実問題・法律問題についての意見を示唆するとかの方法が行われうるであろう(190)。

また，当事者間の交渉が協力的となるよう，とりわけ，「問題解決型交渉」となるように配慮することも裁判官の行う仕事である(191)。暗礁に乗り上げていた

武弁護士の発言によれば，代理人と本人の意見が対立していることはしばしばあると言う。

(188)　法律家の継続教育の教材である，National Center For Continuing Legal Education, *supra* note (48), Part II, pp. 3-4では，このような場合弁護士の方からも裁判官の主宰する和解カンファレンス開催を要請すべきことを勧めている。

(189)　伊藤博・前掲注(4)34頁では「和解手続では，当事者本人だけでなく，本人の背後にいて影響を及ぼす人々の利害を考慮することを忘れることはできない。」と述べられる。組織や団体の場合に本当の意思決定権者は誰かを見抜いてそのものを和解の中に引き込むことなどその例である。同様の考慮について，プラクティス研究会「和解(一)」前掲注(4)97頁も参照。また，筆者が名古屋地方裁判所で訴訟記録を調査した事件の中にも，「ステンレス鍋事件」のように，原告以外の被害者多数が「利害関係人」として和解に参加し，和解の席上被告側から「和解金」を受け取ったり，少数ではあるが被告側に対して残債務を「和解金」として支払ったりした事件がある。

(190)　全国裁判官懇話会報告・前掲注(4)14頁のC裁判官は，心証開示は当事者の和解についての意思決定の要素たる判決結果の予測を，不確定から確定の方向へ進めるだけのものに過ぎない，と位置付けている。

第3章　交渉・和解による民事紛争解決

交渉に中立の第三者たる裁判官が言わば「調停者」として介入するだけで互譲が促進されることも多いであろう[192]。当事者の請求の背後にある真の要求・利害を探り，そのような両当事者のニーズに合致するような解決策を模索する。そのために，和解交渉の対象を要件事実や訴訟物等の法的側面に限定せず，広く経済的・社会的・心理的・倫理的側面からも争点・要求・利害を検討し[193]，さらには状況をできるだけゼロ・サムからノン・ゼロ・サムへと転換するよう努力する。そこでは，何を (what)，いつ (when)，誰に (whom)，どのように

---

(191)　問題解決型交渉については，Menkel-Meadow, *supra* note (63), 1984参照。草野芳郎「和解技術論」前掲注（4）および草野芳郎「和解手続において裁判官と当事者が果たすべき役割」前掲注（4）467—475頁が提唱する和解技術の核心は当事者間の「問題解決型交渉」の支援であるといえる。伊藤博・前掲注（4）33頁で，「共通し両立する利害の発見と検討にも時間を割くのが有効のようだ」と述べられる点も「問題解決型交渉」の支援に位置付け得る。

(192)　この際には，和解交渉の導入部での基調作りが重要である。調停についてであるが，この点を指摘するものとして，今井盛章・前掲書注（4）92頁，104—108頁がある。当事者間でのコミュニケイションの重要性につき後藤勇・藤田耕三(編)・前掲書注（4）181頁の三宅弘人判事も「……弁論兼和解方式で和解に入っていく場合ですと，だいたい最初の弁論的な期日のときに双方の本人を入れて直接議論をさせるのが普通です……その後の和解のレヴェルに入ると，思ったよりもスムーズに和解にのってくるという経験をしたことはずいぶんあります。やはり，お互いに直接のコミュニケイトする機会は，つくってやったほうがいいのではないかと思います。」と述べられる。なお，社会心理学によれば，産業界の紛争の解決における調停者の主要な機能は，当事者が「名誉ある退却（graceful retreat）」をできるようにすることであるという。Cf. Rubin & Brown, *supra* note (40), pp. 135-136. この面でも裁判官の介入がデッド・ロック打開に役立つであろう。

(193)　全国裁判官懇話会報告・前掲注（4）11頁のG裁判官が，事件の経過，法的側面以外の側面，法律的解決以外の解決方法を分析・認識する必要があると述べているのと対応する。調停について同様の指摘が，今井盛章・前掲書注（4）126—129頁に述べられている。

〔2〕 和解交渉による紛争解決

(how), どれだけ (how much) 分配するかと言う多面的な解決策の模索を行う[194]。この意味で, 裁判官には, 和解交渉において想像力・創造力を発揮することが期待されている[195]。そのためには, 当事者・代理人とのブレイン・ストーミング的和解協議を試みたり, あるいは, 合議体であれば和解勧試の方法や和解案のアイデアについて裁判官同士でブレイン・ストーミングのセッションを持つことも有益であろう。個別の事案にかかわらない範囲では, 和解勧試の仕方や和解案のアイデアについて, 常日頃から裁判官同士で情報交換に心がけることも役立つであろう。

ただし, このような裁判官の和解への関与は, 当事者間の交渉を効率化するという役割を超えて, 当事者間の交渉の「代わりに」裁判官が効率的な解決を作り出してあげる, と言うところまで踏み込んでしまう危険が大きい。当事者間の交渉への過剰な関与とならないよう, 当事者の自主性・主体性を尊重する配慮を常に怠らないことが裁判官には望まれる[196]。とりわけ, 心証開示や和解

---

(194) Menkel-Meadow, *supra* note (63), pp. 801-817.

(195) 解決策の選択肢を考え出す能力は, 裁判官の和解勧試において必要とされる能力であると同時に, 交渉当事者のもち得る最も有用な財産のひとつである。フィッシャー・ユーリー・前掲書注(29)88頁参照。

(196) たとえば, 複数の和解案を提示して当事者に検討・選択してもらうことなども当事者の主体性を尊重する方法と言えよう。これが交渉者にとっても考慮に値する考え方である点につき, フィッシャー・ユーリー・前掲書注(29)117頁参照。伊藤博・前掲注(4)39頁は「自己決定の原則」が和解勧試には必要であると説く。草野芳郎「和解手続において裁判官と当事者が果たすべき役割」前掲注(4)465頁も和解手続のモデルとして, 交渉中心型を基本として心証を加味する方式(心証を加味した交渉中心型)が基本となるとする。その理由は, 私的自治が基本であり, 交渉が紛争解決の最も基本的手段であり, 当事者には本来自分の力で紛争を解決する自然の力がそなわっているからであるとする。そして, 最も基本とするべきは,「当事者の人格の尊重」であると述べる (468—469頁)。今井盛章・前掲書注(4)196頁は, 説得は当事者に発見させることであり, その点で調停や和解は昔の産婆さんの役割を果たすべきであると言う。つまり, 当事者に知識を与えたり, 相談にのったり,

第3章 交渉・和解による民事紛争解決

案の提示に際しては当事者の意向を最大限尊重する必要がある。

2) 交渉の公平化

以上の議論では，資源配分の効率化としての和解交渉の効率化のみが問題とされ，所得分配の面からの公平性等，正義の問題はその対象外とされていた。しかし，パレート最適（厳密には「コア（core）」）は，交渉の開始時の資源分配に依存する概念であるので，交渉を通じてパレート最適な結果が得られたとしても，その結果が公平なものである保障はない。出発点の不公平は結果の不公平へとつながる。富める者がより豊かとなり，貧しい者が（相対的に）より貧しくなることも起こり得る。このような結果の不平等の修正を行い再分配をする必要がある。和解交渉がより公平に合致する結果をもたらすことを保障するような政策を交渉の公平化と呼ぼう。

和解交渉の結果として出てくる和解内容に裁判所が干渉するにはそれなりの理由が必要であろう。私的自治の原則からいっても，裁判所の介入や国家の法の私的領域への介入が自制されなくてはならないであろう。実際問題として，当事者間で何が公平かは法律的見地からのみならず，紛争の具体的経過，当事者間の具体的関係，周辺的争点，当事者間の関係の将来の在り方等様々な詳しい情報が必要である。裁判官の関与による交渉の効率化は達成されているということを前提とする以上，それでも和解結果が裁判官による介入を必要とするほど不公平であるというのは極めて少数の場合に限られるであろう。しかし，このような少数の場合には，裁判官は積極的に心証を開示し，法的判断を示し，代替的和解案を示して交渉結果の修正・再分配を行う必要がある[197]。このことから，裁判官の心証開示には，資料の充実や情報費用節約等の交渉の効率化を目的とする場合と，和解内容制禦等の交渉の公平化を目的とする場合があるこ

ともに考えたり，自発的な決断と言う当事者の産みの苦しみを手伝うのであると述べている。

(197) プラクティス研究会「和解(一)」前掲注(4)123頁の笠井昇判事の発言では，一方に弁護士がついて他方が本人訴訟の場合などでは，裁判所の心証をどんどん出して本人訴訟の側が不当な不利益を受けないように努力をしているという。

〔3〕 和解交渉における裁判官

とが分かる。前者においてさえ，当事者間の交渉への過当な介入にならないよう注意を払って行う必要があり，後者の場合には，なお一層の慎重さが要求されるであろう。

日本で裁判所による和解案の提示や心証の被瀝等の和解交渉への積極的関与がなされる場合，そのほとんどが証拠調べ終了後ないし終了近くであるのも，このような配慮に基づいているためであると考えられる。当事者間の和解交渉が「問題解決型交渉」となるよう裁判官が配慮する場合，とりわけ判決内容に近い心証を開示したり当事者の和解案に代えて裁判所の具体的和解案を提示したりする場合など，ほとんど交渉の公平化の面からの関与とも看做し得る程度の関与がなされることも多くなろう[198]。このように「問題解決型交渉」の実現の視点から裁判官が関与する場合には，交渉の効率化を超えて交渉の公平化の面での関与が積極的になされることになりやすいが，当事者の自主性の尊重と言う私的自治の原則に由来する原則の侵害とならないよう裁判官は十分に配慮するべきである。

3）交渉の啓蒙

以上の議論では，方法論的個人主義の立場にたち，各人の選好・価値体系は所与のものであると仮定していた。いわば，白紙の「選択の自由（freedom of choice）」を認めていた。しかし，和解交渉が効率的であっても，その和解の内容が社会的に望ましいもの，社会の人々によって承認され得るものであるという保障はない。当事者の価値観・選好が社会的に許容され得ない場合がある。それぞれの時代と社会に応じて，社会で許容される選好・価値観には自ずから一定の限界があるのが通常である。社会が社会として成立するには，社会で許容されている範囲内で人々が自己の価値・選好を持つよう指導する必要がある。このための，個人の価値・選好への介入は啓蒙（enlightenment）とか後見主義（paternalism）と呼ばれる[199]。和解交渉においても，交渉主体が非人間的・反社

---

(198) Menkel-Meadow, *supra* note (63).

(199) Cf. D. Kennedy, "Distributive and Paternalist Motives in Contract and Tort Law, With Special Reference to Compulsory Terms and Unequal Bargain-

第3章 交渉・和解による民事紛争解決

会的利益を追求することを許容することはできないであろう。交渉当事者の価値・選好を社会的に許容される範囲内に止める政策を，交渉の啓蒙と呼ぼう。

和解交渉への裁判官の関与が交渉の啓蒙にあたる典型的な例は，両当事者の納得づくではあるが公序良俗に反する和解内容を排斥する場合であろう。

これに関連する問題として，当事者が強行法規違反の和解を結ぼうとしているときに裁判官はどのような態度を取るべきかの問題がある。法による裁判の原則ではあるが，他方，和解は判決自体ではなく，また，当事者間の具体的事情や社会の実情を考慮するとき，むしろ強行法規違反の当該和解内容の方が妥当であると考えられるケースも存在するであろう。社会の実情にそぐわない法を回避するために和解がなされる場合も存在するであろう[200]。このような和解が積み重なって判決や立法に影響を与えることも考えられる[201]。これは言わば「和解交渉による法の啓蒙」と言う事態である。他方，和解は法の適正な発展を阻害する危険があるとの指摘もなされている[202]。法による裁判・法による社会の規整と，社会による法の修正・発展という相対立する契機の接点をなす問題

---

ing Power," 41 *Md. L. Rev.* 563 (1982).

(200) プラクティス研究会「和解(一)」前掲注(4)85頁の浅沼武弁護士の発言では，表見代理の一部の事件のようにオール・オァ・ナッシングになってどっちに転んでも落ち着きがわるいという事案を和解に持って行くことはあるという。「《座談会》民事訴訟における審理の充実と促進」前掲注(4)1008頁の竹下発言も，「むしろ和解の積極的意味は，判決ではなかなかうまい解決方法がでない。……そういうような問題については，確かに和解という形で，多様な救済方法を創造して解決をするのがいちばんいい。」と述べている。

(201) 後藤勇「民事訴訟における和解の機能」後藤・藤田（編）・前掲書注(4) 1頁以下，13—14頁で論じられている。和解が法の発展に寄与した例として，建物の明渡における立退料と仮登記担保が挙げられている。和解の法創造機能の指摘として，プラクティス研究会「和解(一)」前掲注(4)101—103頁，田中豊・前掲注(4)134頁以下，後藤勇・藤田耕三（編）・前掲書注(4)130—131頁など参照。

(202) 倉田卓次・前掲注(4)207頁では，和解に先例としての性格がほとんどない点で，交通事故訴訟のような新しい分野ではマイナスになると言う。

である[203]。事案毎に裁判官の良識と良心に委ねるべき問題であると考えるが，原則としてやはりできるだけ当事者の主体性を尊重する方向で考えてゆきたい。

4）裁判官の関与の程度と時機・方法

以上見てきたように，裁判官の和解交渉への関与の程度は，交渉の効率化から交渉の公平化や交渉の啓蒙へ進むにつれて大きくなる。また，同じ交渉の効率化でも，「問題解決型交渉」の実現のための関与はその他の交渉の効率化のための関与よりも程度のよりインテンシヴなものである。当事者の主体性の尊重の観点から考えれば，当事者の自主性の実現を援助するものである交渉の効率化のための関与については，裁判官が積極的に行うことを期待されているものであると言うことができると思う。

しかし，裁判官が「問題解決型交渉」の実現の支援のために，明確な心証の開示や具体的和解案の提示をしつつ和解交渉に関与する場合には，交渉の公平化や交渉の啓蒙に匹敵する程度の関与となりやすい点で，裁判官には慎重な配慮が要求されると考える。

さらに，交渉の公平化や啓蒙のために裁判官が和解交渉に関与する場合は，極めて高度の関与と言うことができ，著しい不公平や違法性がある和解の場合に限られるべきではなかろうかと思われる。もちろん，この考え方は交渉の効率化がすでに実現されていることを前提としている。交渉の効率化の点で問題がある場合，たとえば当事者間に交渉力の大きな不均衡があってそれがなかなか是正されないような場合であれば，交渉の効率化のための関与のみならず，結果の公平・正義の確保のために裁判官が積極的に交渉の公平化や啓蒙をも行うべきである。

裁判官の和解勧試の時機については，訴訟の早い段階から，当事者の主張・争点の出揃ったとき，当事者尋問後，主要な証拠・証人を取り調べた後等を経て証拠調べ終了後，さらには弁論終結後まで様々な場合が考えられる。現実にも個々裁判官の主義や事案の判断によって様々である[204]。和解交渉への関与の

---

(203) 太田勝造・前掲注(12)（本書第2章）参照。

(204) 草野芳郎・前掲注(4)10―11頁，倉田卓次・前掲注(4)204―205頁，武藤

第3章　交渉・和解による民事紛争解決

程度が大きくなればなるほど，裁判官の関与が適切であるためには，裁判官がより多くの情報を持っていなくてはならなくなる。事案にもよるが，そのような情報の乏しい訴訟の初期の段階では，和解交渉開始のきっかけを与えたり当事者間の意思の疎通を計ったり，戦略的行動を規制したりする程度に止めることを原則とすべきであろう[205]。そして，訴訟の進行に伴って裁判官の側の情報も増加して行くに連れて，より突っ込んだ和解勧試も適切にできるようになってゆくであろう。暫定的な心証の開示や暫定的な和解案の提示であれば訴訟の中途段階でもその旨を示して提示することができる場合が多いであろう[206]。明確な心証開示や具体的な和解案の提示は証拠調べの終了近くまでならないと適切な形ですることは難しいのではなかろうか。もちろん以上は一応のものであり，事案と裁判官の熟練によって大きく異なるであろうし，当事者の側が裁判

春光・前掲注（4）94―96頁，全国裁判官懇話会報告・前掲注（4）9―13頁など参照。司法研修所（編）・前掲書注（4）162―168頁も参照。同書によれば，有志弁護士座談会では第1回口頭弁論期日における和解勧告に対しては賛否意見が分かれたが，有志裁判官座談会ではそれほど抵抗がないとする意見がかなりあったとのことである（165―166頁）。なお，ジュリスト914号27頁の岡村弁護士は「和解は，随時やっていただいて結構です。第1回審理期日に争点を明確に固めれば，そこで全体像が分かり心証もとれ，そのまま和解にいくということもあると思います。」と述べていることも参照。

　（205）　後藤勇・前掲注（4）20頁，後藤勇・藤田耕三（編）・前掲書注（4）158頁（畠山発言）参照。

　（206）　このような心証開示では暫定性を明示するべきとするものに，全国裁判官懇話会報告・前掲注（4）13頁，田中豊・前掲注（4）153頁などがある。司法研修所（編）・前掲注（4）176頁によれば，心証開示の方法について裁判官にアンケートをした結果，断定的表現を避け，暫定的心証であるとして開示すると答えた者が85％に昇り，他に，相手方在席での開示は避けるとの答えが42％，本人を退席させ代理人のみ開示するとの答えが11％あった（複数回答可）。大阪地裁の「方策案」前掲注（4）36頁も心証開示の留意点として，「審理の段階に応じた心証であること（仮定的なものであるときはその旨）を明確にする」ことを挙げている。

〔3〕 和解交渉における裁判官

官の心証開示や和解案の提示などの積極的関与を望むかどうかにもよるであろう(207)。提示する和解案については，次のような点でチェックをしてみるのは有益であろう(208)。

　①問題点の検討は十分か。
　②資料は十分に活用したか。
　③現実性の検討は十分か。
　④悲観的見方に流れすぎていないか。
　⑤代案との比較検討は十分か。
　⑥いくつかの案について，その優劣を説明できる用意があるか。
　⑦将来にも立派に通用する案か。
　⑧自分が当事者だったらのめるか。
　⑨判断に脱漏はないか。
　⑩結論は正確にまとめられているか。
　⑪当事者間の人間関係回復に役立つか。

　和解期日や弁論兼和解（和解兼弁論）における和解勧試の方法として交互説得方式ないし交互面接方式と呼ばれる方法が日本の裁判所では普及している(209)。これは，裁判官が一方の訴訟代理人および／または当事者本人を交互に

---

(207) Williams, *supra* note (31), p. 12は和解でなく判決をすべき場合として，
　①嫌がらせ訴訟やいいがかり訴訟に過ぎない場合
　②当事者が法の発展や明確化を求めている場合
　③当事者が自己の権利に断固たる確信を抱いていて判決以外では満足しないであろうとき
　④相手方（代理人）が悪辣で交渉ができそうにないとき
などを挙げている。

(208) このリストは，今井盛章・前掲書注（4）180―183頁の調停判断のチェック・リストであるが，和解勧試にもそのまま当てはまると考える。

(209) 草野芳郎「和解技術論」前掲注（4）11頁によれば，日本の裁判所の和解勧試ではほとんど交互説得方式によっているという。伊藤博・前掲注（4）30頁，田中豊・前掲注（4）149頁，司法研修所（編）・前掲注（4）等も参照。

第3章　交渉・和解による民事紛争解決

呼び入れて和解勧試をする方法であり，当事者・代理人を説得する上でも，本音を聞き出す上でも，さらには，いわゆる事情を聞き出して事案の筋をつかむ上でも極めて効果的な方法であるとされる[210]。この方法が日本で広く利用されているのには，その和解達成における効果の大きさだけでなく，弁護士の側にも理由があると思われる[211]。

　　また，和解兼弁論の法的位置付けをめぐる議論については，中野貞一郎「実務の継受」季刊実務民事法3 (1983)（後に加筆し「手続法の継受と実務の継受」として中野『民事手続の現在問題』(判例タイムズ社1989) 57頁以下に所収）〔口頭弁論でもなく和解でもないその中間の存在であるとする〕，竹下守夫・前掲注(167)〔準備手続の一種であるとの従来の見解を改め非公開の準備的口頭弁論と位置付ける〕，鈴木正裕・前掲注(4)〔準備手続（の一種）であるとする〕などを参照。ただし，鈴木論文は争点整理重点型の弁論兼和解にしぼっての議論である。

　　現実の和解兼弁論の多くは和解勧試を重点にしつつ争点整理や証拠整理も行う手続であると思われる。第一東京弁護士会民事訴訟促進等研究委員会の「新民事訴訟手続試案（迅速訴訟手続要領）」前掲注(4)では，弁論，証拠調べおよび和解の各手続を総合的に行う「審理期日」という概念を提案している。また，第二東京弁護士会民事訴訟改善研究委員会も，和解兼弁論の運用ではややもすると和解ねらいに流れやすく争点整理が軽視されているように危惧されるとして，その「民事訴訟充実促進実践マニュアル試案」前掲注(4)では，目的を争点整理に絞った和解兼弁論期日を「争点整理期日」と命名し，証拠整理に目的を絞った和解兼弁論期日を「証拠整理期日」と命名して，正式の口頭弁論期日と区別する審理モデルを提示している。前注(172)も参照。和解兼弁論についての詳しい検討は今後の研究課題とする。

　　(210)　交互面接方式に批判的な見解として，木川統一郎「西ドイツにおける集中証拠調べとその準備(4)：全事件を合議体で裁く実験」判例タイムズ489号 (1983) 20頁がある。井上治典・前掲注(4)108頁も「よほど特別の事情がないかぎりは，やはり双方対席方式がとられるべきである」とする。

　　(211)　全国裁判官懇話会報告・前掲注(4)17頁のF裁判官によると裁判官が対席の場で和解案を示したり心証を開示したりすることを日本の弁護士は激しく嫌うという。第一東京弁護士会民事訴訟促進等研究委員会の「新民事訴訟手続試案（迅速訴訟手続要領）」前掲注(4)54頁も心証開示上の注意として，「両当事者の同席の場

〔3〕 和解交渉における裁判官

この方法を採用する根拠として田中判事は，
　①地方裁判所で率の高い本人訴訟の場合には双方対席のまま実のある議論をすることが困難である。
　②感情的確執の清算というカウンセリング効果のために適す。
　③強硬な態度の当事者・代理人の説得には率直な考え方を引き出す必要があるが，そのためには対席では困難である。
　④和解交渉での情報には，相手方に開示する必要がないものや開示しない方が望ましいものがある。
の四つを挙げられる[212]。そして，
　Ⅰ：利益調整型紛争の場合は原則として対席方式を採る。
　Ⅱ：当事者の意向を尊重する。
　Ⅲ：交互面接方式で出てきた情報の内容と重要性によっては正式の証拠調べに移行して手続保障の充実を図る。
　Ⅳ：交互面接方式によった場合には，合意に至った双方の動機を把握して相手方に説明した上で和解を成立させる。
等の配慮のもとに交互面接方式を実行されている[213]。日本においては当事者・代理人側も交互面接方式を望むことが多いのが社会的事実であるとするなら，そして，全ての裁判官が田中判事のような周到な配慮のもとに交互面接方式を実施しているのであれば，この方式にもそれほど問題があるとは思えない。ただし，これら二つの前提が現実に満たされているか否かは今後の経験科学的研究に残された課題である。ここでは，代理人が望むか否かよりも，当事者本人が望むか否かが重視されなければならないと思われる。

　交互面接方式に限らず，一般的に和解勧試の際には裁判官の十分な配慮が必要である。さもないと，裁判官への当事者の信頼が破壊され，ひいては裁判制度への国民の信頼が失われてしまう恐れがある。公式の訴訟手続とは異なり，

　　でしない」ことを挙げている。
　（212）　田中豊・前掲注（4）149頁。
　（213）　田中豊・前掲注（4）150頁。

第3章 交渉・和解による民事紛争解決

裁判官と当事者とが極めて密接な接触を行う和解勧試や和解兼弁論は，それが当事者への説得として効果的であればあるほど，いわば「中立性と党派性の上の綱渡り」をすることになるのである。また，もともと終局判決をなす権能を有する裁判官（所）は，当事者に対して本質的に優越的地位にある。和解勧試の非公式性と柔軟性は，逆に裁判所の当事者に対する権力を無限増殖させる契機をも持つことになる。たとえ裁判官が主観的には自粛・自制を心がけたとしても，受け取る側の当事者・代理人が卑屈に隷属してしまう危険が常に存在する[214]。しかも，不適切・不当な心証開示や和解勧試に対する当事者の救済手段は極めて限られている[215]。さらには，和解交渉に熱中しすぎて合意を結ぶことが自己目的となってしまうという交渉者の危険（〔2〕1参照）は，程度を大きく増して裁判官にも当てはまる。とりわけ膨大な数の事件を常時抱える裁判官が事件処理へのプレッシャーの下にいつもいることに鑑みるとき，この危険はより切実なものとなる[216]。裁判官は，これらの内在する危険を十分に認識した上で和解勧試を行うのでなければならない。弁護士の側も，これらの危険を十分認識して和解交渉に臨まなければならないのである。

---

　　(214)　竜嵜喜助・前掲注(4)111―112頁が，「裁判官としては十分慎重に言葉を選んでいるつもりでも，当事者は敏感すぎるくらいに感じ取るのである。」と述べていることを参照。

　　(215)　ちなみに，和解勧試に関する裁判官忌避の申立事件には，東京高裁昭和56年6月18日決定・判例時報1018号82頁（敗訴を示唆し和解を勧告），東京高裁昭和53年7月25日決定・判例時報898号36頁（東京スモン訴訟裁判官忌避申立事件抗告審決定：和解勧告の過程での発言），東京高裁昭和53年3月15日決定・判例タイムズ369号172頁（心証の一端を示唆して和解勧試），東京高裁昭和52年5月11日決定・判例時報862号39頁(スモン病訴訟裁判官忌避申立事件抗告審決定：和解の方向につき見解を表明)，東京高裁昭和50年12月19日決定・判例タイムズ337号204頁（和解案の提示）等がある。これら全ての事件で忌避申立が認められていないが，その結論自体は判旨を見た限りでは妥当なものであると思われる。

　　(216)　以上に述べた，裁判所権力の自己増殖・当事者との過度の密着（中立性の危機）・和解達成の自己目的化については，Judith Resnik, "Managerial Judges,"

〔4〕 交渉シミュレイションの実験

1　交渉シミュレイションの内容

　ここでは，筆者の行った交渉シミュレイションの実験について紹介する。これは，〔1〕2で述べたバークリィの民事訴訟法の講義ならびにセミナーで用いた事案を名古屋市に置き換えて若干の修正を行ったものである(217)。シミュレイション実験では，まず，本稿〔2〕1と〔2〕4の前半に相当する内容を交渉についての予備知識として説明した。その上で，次のような内容の文書を配布した。

　　Ｉ　プラクティスの仕方について

　　与えられる事実関係は：
　　①原告側・被告側に共通の情報として「争いのない事実関係」

---

96 *Harv. L. Rev.* 374 (1982)を参照。そこでは，裁判官の役割が中立的なレフリーの役から紛争解決の管理者（マネイジャー）の役へと変容しているという流れについて，本文で述べた危険性を指摘している。和解勧試の活発化もこの流れの一翼を担っているのである。レスニック論文を紹介するものとして，加藤新太郎「管理者的裁判官の光と影：アメリカ合衆国における議論の展開」ジュリスト953号(1990)103頁があり参考となる。

　(217)　オリジナルはサン・フランシスコの坂道での交通事故事案である。Craver, *supra* note (33), pp. 235-240, Appendix にも同じ事案が収録されている。もともとは，法律家の継続教育の教材として用いられたものであると聞く。熟練した弁護士によるシミュレイションの模様を記録した教材ヴィデオが存在する。なお, Goldberg, Green & Sander, *Dispute Resolution, supra* note (9)の *Supplement 1987: With Exercises in Negotiation, Mediation, and Mini-Trial* にもいくつかのシミュレイション事例が収録されている。Williams, *supra* note (31)の Appendix IIIには，異なる二つの事案のシミュレイションの反訳が収録されている。また，M. Meltsner

第3章　交渉・和解による民事紛争解決

②原告側と被告側それぞれに独自の情報である「秘密の事実関係」の二つである。

　学生諸君は，原告側ないし被告側の訴訟代理人として，和解へ向けて相手側代理人と交渉する。交渉においては「争いのない事実関係」と相手の知らない「秘密の事実関係」を基礎として話合いをする。話合いの目的は，訴訟代理人として相手側代理人と交渉し，自分の依頼人にとって最も有利な形で和解することである。すなわち，原告側代理人としてはより多くを相手側から引き出し，被告側としては負担のより少ない和解を結ぶことが目的である。

　交渉の戦術として「秘密の事実関係」をどのように利用するかは諸君の自由である。ただし，話合いにおいて「秘密の事実関係」を相手側に直接的に開示すること（見せること）は許されない。交渉の時間は1時間以内とする。

　交渉に先立っての準備のために「交渉の準備」を添付したので参考とするとともに，あらかじめ必要事項を適当に考えて記入しておくこと。

　「和解の内容」という書式を添付したので，和解に達したならばその内容を記載し，和解に達しなかったならばその旨を記入して，相手方代理人のサインを得て次回の講義の初めに提出すること。その際，若干の質問事項にも答えること。

II　ネゴシエイション・プラクティス：交通事故事件

　　①争いのない事実関係

& P. Schrag, *Public Interest Advocacy: Materials For Clinical Legal Education*, 1974には，話合いの中身と各発言の交渉理論から見た意義についてのコメントが付けられている。その一部が，Riskin & Westbrook, *supra* note (100), pp. 152-158 に収録されている。

〔4〕 交渉シミュレイションの実験

　昨年11月の，雨の降りしきる金曜日の夜9時半ごろ，大手監査法人の小田・大正監査法人の実力者である公認会計士の山田一郎氏は，ベンツに乗って名古屋市伏見近くの繁華街に近い道路を運転していた。彼は，その直前まで事務所の重要な顧客会社富士物産の代表者鈴木氏と打ち合せをしていた。その日，鈴木氏は緊急の用件で突然山田一郎氏を訪ねたものであった。鈴木氏は極めて執拗かつ強硬な顧客であり，事案の重要性も高かったためもあり，その日の打ち合せも長時間に及んだ。夕食時になっても終わらなかったので，近くのレストランで夕食を共に取りながら話合いを続け，やっと先ほど8時間近い話合いが決着したのであった。実は，当日は山田一郎氏の結婚記念日にあたっており，奥さんは夕食のために御馳走を用意して待っていたはずであった。奥さんに大変悪いことをしてしまったと思い，山田一郎氏は大急ぎでベンツを運転していた。
　交通量の多い交差点の近くで，山田一郎氏は違法駐車している車を避けるために道路の中央へ急にハンドルを切った。たまたまそこは，幹線バスの路線が道路の中央部に設けられている所であり，大きくハンドルを切ったので，彼のベンツはちょうど乗客の乗降扱いをしていた反対車線のバスに極めて接近してしまった。そのバスには海野幸雄氏も乗っていた。
　山田一郎氏は先程迄の会議の案件のことと奥さんとの約束を破ったこととで頭が一杯であったので，バスを下りて来た海野幸雄氏に気が付かなかった。海野幸雄氏はヨロヨロとバスを降りて山田一郎氏のベンツの方へ出て来たのであった。雨に濡れた路上に滑った海野氏は山田氏の車の前へころげ込んでしまった結果，山田氏が急ブレーキを踏む時間もなくベンツに轢かれてしまった。この事故の現場で山田氏は現場検証の警察官に対して，夕食の時にロイヤル・コーヒー（ウィスキーで香りを付けたコーヒー）を飲んだことを認めたが，レストランを出るときには全く酒気を帯びていなかったと述べた。
　事故の結果海野幸雄氏は背骨を損傷し，腰から下が麻痺してしまった。なお，海野氏はその時40歳で，妻子3人を抱えていた。海野氏の職業は，特許事件を専門とする極めて繁盛していた弁護士であった。事故による麻

第3章　交渉・和解による民事紛争解決

痺にもかかわらず海野氏は車椅子で頑張り，弁護士という事務的職業も幸いして，現在では以前同様に活発に弁護士業務をこなすことができるようになっている。

　海野氏は最近，山田一郎氏を被告として1億円の損害賠償の訴えを提起した。当事者の主張は出そろい，夏休みをはさんで3ヵ月後の9月の次回期日ではいよいよ証拠調べが行われる予定である。海野氏の実損，すなわち，費やした治療費ならびに，入院のために働けなかった期間の逸失利益の合計は1千5百万円であった。

　（なお，自賠責保険等の保険の点は一切無視すること。）

その上で，「プラクティスの仕方について」を読み上げて，若干の補足説明をした。そして，参加者に二人組になってもらい，一方を原告側代理人，他方を被告側代理人と決めてもらった。そこで次に掲げる「原告側の秘密の事実関係」と「被告側の秘密の事実関係」とを原告側・被告側代理人それぞれの役割の参加者に配布した。

原告側（海野幸雄）の秘密の事実関係

　原告海野幸雄側の訴訟代理人であるあなたは，依頼人海野氏が事故の夜事務所の若い美人秘書と二人でバー「蘭」に行き，したたか酒を飲んでいたことを知っている。事故ののち海野氏は弁護士事務所の同僚たちには，その日仕事のあと知人の退職のお祝いでちょっとだけお酒をひっかけていたと告げていた。実は，海野氏は事故現場のバス停で降りるつもりはなかったのであり，酩酊のためにバスのステップで足を踏み外して転げ出てしまったのであった。路上が雨で濡れていたので，再び滑って山田氏のベンツの前に飛び出てしまったのである。

　ところで，あなたは事実関係の調査と目撃証人の探求によって，山田一郎氏が事故の時にスピード違反をして飛ばしていた上，急ハンドルを切ってバスの方へ近付いたことを目撃したとする証人を発見していた。この証

〔4〕 交渉シミュレイションの実験

人は大変に明晰な頭脳と記憶力を賞賛されている，某大学の法学部の森藤教授である。あなたは山田一郎氏が，現場で警察官に告げたロイヤル・コーヒー以外にも，ビールやワインを飲んでいたのではないかとの疑いを抱いている。ただし，この点については推測の域を出ていない。

海野幸雄氏は，善良な市民であると近所では評価されているが，本件事故の夜事務所の秘書と一緒だった等の事情が公になることを恐れている。というのも，その秘書は弁護士事務所が顧問を引き受けている大手の電気機械会社グループの会長の遠い親戚の娘であり，花嫁修業として事務所が預っていた者だからである。以前にも，彼女との関係が噂になりかけたことがあり，その噂だけで事務所への当該グループからの仕事が減ったことがあった。バー「蘭」のことなどから足が付いて彼女との関係がばれることは何としても防止しなければならない。

海野氏としては，これ以上この事件をこじらせて問題を大きくしてしまわない内に処理したいと考えている。訴訟を提起したのは，山田氏が話合いに全然応じないからで，海野氏としては治療費と逸失利益等の実損と若干の慰謝料を加えた2千万円以上であればいくらでもいいから和解したいと考えている。

被告側（山田一郎）の秘密の事実関係

あなたの依頼人である山田一郎氏が，事故の当日お酒を飲んでいたことは知っている。事実，彼はロイヤル・コーヒーを飲んだことを警察で認めている。それ以上に何か酒を飲んでいたかについては山田氏は口を割らないが，多分ビールの1〜2杯程度で，どちらにせよ運転するまでにはほとんどさめていただろうと見積もっている。

あなたは山田氏が事故の時スピード違反をしていたのではないかと疑っている。とりわけ暗い雨の金曜日の晩の運転には特別に注意が必要であると考えられる。山田氏は事故の時，顧客との会議の内容と結婚記念日のこ

第3章 交渉・和解による民事紛争解決

とで頭が一杯だったと言っており，十分に注意を払って運転してはいなかったであろうと考えられる。あなたの見積りでは，裁判所が山田氏に過失を認定する可能性はかなりあると考えている。

原告海野氏についての調査では，彼が近所でなかなかよい評判の市民であることが分かっている。海野氏の弁護士事務所での評判は普通のようでもあるが，誰も海野氏をあまり人間的に信頼してはいないようだとの出入りの業者の話も聞いている。

事故の晩海野氏がバー「蘭」を訪れていたことまでは突き止めている。このことを隠して，海野氏が弁護士事務所の同僚たちにその日仕事の後知人の退職のお祝いでちょっとだけお酒をひっかけていたと告げていることも聞き知っている。しかし，海野氏は前回の期日での準備書面で，事故の時それほど酔ってはいなかったと主張している。この点を反駁できる確定的証拠はまだない。訴訟が本格的な証拠調べに入ったら，その段階でバー「蘭」を訪れてバーテン等に事情を詳しく聞けば，何か分かるかもしれないと思っている。必要なら証人として喚問して見ようかとも考えている。

あなたの依頼人の山田一郎氏は，この事故が話題となって事務所に悪い影響が出ることを恐れている。内部には派閥争いもあり，揚足をとられたくないことも事実である。

山田氏としては，少なくとも1千5百万円くらいは払わざるを得ないであろうと考えており，弁護士であるあなたもこのまま判決へ行けば，最低でも2千万円にはなろうと考えている。そこで，前回の期日の後，山田氏にその旨伝えたところ，それならばできるだけ早く和解したい，とのことであった。和解の話合いに際して，どの位までなら譲歩しても良いかを確認したところ，7千万円程度までならなんとかなるとのことであった。ただし，貯金との関係で，現金一括払では5千万円位が限度となるとのことであった。

このシミュレイションでは，交渉の準備を合理的に行う訓練も目的としているので，次のような内容の交渉準備の書式も配布して，合理的な和解交渉の準

〔4〕 交渉シミュレイションの実験

備をしてもらうことにした。

交渉の準備

(1-1) 法律的に見たあなたの側の強みと弱点は何か？ 判決まで行ったとしたら，その判決内容は？

(1-2) 非法律的な面で（道徳的，経済的その他），あなたの側の強みと弱味は何か？ 判決まで行ったとしたら，その損得勘定は？ （予想判決額〔期待値〕とその費用による現実の手取り・支払い）

(2-1) 法律的に見て，相手側の強みと弱点は何か？

(2-2) 非法律的な面で（道徳的，経済的その他），相手側の強みと弱点は何か？

(3-1) 可能な和解で最もあなたに有利なもの（あなたの和解での目標）は？

(3-2) 可能な和解で最もあなたに不利なもの（あなたの譲歩できるぎりぎり：判決額の期待値とその費用を考慮する）は？

(3-3) あなたが事案の解決として最も妥当と考える和解内容は？ 内容を記入する：

(4-1) 可能な和解で相手方に最も有利なもの（相手の和解での目標）は？

(4-2) 可能な和解で相手に最も不利なもの（相手の譲歩できるぎりぎり：判決額の期待値とその費用を考慮する）は？

(5-1) あなたは，相手方に交渉の際にどのような事実を開示するか？

(5-2) あなたは，相手方から交渉の際にどのような事柄を聞き出したいか？

(6-1) あなたの交渉での戦術

（例：①徹底的な攻撃，②最初譲歩後強硬，③最初強硬後譲歩，④徹底的な譲歩，⑤法的側面集中，⑥損得計算・評判等法律以外の面強調，⑦相手の弱点強調，⑧こちらの強み強調，⑨対立的な話合いにする，⑩友好的雰囲気にする，⑪交渉のイニシアティヴをとる，⑫相手に交渉のイニシ

第3章 交渉・和解による民事紛争解決

アティヴを与える，⑬金額以外の面での解決策の模索，⑭相手からの情報収集（腹探り）をまず徹底してする，等）
(6-2) 相手の戦術予想
（7） 最初の和解提示の内容：

交渉結果を回収するために，次に掲げる内容の和解の書式も配布し，和解交渉の後に記入してもらい，回収して検討した。

和解の内容（提出用）

あなたの名前のサイン：
相手側の名前のサイン：
Ⅰ：和解に到達した場合
（1） 損害賠償総額：
（2） 支払方法： 1．一括払
　　　　　　　　2．分割払
（3） その他の取決め（あれば）：
Ⅱ：和解しなかった場合
（1） あなたの最後の提示和解案：
（2） 相手の最後の提示和解案：
Ⅲ：あなたへのネゴシエイションについての質問（交渉終了後に記入）
（1） あなたが交渉の前に事案の解決として最も妥当と考えていた和解内容：
（2） 最初に和解案の提示をしたのは：1．あなた　　　2．相手方
（3） あなたの最初の提示和解案：
（4） 相手方の最初の提示和解案：
（5） その他コメント（相手の交渉の仕方など）：

〔4〕 交渉シミュレイションの実験

2 結果と反省

和解交渉自体は，持帰りの宿題として行ってもらった。交渉結果の概要は以下の**表Ⅱ**のようであった。

表Ⅱ　交渉シミュレイション結果①

最初提示者	被告初回提示額	和解額	（初回中間）	原告初回提示額
原告	7,000	7,450	(7,500)	8,000
原告	5,000	6,000	(6,250)	7,500
被告	2,000	6,000	(4,500)	7,000
被告	4,000	5,750	(5,250)	6,500
被告	4,000	5,500	(5,000)	6,000
原告	4,800	5,000	(6,650)	8,500
被告	4,000	4,500	(4,600)	5,200
被告	2,000	4,500	(4,500)	7,000
原告	2,000	4,500	(3,500)	5,000
被告	1,500	4,250	(4,500)	7,500
被告	2,500	4,000	(4,250)	6,000
被告	3,000	4,000	(4,000)	5,000
原告	2,500	3,000	(3,750)	5,000
原告	3,000	3,000	(3,500)	4,000
被告	1,500	2,500	(5,750)	10,000

（単位万円）

すなわち，参加した15組の和解総額は最高7,450万円，最低2,500万円で，平均4,663万円であった。最初に和解額の提示をしたのが原告であったのは6件，他の9件は被告であった。原告・被告の初回の提示和解額の平均は，原告側6,547万円，被告側3,253万円であった。和解額が原告・被告の初回の提示額の中間の10％以内におさまったものが2/3を占めた。

次の年の同一事案についてのネゴシエイション・プラクティスの結果を**表Ⅲ**に示した。

第 3 章　交渉・和解による民事紛争解決

表III　交渉シミュレイション結果②

最初提示者	被告初回提示額	和解額	(初回中間)	原告初回提示額	被告妥当額	原告妥当額
1. 原告	1,800	2,200	(2,150)	2,500	2,500	3,000
2. 原告	1,500	2,500	(2,250)	3,000	1,500	2-3,000
3. 被告	2,500	2,700	(2,750)	3,000	3,000	4,000
4. 被告	1,800	2,700	(4,500)	7,200	3,000	3,500
5. 原告	2,000	3,000	(2,750)	3,500	2-3,000	3,500
6. 原告	3,000	3,000	(6,500)	10,000	3,000	2,000
7. 被告	2,500	3,000	(3,250)	4,000	3-4,000	4,000
8. 被告	2,500	3,000	(3,750)	5,000	2,500	2,000
9. 原告	2,000	3,500	(3,500)	5,000	3,000	4,000
10. 原告	3,000	3,500	(4,000)	5,000	3,000	2,000
11. 被告	2,000	3,500	(4,000)	6,000	4,000	4,000
12. 被告	2,000	3,500	(4,500)	7,000	5,000	4,000
13. 被告	1,500	3,500	(5,250)	9,000	3-5,000	10,000
14. 原告	3,000	3,700	(4,000)	5,000	5,000	4,000
15. 原告	3,000	3,800	(3,500)	4,000	3,500	3-4,000
16. 原告	3,000	4,000	(3,750)	4,500	3,000	30-4,500
17. 原告	3,500	4,000	(4,250)	5,000	4,000	35-4,000
18. 原告	2,000	4,000	(4,500)	7-8,000	2,000	7,000
19. 被告	2,000	4,000	(5,000)	8,000	3,000	*
20. 被告	3-5,000	4,000	(5,500)	6-7,000	3,000	6,000
21. 原告	2,000	4,500	(3,500)	5,000	*	4,500
22. 原告	2,000	4,500	(3,500)	5,000	3-4,000	3-5,000
23. 被告	3,500	4,500	(4,250)	5,000	5,000	*
24. 原告	3,000	4,500	(4,500)	6,000	*	*
25. 原告	4,500	4,500	(4,750)	5,000	5,000	5,000
26. 被告	3,000	5,000	(4,000)	5,000	4,000	3,000
27. 原告	4,000	5,000	(5,250)	6,500	4,000	6,500
28. 原告	5,000	5,000	(5,750)	6,500	3-4,000	4,500
29. 原告	5,000	5,000	(7,500)	10,000	*	*
30. 原告	2,500	5,500	(4,000)	5,500	4,500	5,500

〔4〕 交渉シミュレイションの実験

31.	原告	4,000	5,500	(5,500)	7,000	5,000	6,000
32.	原告	4,000	5,500	(6,000)	8,000	5,000	6,000
33.	被告	6,000	5,500	(6,500)	7,000	5,000	6,000
34.	原告	2,000	5,700	(6,000)	10,000	2,000	4,000
35.	原告	5,000	5,910	(7,425)	9,850	5-6,000	5,000
36.	原告	3,500	6,000	(5,750)	8,000	5,500	4-5,000
37.	被告	5,000	6,000	(6,000)	7,000	＊	4,000
38.	原告	3,500	6,000	(6,500)	9,500	4,500	7,500
39.	原告	5,000	6,000	(6,500)	8,000	6,000	6,000
40.	原告	6,000	6,000	(7,000)	8,000	＊	8,000
41.	原告	2,000	6,500	(6,000)	10,000	2,000	10,000
42.	原告	5,000	6,500	(6,500)	8,000	5,000	＊
43.	被告	5,000	7,000	(7,000)	9,000	5,000	9,000
44.	原告	7,000	7,000	(7,500)	8,000	7,000	3,000
45.	原告	2,000	8,000	(6,000)	10,000	＊	8,000

(単位万円：＊は不明)

　集計結果の概要は以下のようになった。まず，どちらが先に最初の和解額の提示を行ったかについては，全部で45組の内で，原告側が先に行ったものが31件（69％），被告側が先に行ったものが14件（31％）であった。原告側の初めての提示額の平均は約6,600万円であり，他方，被告側の初めての提示額の平均は約3,300万円であった。交渉の結果すべての組で和解に到達している。和解総額の最低は2,200万円であり，最高は8,000万円であった。交渉の結果である和解額については，分割払いと一括払いの区別，その他の条件の有無の点で若干のヴァリエイションがあったが，概算として妥結額の総額のみで一応計算すると，和解総額の平均は約4,600万円であった。両者の初めての提示額の中間の額の上下10％の範囲の中で和解した組が25組（55％）あった。これを上下20％の範囲で見ると，33組（73％）となっている。これは，両当事者の最初の提示額の中間付近に和解額が落ち着くという経験則にそう結果となっているといえよう。今回は，交渉前の各自の見積りにおいて妥当とみなしていた解決額も表の中に集計しておいた。これを両当事者が記入していた組は36組あった。その内で，

第 3 章　交渉・和解による民事紛争解決

この事前の妥当額の見積りが両当事者の間で一致する組（第11組など），重なり合う組（第7組や第22組など），および，原告の事前の妥当額の見積りが被告のそれよりも低い組（第6組など）は全部で17組（47％）あった。これら17組は，事前の妥当額の見積りにおいて「重複領域」の存在していた組といえよう。この17組において，最終和解額が「重複領域」の外であった組が8組（47％）あった。妥当であるとは思わない額で和解したものであるのか，交渉の過程で得られた情報や相手の説得で，妥当であると思う額が変更したものであるのかは判断できない。

「コメント」欄には，相互の交渉戦術や攻撃防禦のポイントなどを記入してもらった。その中から，いくつか興味深いものを拾ってみよう。まず，第4組の原告が，「支払方法の交渉において，ライプニッツ方式による利息分控除をしたが，これについての知識が当方に欠けていたため，計算すると額が半分以下になったという半ば騙されたような結果になった。すべては自分の勉強不足である。依頼人に申し訳ない限りである」と述べていた。リーガル・リサーチなど，交渉における準備の重要性が思い起される。

交渉において考慮する事実の範囲について，第9組の原告は，「相手方はこちら側の非法律的事実をかなり攻撃してきたので非常に苦しかった」と述べ，被告は，「原告の人間性を追及することを告げるとかなり弱気になった」と述べている。第36組の原告は，「証拠調べ前の段階で訴訟を終わらせることが急務であったが，その事情が女性問題という事件とは直接関係のないことであったので，できるだけ交渉に反映させるべきでないと思った」と述べている。和解における非法的事実の考慮と法適用による判決との違いについて，教室での議論の端緒とすることができよう。

交渉のイニシアティヴについて第37組の原告は，「相手方がすぐに和解の意思表示をしたため，相手方にリーダーシップをとらせ交渉を進めた」と報告している。他方，第26組の原告は，「いきなり5,000万円と言ってしまったのが拙かったと思う。相手の言い分をじっくりきく方が無難だった」と反省している。この原告は自己の最低受忍水準を開示したようであり，被告が「相手にぎりぎりどれだけまで払えるか聞いたら5,000万円か7,000万円と言ったので後腐れが残

らないよう5,000万円で手を打った」とコメントしている。また，第40組の被告は，「相手側は和解を望んでいない（強硬姿勢）と予想し，交渉方法を考えていたにもかかわらず，和解を提示してきたのでこちら側はまず動揺した。普段の生活から，『自分の意見を主張しすぎると角が立つ』『自分が折れれば丸く収まるなら折れるが良』ということに馴染んでいるためか，弱気になりすぎたようである」と反省している。

　競争的交渉を示すコメントとして，第42組の原告は，「やはり半身不随の傷を負わされたということを全面に押し出して攻撃したのが良かったと思う。相手の『人を撥ねた』という罪悪感につけこんだ私が勝利したのであった。証拠調べまで待てば，バー『蘭』の筋からまずい事実が明らかにされるかもしれないと相手方から脅かされたが，『それなら，こっちはスピード違反の証人を出したぞ』と脅し返したら，不問にしてくれた。ありがたかった」というものがある。また，第44組の被告は，相手方について「弱味を隠し交渉する相手の態度はかなり弁護士向きと見えた」と報告している。法学部生の持つ弁護士のイメージもこのようなものなのであろうか。

　シミュレイション事例の出来栄えについて第22組の被告は，「交渉終了後，相手方に裁判には持ち込めない事情があったことが分かったが，相手方からその事情を引き出すのは，ちょっと困難であったように思われる」と述べている。第45組の原告も，「原告に対する攻撃材料があまりにも少ないようであり，かつ，抽象的なので，不利であり，強硬な態度に被告は出られなかったようだ。原告の秘密の事項（秘書との云々）は，こちらが黙秘していれば一切相手側に分からない性質のものであり，こちらとしては大変有利だった」と述べている。シミュレイション事例を創る上での難しさである。ただし，第6組の被告は，交渉の過程で相手の秘密の弱味を探り当てたようで，「『バーへ行った』という事実がかなり重要な意味を持つらしく，それへの追及にかなり弱かった」と述べている。なお，後述のように，ディスカヴァリの制度が存在する場合には，交渉における相手方からの事実の引き出しの仕方が若干異なってくるかもしれない。

　その他のコメントには，「相手の態度が余りにも低姿勢でこちらが強気に出ら

第3章 交渉・和解による民事紛争解決

れず[218]」,「事案について不明確な点多い」,「はっきり言って僕は弁護士には向いていないことがはっきりしました」等があった。

　上記のシミュレイション実験は，その設計がいまだ極めて粗雑なものである。請求額等もドルを円に換算して若干の修正を施しただけのものなので，日本の実務より高めとなっているかも知れない。コメントに，事実関係に不明な点が多いというのがあるが，事実，筆者がロー・スクールで交渉シミュレイションに参加した際にも，相手を説得しようにも事実関係の情報が不十分であるとの印象を持った。そもそも，事案をもっと現実的なものとする必要がある。

　今後の課題としては，以下のような点に気付いた[219]。

　①交渉準備として学生にリーガル・リサーチをさせる必要がある。過失の認定や損害額の算定，意思表示の瑕疵などにつき判例・実務・学説などを調査し，いわゆる「相場」をつかむ技術を教えることも交渉の教育として重要であろう。各種書誌や判例集，文献データベースの使い方等の法律情報検索の具体的内容は，従来の日本の法学教育ではあまり積極的には行われてこなかったという印象がある。しかし，法律情報検索は法学部学生の基礎的素養たるべきである。交渉準備という形で教えることは有益であるように思われる。さらには，業界の取引慣行や行政庁の通達・指導などの調査を組み込むことも考えられる。

　②合衆国にはインテンシヴなディスカヴァリの制度があり，和解不調に終われば徹底的な開示を要求されるので，事実や証拠・証人がディスカヴァリの対象となるか否かの判断で交渉戦術が大きく異なってくる。たとえば，交渉の際に秘匿したい事実や証拠について相手に糸口をつかまれて質問された場合，ディスカヴァリで正式に聞いてくる可能性が背後にあるので，返答をいい加減にすることができない。逆にいえば，相手の主張の論理的矛盾や事実関係の不整合を分析し，勘を働かせることで，交渉の際に相手からある程度事実を引き

---

　(218)　もしこれが相手方の戦術であれば，Edwards & White, *supra* note (48), pp. 118-119の「降参戦術 (expose the jugular)」や Craver, *supra* note (33), pp. 137-141の「油断させ戦術 (belly-up)」であることになる。

　(219)　Cf. Menkel-Meadow, *supra* note (100), pp. 933-935.

〔4〕 交渉シミュレイションの実験

出すことができる可能性が生じる(220)。これに対し，日本の民事訴訟手続にはインテンシヴなディスカヴァリがないので，交渉の際に相手の「腹をさぐる」手段が限られることになる。この点で，日本の訴訟制度を前提としてのシミュレイションでは，この実験の事案よりも精巧に設計する必要があると反省している。たとえば，交渉の際に解明したい事実関係がでてくれば，教官をたとえば私立探偵に見立ててその事項を質問することができるように設計する手法が考えられる。秘匿したい事柄が相手の注意を惹かないように努めたり，論理と勘を働かせて調査すべき重要な事実を見つけ出す等，交渉の幅が広がり，交渉の巧拙が明白に結果に反映するようになるであろう。

③交渉においては時間の要素が大きな比重を占めているが，シミュレイションにおいては1時間以内とか1週間以内とかの制約を課さざるを得ず，この点の対処には限界がある。また，交渉の場を自分の領域で行うか，相手の領域で行うか，中立的な場所で行うかも，交渉結果に影響を与えうる要素であるが，法学部の実験シミュレイションでこの点に対応するには困難が伴う。

④今回の実験では，和解交渉の倫理的検討にまでは立ち入ることができなかった。この点も今後の課題である。たとえば，秘密の事実関係を以下のように分類することが考えられる。

　Ⅰ：自己に不利な事実（非常に不利・中程度に不利・多少不利）
　　①法的に不利な事実
　　②一般的公平・公正の点で不利な事実
　　③経済的に不利な事実

---

(220) Hornwood & Hollingsworth, *supra* note (45), pp. 898-899によれば，交通事故事件につき，和解交渉において被害者側が自己の側の弱点を相手側たる保険会社側に開示しても，不利益を被る危険はそれほどないという。なぜなら，被害者側にとって不利な事実や弱点は，トライアルに進むまでにはディスカヴァリなどによって保険会社側にも知られてしまうものなのであり，むしろそれらを和解交渉において自ら開示することで，弁護士としての誠実性と能力につき相手側に感銘を与えるかもしれない点で利益に適うという。極めて示唆に富む指摘である。

第3章　交渉・和解による民事紛争解決

　　　　④道徳・倫理の点で不利な事実
　Ⅱ：自己に有利（非常に有利・中程度に有利・多少有利）
　　　　①法的に有利な事実
　　　　②一般的公平・公正の点で有利な事実
　　　　③経済的に有利な事実
　　　　④道徳・倫理の点で有利な事実
　Ⅲ：以上につき，判決で考慮されるべき事情と考慮されない事情の区別

　これらは相互に重なりあう分類である。当然ながら，ひとつの事実関係が上記の複数のカテゴリーに該当することが多いであろうけれども，注意深く事実関係を設計し，上記のカテゴリーの種々の組み合わせの事例(221)を用意してシミュレイションを行えば，実験後の議論で法と道徳の対立，経済的側面と倫理的側面の対立等の問題を具体的に検討することができるであろう。

　⑤依頼人と代理人との関係も交渉シミュレイションに組み込むべきである。代理人たる弁護士は紛争解決の専門家たるべきである以上，種々の依頼人との意思の疎通を円滑にし，依頼人の真の要求や利害・心理を洞察できなければならない。そのための訓練としてもシミュレイションに代理人・依頼人関係を組み込むべきであろう。

《付録》
（これは，名古屋大学法学部で行ったネゴシエイション・プラクティスの二つめの事案である。）

ネゴシエション・プラクティス（その2）：別荘の火事

①争いのない事実関係
隅田治氏は現在の住所の土地建物を親から譲り受けて20年になる。本田礼二

---

(221)　たとえば，非法的倫理的事実，法的非倫理的事実，法的かつ倫理的事実をそれぞれ秘密の事実関係に含む三つの事案で実験して，どこまで譲歩するかとか事実をどこまで開示するか等を検討する。

〔4〕 交渉シミュレイションの実験

氏が隅田氏の隣に引越してきて早くも15年になっている。隅田氏と本田氏は趣味の釣も一致し，兄弟の様につきあってきている。当然ながら，両者の家族も親しくなり，家族ともども一緒に旅行へ行くこともよくある程の付き合いとなっている。

3年ほど前，隅田氏は別荘を購入しようと思い立ったが，土地の値上がり，維持管理費，税金等から考えてみると，いつも使う訳ではない別荘を一人で所有するより信頼のおける人と共有した方が合理的であろうと判断した。そこで，長年親しく付き合って気心も知れている隣の本田氏にこの話を持ちかけると，たまたま本田氏も別荘購入に関心があり，以前より適当な物件を模索中であったとのことであった。本田氏は，ちょうど，先月釣で訪れた山中湖畔に，よさそうな物件を見出しているとのことであった。隅田氏が，費用折半，利用折半の共有で行きませんかと持ちかけると，本田氏も，別荘として休み中のみ使うには値段が若干高いと考えていたので，この申出を了承した。

本田氏は土地と建物（中古）合せて7千8百万円のこの別荘を，次の日曜日に一緒に見に行く手筈を整えた。その約束の日曜日の前日夜遅く，隅田氏から会社の急用で申し訳ないが検分に行けなくなったとの電話が入った。不動産業者と話を付けていたので，仕方なく，本田氏は一人で名古屋から山中湖まで当該物件を見に行った。内部まで良く見て，一層気に入った本田氏は，不動産業者から他にも購入希望者が出てきていると聞き，即座に売買契約を結んできた。

その後，物件を見に行った隅田氏は，どうも7千8百万円は高過ぎ，実際は5～6千万円位の物件であったようだと思ったが，共同購入の約束したことでもあり，実地検分の約束を勝手に破ったこともあり，値段のことは何も言わずに，「なかなかいいですね」とだけ言って，本田氏が既にサインしていた契約書に自らもサインした。

息子の大学医学部入学の為として裏金を予備校から迫られていた隅田氏は，現金で負担分を即座に支払うことが躊躇されたし，当時所有していた株式はまだ値上がりが期待されて今売却して支払うことも面白くないと思い，裕福な本田氏に，「この株式はじっと持ってさえいればもっともっと値上がりしますから，現在の市場価格で総計3千万円でして，私の負担分には少し足りませんが，

第3章　交渉・和解による民事紛争解決

私の負担分としてこれでお払いしてもいいですか」と申し出た。株式取引は証券会社の担当者に任せ切りであった本田氏は，株のことはあまり詳しくなかったが，好景気で全ての株が上昇中であるとの噂も聞いていたので，かえって得になるかもしれないと思い，「いいですよ」と言ってその株式による支払いを認めた。

次の年の夏は，隅田家と本田家で半々の割合で別荘を使い，両者ともなかなかに楽しんだ。昨年の夏は，本田氏が10ヵ月の海外出張で家族ともども居なかったので，隅田氏一家は夏休みを通じてこの別荘を使うことが出来た。

今年の夏，7月は月末まで隅田氏が使い，8月は本田氏が使うことに話しがついていた。8月1日の昼過ぎ本田氏一家がこの別荘の近くまで来ると，消防自動車がうなりをあげて追抜いて行った。昼御飯をレストランでとった本田氏一家が別荘所在地に着いた時，本田氏は丸焦げの別荘を発見して茫然となった。

火事の原因は不明であると報道された。事後処理を本田氏と隅田氏は話し合おうとしたが，火事の原因が隅田氏の火の不始末であると決めつける本田氏の強硬な姿勢のためもあり，結局喧嘩となって隅田氏は本田氏に数発パンチを食らって鼻血を流しながら自宅へ逃げ帰ることとなった。

数週間後，隅田氏が傷害罪で自分を告訴したとの連絡を受けて本田氏は憤慨した。一方隅田氏は，その頃，本田氏の提起した4千万円の損害賠償請求訴訟の送達を受けて怒り狂っていた。

②本田氏の訴訟代理人の秘密の事実関係

本件別荘を開発した不動産業者は，実は本田氏の遠い親戚であった。隅田氏には価格を7千8百万円だと告げ，その旨の契約書を作成したが，本当の値段は6千万円であった。しかも，親戚のよしみで5千5百万円に負けてくれていたのだった。この本当の売買契約に基づいて，本件別荘の土地の登記名義人は本田氏ひとりになっている。建物だけ共有名義の登記をして法律に暗く契約書をよく読まない隅田氏を誤魔化していたのである。

土地上に元通り以上の立派な別荘を新築するには4千万円かかるので，その費用を，過失で火を出した隅田氏に負担してもらいたいとのことである。隅田

〔4〕 交渉シミュレイションの実験

氏に本当に過失があるかどうかまだ分からないが，火災当時隅田氏自身ではなく，ヘビー・スモーカーの息子の方が使っていたらしいことは分かっている。隅田氏の態度は，この点を誤魔化そうとしている様子ともとれる。訴訟が進めば，火事の原因の調査結果などこの点もよく調査しなければならないであろう。

　隅田氏の提供した株式は，その後上がり下がりした後，最近の内需関連株相場の主流から放れ，取り残された形で次第に値をくずし，現在では約3割安となり，本田氏の所有分は，総額で2千万円ちょっとということになってしまっている。しかし，先日，株式取引を任せていた証券会社の担当者から，隅田氏から受け取った株式は別荘購入直後のハイテク相場で値段が急上昇した時点をうまく捉えて合計3千5百万円で売却し，含み資産株へ乗り換えておいたことを告げられ，本田氏はほっと安堵したのであった。株式の名義は，隅田氏名義からまだ書き換えていないらしいとのことである。その後行われた15％の無償増資と1株当り年13円の利益配当は隅田氏へと行っているかも知れない。

　大学時代スポーツマンでならした本田氏は空手2段，柔道3段であり，今も母校の週末臨時コーチを引き受ける話合いが進んでいる。スポーツマンとして，喧嘩でも自分から手を出すことはありえないと言っている。

　会社の取締役を5年勤めた本田氏は，社長の地位を目指してライバルと烈しい競争を展開しており，できるだけ速く隅田氏との争いを解決したい。最近，現在の社長の娘と医学部学生の隅田氏の息子が婚約したとの情報も入手して，一時の怒りから相手と落ち着いて話し合おうとせずに民事訴訟を起こしたことを後悔している。弁護士（あなた）にも，予め売買契約の秘密を告げて訴訟の可否を尋ねておくべきであった。もし，隅田氏の息子と現社長の娘が結婚するようなら，隅田氏との関係も昔ほどとまでゆかなくとも，近所付き合いくらいはできる関係になっていたい。とりわけ，現社長が会長になる可能性も大きいことから，隅田氏との喧嘩は続けたくないとのことである。但し，刑事告訴は絶対に早急に取り下げて貰わないとライバルにバレて失脚しかねないと心配している。

③隅田氏の訴訟代理人の秘密の事実関係

第3章　交渉・和解による民事紛争解決

　隅田氏の訴訟代理人となって，本件火事の事実関係を調べに山中湖へ行ってみたあなたは，当該別荘の登記名義に不審な点があることに気が付いた。すなわち，土地の名義が本田氏ひとりとなっているのである。建物の方はちゃんと共有名義になっているのではあるが，やはり土地の登記の点ももう少し調査の必要がありそうである。

　隅田氏から，代金に代えて譲渡した株式が予想に反して，下がりに下がって今では2千万円ほどになっている点を本田氏に追及されることを恐れていると告げられた。また，譲渡の際本田氏への名義書換えをしていなかったので，その後の無償増資15%と利益配当1株13円分を全て受け取っているとのことである。

　本田氏との喧嘩については，頭ごなしに火事を出した責任者だと追及されてカッとなり，先に本田氏を蹴ってしまったのが殴り合いの始まりだったと聞かされた。しかし，屈強な本田氏に押さえ付けられ，一方的にしたたか殴られてしまったとのことである。負けて腹がたったので，告訴したのである。ただ，怪我をしたことは確かであり，治療費や慰謝料請求を反訴で出して圧力をかける戦術も考えられそうではある。少なくとも，告訴の取下げも交渉材料として活用できそうである。

　火事自体は，どうも医学部学生の息子が婚約者の金持（某会社社長）の娘を連れて隅田氏が出発した後の別荘へ入り込み，7月31日の晩を過した際のタバコの火の不始末のようだという。隅田氏の息子は，朝別荘を出るとき灰皿一杯の吸いがらが煙っていたが，大丈夫だろうと思い，婚約者を連れてドライブに行ったと言っている。火事の現場検証でも，タバコの火の不始末らしいとの意見もあったのを，地元の新聞記者に金を握らせて，原因不明と報道して貰ったとのことである。本田氏の弁護士が現地で調べれば，タバコの火の不始末の噂はすぐにバレるであろうと考えられる。警察の火事の原因の調書が出てくると，訴訟で不利になる虞が大きい。最近の新聞記事に，山中湖の周辺で連続十数件の放火を働いていた男がやっと逮捕されたと報じられていたのを利用してこの点を回避したが，無理かもしれない。

　隅田氏は，息子の結婚式も近付いてきており，この様なゴタゴタはできるだ

〔4〕 交渉シミュレイションの実験

け速く解決したいと願っている。また，本田氏とは15年ほども仲よくしてきており，気も合う隣同士だったので，喧嘩の事を一言謝ってくれれば，よりを戻したいと考えている。ともかく，別荘の土地建物の今後のことも，今まで通り共有するか，それともどうするか決める必要もあり，これ以上は泥沼にはまりたくないと言っている。別荘を新たに建てて共有するとすれば，建築費用の少なくとも半分は出さざるを得ないと思うが，新築に4千万円かかるとはとても思えない。

あとがき

　本書は，私がこれまでに発表した論文の中で，民事紛争解決の制度と動態の研究に関するものをまとめたものである。具体的には，本書の「はじめに」が，「対話と共感の裁判学」『木鐸』37号（1986）所収，第1章が，「欧米諸国における生活紛争処理の展開：アメリカ合衆国を中心として」と「ポートランドにおける生活紛争処理」，ともに生活紛争処理研究会『米英における小規模紛争処理実態調査報告書』（有斐閣1986）所収，第2章が，「法の進化と社会科学：カリフォルニア州精神病セラピストの法的責任を例として」，新堂幸司（編集代表）『竜嵜喜助先生還暦記念：紛争処理と正義』（有斐閣1988）所収，第3章が，「交渉・和解・法学教育」『名古屋大学法政論集』126号（1989）所収を，それぞれ加筆補充したものである。

　これらの研究は，私が，新堂幸司教授を中心とする文部省科学研究費海外学術調査「少額裁判制度の実態研究」のメンバーとして，1983年秋期と1984年夏期に行ったアメリカ合衆国およびヨーロッパ諸国の小規模紛争（生活紛争）処理制度の実態調査と，「社会科学国際フェローシップ（新渡戸フェローシップ）」ならびに「財団法人民事紛争処理基金」の援助によって，1986年7月から1988年7月までの2年間アメリカ合衆国カリフォルニア大学バークリィ校ボルト・ホール・ロー・スクールとコロムビア大学ロー・スクールで行った在外研究の成果に基づいている。

　これまで私は，研究における「ジャンル」にこだわらず，専門である民事訴訟法をはじめとする法律学の研究において，意思決定論，確率論，経済学，法社会学等にクロス・オウヴァーする方法を用いるように努めてきた。本書においても，民事紛争解決の制度と動態について，交渉理論，ゲイムの理論，実態

あとがき

調査等を用いて，できるだけ学際的な視点から研究するよう努力した。それが成功しているか否かは読者の判断を待つよりほかないが，少なくとも伝統的法解釈学の方法から見れば，異端的とまではゆかないまでも，かなり毛色の異なる法学論文となっているのではないかと考えている。その点で戸惑われる読者もおられるかもしれない。しかし，最近の法学研究者は質・量ともにその厚みを増してきているといわれており，その中にひとりふたり私のような変ったことをする者がいても許して頂けるのではないかと期待している。

私が法学研究者を志してから間もなく10年が経過しようとしている。そのひと区切りとしてこれまでの研究の一部を本書にまとめてみたのではあるが，その貧弱さには自己嫌悪を覚えるほどである。勉強嫌いの怠惰な学生が間違って研究者の道を歩いているわけであり，大学院以来御指導を仰いでいる東京大学法学部の新堂幸司教授の絶え間ない叱咤激励の鞭がなかったなら，まがりなりにもこのような論文集をまとめることなど，私には一生かけてもできなかったであろう。新堂先生に心より深く感謝するとともに，先生の深い学恩に報いるためにも一層の自己研鑽に努めなければならないといまさらながら決意を新たにしている。

私のように「しきたり」や「おきて」を守らないわがままな者を学者の世界の中へあたたかく迎え，学生時代より公私にわたり親身の御指導をして下さっている東京大学法学部民事訴訟法の三ケ月章名誉教授，青山善充教授，高橋宏志教授，法社会学の六本佳平教授，名古屋大学法学部民事訴訟法の松浦馨教授，徳田和幸教授の各先生方の学恩と御好意に心から感謝する次第である。常日頃より研究会やセミナー等で私の未熟な議論をも正面から受け止め議論の対象として下さり，丁寧に御指導をして下さっている名古屋大学法学部の諸先生方，東京，名古屋，京都，関西の各民事訴訟法研究会の実務家・研究者の諸先生方，法律エキスパート・システム研究会の吉野一教授，加賀山茂教授をはじめとする諸先生方，IUBA研究会の棚瀬孝雄教授，森際康友教授をはじめとする諸先生方に深く感謝するものである。また，日常生活の中で法を議論する喜びを与えてくれている名古屋大学法学部の助手・院生のみなさんに心から感謝するものである。これらの皆様のおかげで私は良き研究環境に身をおくことができ，

あとがき

学問研究者としてこれ以上の幸せはないと感謝する次第である。

　まだ駆出しでしかない私のような者の論文集をまとめることを快くお引き受けいただき，筆の遅い私を励まして陰に陽にお世話をしていただいた信山社の渡辺左近氏のおかげで本書は日の目を見ることができたものである。ここに深く感謝する次第である。

　最後に，本書を私の最愛の妻である真樹に棒げることをお許しいただきたい。
　　1990年5月10日

　　　　　　　　　　　　　　　　　　　　　　　　　　太 田 勝 造

索　引

あ　行

アクション・ライン……………………11
アミカスの制度 …………………………141
威嚇値………………………………77, 196
威嚇の実効性 ……………………………216
一般認容テスト …………………………149
オンブズマン ………………11, 12, 13, 42

か　行

解の安定条件……………………………x
解の存在条件……………………………x
解の妥当条件……………………………x
外部性 ………………………………255, 257
　──の内部化 ……………………125, 141
影の陪審…………………………………199
ガス抜き…………………………………65
カタルシス機能…………………………54
価値判断モデル……………………58, 59
完全情報…………………………………257
完璧な法の制定…………………………119
規範操作……………………………17, 215
規範的コースの定理 ……………………255
規範適用……………………………17, 215
規範の操作可能性………………………17
狭義の交渉 …………………………69, 74, 231
強制執行…………………………………85
強制執行手続……………………………40
競争的な交渉者 …………………………204
協調行動喚起戦略………………………78
協力的な交渉者 …………………………204
議論の構造……………………………viii
緊張緩和の漸進的交互行為 ………78, 79
グリット ……………………207, 238, 239

欠席判決…………………………………48
権威付け…………………………………56
原則立脚型交渉 ……………210, 211, 227
原則立脚型戦術 …………………………225
現代型紛争 ………………………………12, 13
合意の彫塑者……………………………76
合意モデル………………………………58
合意を導く手法…………………………64
広義の交渉……………………69, 73, 74, 231
合憲性推定理論 ……………………115, 116
合憲性の推定……………………………156
交互説得方式……………………………265
交互面接方式…………………………265, 267
交渉手続過程の合理化機能……………55
交渉の啓蒙…………………………261, 263
交渉の公平化………………………260, 263
交渉のパレート的効率化機能 …211, 255
交渉領域……………………68, 69, 70, 73,
　　　　　　　　　　74, 77, 102, 105, 106
交渉力 …………………197, 212, 225, 249
合理的基礎テスト ………………………116
合理的対策 …………………129, 131, 137, 162
コーカス……………………62, 68, 96, 247
コースの定理……………………………254
コミットメント……………………69, 217
コミュニケイション費用 ………255, 256
コミュニティの活性化…………………56
コミュニティの司法…………6, 10, 27, 39

さ　行

財産の開示………………………………41
最大希求水準……………6, 8, 70, 74, 196,
　　　　　　　　　　　　199, 200, 228, 229, 231
最低受忍水準…………………68, 69, 70, 74, 196,

索　引

197, 200, 218, 228, 231, 280
裁判官は法を知る ………141, 144, 145
裁判の効率化の理念 ………………5
裁判の中立性 ………………………143
参加への説得 ………………………51
3人以上で平等に分ける方法 ………215
資金の出所 …………………………24
事実認定モデル ……………………58
事前の補償 …………………………107
しっぺ返し …234, 235, 236, 238, 239
　修正── ………………………236, 237
指導者 ………………………………25
司法確知 ……………………150, 151, 152
社会化 ………………………………56
社会学（的）調査の結果……97, 138, 167
社会規整の正当性 …………………122
社会的公認 …………………………23
社会的プロブレム・ソルヴィング …115
社会問題発見 ………………………56
社内弁護士 ……………………183, 184
囚人のディレンマ …………………209, 232, 233, 236
授権の範囲外 …………………218, 219
少額裁判所の管轄 …………………32
証拠の許容性 ………………………94
上訴の制限 …………………………43
職業としての調停人 ………………26
審理の進め方 ………………………61
スクリーニング ……………………32
スタッフ ……………………………25
生活紛争 ……………………………1
正義の質 ……………………5, 6, 22, 35
正当化責任 ………………110, 153, 155, 156, 157, 158, 159, 160, 176
正当化のメタ進行 …………………15
制度定着のプロセス ………………28
積極的保護義務 ……………………131
宣伝広報活動 ………………………27

戦略的行動 ………………206, 255, 256
戦略的態度 …………………………221
戦略的武器としての法……………16
先例拘束力 ……………………111, 112
相互理解と協力の機運形成 ………55
ソウシャル・エンジニアリング……114, 115, 117, 120, 176
送達 …………………………………48
訴訟代理人の問題 ……………32, 82

た　行

第三介入者の判断 …………………60
第三者の判断 ………………………58
多重構造の不確実性 …………78, 231
妥当水準 ……………………………68, 229
仲介 …………………………………57
調整型交渉 …………………………210
調整型戦術 …………………………225
調停仲裁 ……………………………54
調停人の適性・資質 ………………39
つけこみ ……………207, 231, 236, 238
手数料の問題 ………………………44
手続型式 ……………………………53
伝聞証拠 ………………………84, 148, 149
特別関係 ……………128, 129, 131, 158
富の最大化 …………………………108
飛び込み事件 ………………………26

な　行

ナッシュ解 …………………………77
二重の交渉 …………………………201
日本人の交渉態度 …………………218

は　行

バス通学制度 ……………………14, 141
パレート改善 ………………………74
パレート最適 ………………64, 73, 74, 76, 77, 254

294

判決内容の提案 …………………241
判例の法源性 ……………………111
非弁活動…………………………25
平等化機能………………………55
フィードバック……………………45,123
フィードバック・システム ………4
フォーラム形成機能………………54
フォーラム設定活動………………51
不確実性下の意思決定 …………126
付調停制度の活用 ………………249
不服申立て ……………………42,43
ブランダイス・ブリーフ ………145,146
ブールウェアリズム ……………210,217
プロブレム・ソルヴィング ………123,176
紛争解決実効性の追跡調査………44
紛争解決制度の入口………………46
紛争解決の質……………………6,9,35
紛争解決のパレート的効率化……76
紛争解決のマクロな役割配分の問題 …4
紛争解決のミクロなシステム合理性 …4
紛争回避…………………………18
紛争の公共化……………………55
紛争分析機能……………………55
紛争予防…………………………19
紛争領域…………………………74,213
　　狭義の——……………………76
　　広義の——……………………75
ベイズの定理 ……………………188
弁護士会との関係………………21
弁護士業務 ………………………183
弁護士層と生活紛争解決の関係……36
弁護士の交渉戦術………………222
弁護士の代理 ……………………32,83
弁護士倫理 ………………………183,184
片面的前置制度…………………37
弁論兼和解………………62,249,252,265
法使用……………………………13,14,16
法廷の内装………………………30

法的価値判断の構造………………123
法的に拘束力のない仲裁…………53
法的判断不能 ……………………155,176
法と経済学 ………………186,187,254
法の経済分析……………………107,162
法の啓発活動……………………18
法の進化論モデル…………110,120,
　　　　　　　　　　127,140,176
法律エキスパート・システム……47,190
法律上の議論 ……………………141,153
法律相談…………………………30
保証水準…………………………77

ま　行

ミディエイターの訓練……………90
民主主義的プロセスの正当性付与機能 …122
民主政の擬制 ……………………156
無条件に建設的な戦略 …………208
名誉ある退却 ……………………258
メイン州証拠規則…………………93
メタ交渉 …………………201,202,203
メタ弁論 …………………………54,62
モニタリング費用 ………………255,256
問題解決型戦術 …………………225,227
問題解決型交渉…………239,240,257,
　　　　　　　　　　　261,263
問題解決関係 ……………208,209,238
問題調整型紛争 …………………239

や　行

善き協働関係 ……………208,209,238

ら　行

利益調整型紛争…………………13,14,267
リーガル・リサーチ ……………189,281
履行の確保………………………41
リスク回避 ………………107,165,174
立　地……………………………29

索　引

立法事実…ⅱ,ⅲ,110,113,116,118,123,
　　　124,125,138,141,144,148,149,
　　　150,153,154,155,157,160,176,196
　　——の司法確知 …………………151,152
　　——の収集 ……………139,144,148
　　——論アプローチ……………114,115,
　　　　　　　116,120,160,176
レンタ・ジャッジ……………………36
ロイズ・オヴ・ロンドン方式 ………248
ロー・クラーク ……………146,147,148

わ　行

和解勧試の時機 …………………………263
和解兼弁論…………62.251,252,265,267
和解交渉のシミュレイション ………192
和解の勧試……………………………63
和解の技術 ……………………………244

〈著者紹介〉

太田勝造（おおた　しょうぞう）

1957年　大分県に生まれる
1982年　東京大学法学部助手
1984年　名古屋大学法学部助教授
現　在　東京大学大学院法学政治学研究科教授

〈主要著作〉

裁判における証明論の基礎（弘文堂・1982）
法と経済学（R. D. Cooter & T. S. Ulen, *Law and Ecomomics*, 翻訳・商事法務研究会・1990）
民事紛争解決手続論：交渉・和解・調停・裁判の理論分析（信山社・1990）
社会科学の理論とモデル7：法律（東京大学出版会・2000）
法の経済分析：契約・企業・政策（共編著，勁草書房・2001）
Series Law in Action Ⅲ：交渉と紛争処理（共編著，日本評論社・2002）
Series Law in Action Ⅰ：法と社会へのアプローチ（共編著，日本評論社・2004）
交渉ケースブック（共編著，商事法務・2005）
ロースクール交渉学（共著，白桃書房・2005）
チャレンジする東大法科大学院生：社会科学としての家族法・知的財産法の探求（共著，商事法務・2007）

学術選書
1
民事訴訟法

❀ ❀ ❀

民事紛争解決手続論

1990（平成2）年5月31日　第1版第1刷発行　096-000-8252
2008（平成20）年8月30日　第1版第2刷新装版発行
5401-3：P320　￥6800E -012：050-015

著　者　太田勝造
発行者　今井　貴　渡辺左近
発行所　株式会社　信山社

〒113-0033　東京都文京区本郷6-2-9-102
Tel 03-3818-1019　Fax 03-3818-0344
henshu＠shinzansha.co.jp
エクレール後楽園編集部　〒113-0033　文京区本郷1-30-18
笠間才木支店　〒309-1600　茨城県笠間市才木515-3
笠間来栖支店　〒309-1600　茨城県笠間市来栖2345-1
Tel 0296-718-0215　Fax 0296-72-5410
出版契約 2008-5401-3 -01021　Printed in Japan

©太田勝造, 2008 印刷・製本／松澤印刷・渋谷文泉閣
ISBN978-4-7972-5401-3 C3332　分類323.011-a008民事訴訟法
5401-0102：012-050-0150《禁無断複写》

◇学術選書9999◇

学術選書1	太田勝造	民事紛争解決手続論（第2刷新装版）	6,800円
学術選書2	池田辰夫	債権者代位訴訟の構造（第2刷新装版）	
学術選書3	棟居快行	人権論の新構成（第2刷新装版）	8,800円
学術選書4	山口浩一郎	労災補償の諸問題（増補版）	8,800円
学術選書5	和田仁孝	民事紛争交渉過程論（第2刷新装版）	
学術選書6	戸根住夫	訴訟と非訟の交錯	7,600円
学術選書7	神橋一彦	行政訴訟と権利論（改版第2刷新装版）	8,800円
学術選書8	赤坂正浩	立憲国家と憲法変遷	12,800円
学術選書9	山内敏弘	立憲平和主義と有事法の展開	8,800円
学術選書10	井上典之	平等権の保障　近刊	
学術選書11	岡本詔治	隣地通行権の理論と裁判（第2刷新装版）近刊	
学術選書12	野村美明	アメリカ裁判管轄権の構造　近刊	
学術選書13	松尾 弘	所有権譲渡法の理論　続刊	
学術選書14	小畑 郁	ヨーロッパ人権条約の構想と展開　仮題　続刊	
学術選書15	松本博之	証明責任の分配（第2版）（第2刷新装版）続刊予定	
学術選書16	安藤仁介	国際人権法の構造　仮題　続刊	
学術選書17	中東正文	企業結合法制の理論　近刊	
学術選書18	山田 洋	ドイツ環境行政法と欧州（第2刷新装版）5800円	
学術選書19	深川裕佳	相殺の担保的機能―担保制度の再構成　近刊	
学術選書20	徳田和幸	複雑訴訟の基礎理論　近刊	
学術選書21	貝瀬幸雄	普通比較法学の復権―ヨーロッパ民事訴訟法と比較法	
学術選書22	田村精一	国際私法及び親族法　続刊	
学術選書23	鳥谷部茂	非典型担保の法理　続刊	
	鳥居淳子	（題未定）	
	青木 清	（国際私法：題未定）	
	薬師寺公夫	国際法・国際人権法の諸問題：題未定　以下続刊	

◇総合叢書9999◇

総合叢書1	企業活動と刑事規制の国際動向	11,400円
	甲斐克則・田口守一編	
総合叢書2	憲法裁判の国際的発展（2）栗城・戸波・古野編	

◇法学翻訳叢書9999◇

法学翻訳叢書1	ローマ法・現代法・ヨーロッパ法	
	R. ツィンマーマン　佐々木有司訳	
法学翻訳叢書2	一般公法講義 1926年　近刊	
	レオン・デュギー　赤坂幸一・曽我部真裕訳	
法学翻訳叢書3	海洋法　R.R.チャーチル・A.V.ロー著　臼杵英一訳　近刊	
法学翻訳叢書4・5	ドイツ憲法Ⅰ・Ⅱ K.シュテルン　棟居快行・鈴木秀美他訳　近刊	

広中俊雄 編著

日本民法典資料集成 1
第１部 民法典編纂の新方針

４６倍判変形　特上製箱入り1,540頁　本体２０万円

① **民法典編纂の新方針**　発売中　直販のみ
② 修正原案とその審議：総則編関係　近刊
③ 修正原案とその審議：物権編関係　近刊
④ 修正原案とその審議：債権編関係上
⑤ 修正原案とその審議：債権編関係下
⑥ 修正原案とその審議：親族編関係上
⑦ 修正原案とその審議：親族編関係下
⑧ 修正原案とその審議：相続編関係
⑨ 整理議案とその審議
⑩ 民法修正案の理由書：前三編関係
⑪ 民法修正案の理由書：後二編関係
⑫ 民法修正の参考資料：入会権資料
⑬ 民法修正の参考資料：身分法資料
⑭ 民法修正の参考資料：諸他の資料
⑮ 帝国議会の法案審議
　　　―附表　民法修正案条文の変遷

碓井光明著　**政府経費法精義**　4000円
碓井光明著　**公共契約法精義**　3800円
碓井光明著　**公的資金助成法精義**　4000円

新堂幸司　監修
日本裁判資料全集 1・2

判例研究の方法論で夙に指摘されているように事実の精確な認識の上にたって、法の適用ひいては判決の結論が妥当かどうか判断されなければならない。ロースクール時代を迎えて、実務教育の重要性が言われるようになったが、そのための裁判資料は十分であったか。判例研究が隆盛を極めている今日、ここに、日本裁判資料全集を刊行を企図する所以である。

中平健吉・大野正男・廣田富男・山川洋一郎・秋山幹男・河野敬編

東京予防接種禍訴訟　上　30000円
東京予防接種禍訴訟　下　28000円

◇潮見佳男　著◇
プラクティス民法　債権総論［第3版］4,000円
債権総論［第2版］I　4,800円
債権総論［第3版］II　4,800円
契約各論 I　4,200円
不法行為法　4,700円

新　正幸著　憲法訴訟論　6,300円
藤原正則 著　不当利得法　4,500円
青竹正一 著　新会社法［第2版］4,800円
高　翔龍著　韓　国　法　6,000円
小宮文人 著　イギリス労働法　3,800円
石田　穣 著　物権法（民法大系2）4800円
加賀山茂 著　現代民法学習法入門　2,800円
平野裕之 著　民法総合シリーズ（全6巻）
　3　担保物権法　3,600円
　5　契　約　法　4,800円
　6　不法行為法　3,800円　(1, 2, 4続刊)
　　プラクティスシリーズ　債権総論　3,800円
佐上善和著　家事審判法　4,200円
半田吉信著ドイツ債務法現代化法概説　11,000円
ヨーロッパ債務法の変遷
　　　　ペーター・シュレヒトリーム著・半田吉信他訳　15,000円
グローバル化と法　H・P・マルチュケ＝村上淳一編　3,800円
民事訴訟と弁護士　　那須弘平著　6,800円

日本立法資料全集
塩野　宏　編著
行政事件訴訟法 (昭和37年)　(1)
行政事件訴訟法 (昭和37年)　(2)
行政事件訴訟法 (昭和37年)　(3)
行政事件訴訟法 (昭和37年)　(4)
行政事件訴訟法 (昭和37年)　(5)
行政事件訴訟法 (昭和37年)　(6)
行政事件訴訟法 (昭和37年)　(7)

宮田三郎　著
行政裁量とその統制密度
行政法教科書
行政法総論
行政訴訟法
行政手続法
現代行政法入門
行政法の基礎知識 (1)
行政法の基礎知識 (2)
行政法の基礎知識 (3)
行政法の基礎知識 (4)
行政法の基礎知識 (5)
地方自治法入門

国際人権法学会編
国際人権 1 (1990年報)　人権保障の国際化
国際人権 2 (1991年報)　人権保障の国際基準
国際人権 3 (1992年報)
国際人権 4 (1993年報)
国際人権 5 (1994年報)
国際人権 6 (1995年報)
国際人権 7 (1996年報)
国際人権 8 (1997年報)
国際人権 9 (1998年報)
国際人権10 (1999年報)　学会創立10周年記念
国際人権11 (2000年報)　最高裁における国際人権法
国際人権12 (2001年報)　人権と国家主権ほか
国際人権13 (2002年報)　難民問題の新たな展開
国際人権14 (2003年報)　緊急事態と人権保障
国際人権15 (2004年報)
国際人権16 (2005年報)　NGO・社会権の権利性
国際人権17 (2006年報)
国際人権18 (2007年報)　以上既刊
国際人権19 (2008年報)　続刊

編集代表
芹田健太郎・棟居快行・薬師寺公夫・坂元茂樹

講座国際人権法 第1巻『国際人権法と憲法』
Interaction between International Humanrights Law and Japanese Constitutional Law

講座国際人権法 第2巻『国際人権規範の形成と展開』
Law Making and its Development in International Humanrights Law

◇法学講義のための重要条文厳選六法◇

法学六法 '08

46版薄型ハンディ六法の決定版 544頁 1,000円

【編集代表】

慶應義塾大学名誉教授	石川	明
慶應義塾大学教授	池田	真朗
慶應義塾大学教授	宮島	司
慶應義塾大学教授	安冨	潔
慶應義塾大学教授	三上	威彦
慶應義塾大学教授	大森	正仁
慶應義塾大学教授	三木	浩一
慶應義塾大学教授	小山	剛

【編集協力委員】

慶應義塾大学教授	六車	明
慶應義塾大学教授	犬伏	由子
慶應義塾大学教授	山本	爲三郎
慶應義塾大学教授	田村	次朗
岡山大学教授	大濱	しのぶ
慶應義塾大学教授	渡井	理佳子
慶應義塾大学教授	北澤	安紀
慶應義塾大学准教授	君嶋	祐子
東北学院大学准教授	新井	誠

青竹正一著　新会社法（第2版）3800円
泉田栄一著　会社法論　予5800円
今川嘉文著　会社法概論　予5800円
今川嘉文著　判例アスペクト会社法　予2000円

◇国際私法学会編◇

国際私法年報1（1999）3,000円
国際私法年報2（2000）3,200円
国際私法年報3（2001）3,500円
国際私法年報4（2002）3,600円
国際私法年報5（2003）3,600円
国際私法年報6（2004）3,000円
国際私法年報7（2005）3,000円
国際私法年報8（2006）3,200円
国際私法年報9（2007）3,500円

◇香城敏麿著作集◇

1 憲法解釈の法理 12,000円
2 刑事訴訟法の構造 12,000円
3 刑法と行政刑法 12,000円

新民事訴訟法論考 高橋宏志著 2,700円

家事審判法 佐上善和著 第2刷 4,800円

憲法訴訟論 新正幸著 6300円

メイン・古代法 安西文夫訳
MAINE'S ANCIENT LAW—POLLOCK版 原著

刑事法辞典 三井誠・町野朔・曽根威彦・吉岡一男・西田典之 編

スポーツ六法2008 小笠原正・塩野宏・松尾浩也 編

法学六法08 石川明・池田真朗・三木浩一他編 1,000円

ハンス・ユルゲン・ケルナー著 小川浩三訳 3200円
ドイツにおける刑事訴追と制裁

訴訟における時代思潮 クライン，F.，キヨベェンダ，G.著 中野貞一郎訳 1,800円